확·실·한·투·자

주식투자의 이론과 실제

지길홍 저

지성문화사

확 · 실 · 한 · 투 · 자

A Sound Investment

주식투자의 이론과 실제

지길홍 저

투자가……!
투자가는 외롭다. 또 외로워야 한다.
어느 분야에서든 승자는 고독하다.
스스로 결단을 내려야 하고 결과에 책임을 져야 하기 때문이다.
승자에게는 항상 고독감이 감돌고 있다.
승자의 특권은 고독하게 되는 일이다.
고독에 익숙하기 때문에 남들이 즐길 때 보이지 않는 곳에서
무섭도록 노력한다.
투자의 세계……,
연구 · 노력하지 않고는 결코
성공할 수 없다.

연구·노력으로 시야를 넓히면
주식시장의 흐름이 보인다

증권시장은 국가경제의 핵심적 역할을 담당한다. 대다수의 기업은 이 시장을 통하여 막대한 산업자금을 동원하고 투자가는 가장 유망한 재테크수단으로 활용한다. 그러므로 증권시장은 자본주의의 꽃으로 일컬어지고 있다.

세계 최초의 증권거래소는 1602년(조선조 선조 35년) 네덜란드의 수도 암스테르담에 설립되었다. 어언 400여년의 증시역사를 가지고 있는 데 비해 우리나라 증권시장은 30여년이란 짧은 역사를 가지고 있다. 그나마도 일반 투자가의 관심을 끌기 시작한 것은 3低의 호기가 도래하고 한전, 포철의 국민주 보급이 시작된 1980년대 후반부터이다.

그로부터 현재까지 우리의 증권시장은 규모면에서 성장에 성장을 거듭해 왔다. 무릇, 모든 분야에서, 짧은 역사 속의 급성장은 많은 문제점을 노출하게 마련이다. 우리의 증권시장도 예외는 아니어서 1990년 10월, '깡통계좌 정리'라는 사상 유례없는 사건을 경험하는 등의 많은 문제점을 노출시켰다.

그러나 1992년 경제의 국제화 추세에 따라 증권시장이 외국 투자가들에게 개방되었고, 이들 자본이 몰려오면서 빠르게 증권분석의 선진화가 이루어지고 있다.

국제화 시대의 주식투자는 세계경제의 흐름과 기관 투자가 및 외국 투자가들의 향방 및 투자심리에 많은 영향을 받게 되는 것은 당연하다. 그러므로 과거의 주먹구구식 투자패턴을 과감히 탈피하고 과학적이고 선진화된 투자기법을 익혀야만 성공할 수 있게 되었다.

주식투자에 있어서 무엇보다도 상식과 지식이 중요하다. 이러한 소양을 갖추지 못한 사람이 안이하게 주식투자에 뛰어들면 큰 손해를 보게 된다.

따라서 본서는 초보자 및 대중 투자가들이 누구나 쉽게 이해할 수 있도록 주식투자의 기본적이고도 전문적인 지식과 효율적인 투자요령을 제5부로 나누어서 체계적으로 설명하였다.

제1부에서는 투기의 역사 등을 통하여 투자심리의 메커니즘을 올바르게 이해할 수 있도록 했다. 이 장을 통해 독자 제위께서는 주가라는 것은 불합리한 인간심리를 토대로 형성되므로 오히려 불합리한 면이 더 크게 작용할 때도 있다는 사실을 인지해 두기를 바란다.

제2부에서는 주식투자의 기본요령 및 투자정석을 100개 항목으로 나누어 기술했고, 제3부에서는 실전에 활용할 수 있는 여러 가지 기법을 망라하였다. 여기에서는 폭넓은 안목과 냉정히 분석하는 입장을 배웠으면 한다.

제4부에서는 전문 투자가를 위한 국제화 시대의 투자전략을, 제5부에서는 주식투자의 진리에 가까운 격언을 엄선하여 풀이하였다. 국제화와 성장시대에 맞는 국제적 감각을 생각하는 데 도움이 되었으면 한다.

　세상의 모든 일이 그렇듯이 주식투자의 세계에서도 노력하지 않고 성공할 수 없다. 성공하기 위해서는 성공하기 위한 방법을 부단히 연구해야 한다. 언뜻 보기에 무질서하고 예측이 불가능한 것처럼 보이는 주식시장도 연구와 노력으로 시야를 넓히면 주식시장의 흐름이 보이는 법이다.

　아무쪼록 본서가 독자 제위의 기대에 미치지 못하는 바가 많을 줄로 알지만, 주식투자에 유용하게 활용되기를 바라마지 않는다.

지은이 지길홍

차례

차례

차례

차례

차례

차례

제4부 · 전문 투자가를 위한 현대의
　　　　　투자전략 · *337*

제5부 · 격언으로 풀어 보는 투자정석· *355*

차례

제1부

주식투자,
알고 하자

의학도와 같이 상장주를 주의깊게 살피고
당신이 위대한 투기사와 같은 냉철한 신경과
천리안에 가까운 육감,
그리고 사자의 용기 같은 걸 갖추고 있으면
당신은 미미하지만
성공할 전망이 있다.

─사무엘슨─

제1부
주식투자, 알고 하자
—주식투자를 처음하는 사람이 알아야 할 기본 상식—

세상은 변화를 즐기는 속성을 가지고 있다. 그렇기 때문에 한 치 앞을 모르는 것이 세상사이고, 이것은 만고의 진리이다. 감히 말하지만 세상에는, 특히 증권시장에서는 정확히 앞을 내다보는 혜안(慧眼)을 가진 사람은 결단코 없다. 다만 과학적인 논리전개와 경험, 그리고 정보 등에 입각하여 예측하는 능력이 있을 뿐이다.

그러나 예측은 어디까지나 예측일 뿐이다. 사회의 각 분야에는 내로라 하는 전문가들이 포진해 있는데, 그들의 예측률의 평균은 50% 전후이다. 여기에 적절한 비유가 되는지는 모르겠지만, 예측은 '동전던지기 놀이'와 비슷하다고 할 수 있다. 가령 당신이 100원짜리 동전을 아홉 번 던져서 아홉 번 전부 앞면이 나왔다고 가정해 보자. 그렇다면 열 번째도 앞면이 나올 것인가! 확률은 여전히 50 : 50인 것이다.

　세상사의 대부분이 오리무중이지만, 그 중에서도 특히 예측할 수 없는 것이 세 가지가 있다고 한다. 그 하나는 개구리가 뛰는 방향이고, 다른 하나는 여자의 마음이며, 마지막으로는 주가의 향방이다. 이처럼 예측할 수 없는 '주가의 향방', 즉 '주식투자'에 많은 사람들의 관심이 집중되고 있다.

　현대에 있어 주식투자는 개인의 금융자산(金融資産)을 효과적으로 늘리기 위한 주요한 이재(理財) 수단이 되고 있다. 그래서 최근 우리에게 가장 친근한 뉴스 중의 하나는 '주식'에 관한 경제뉴스이다. 매일매일 안방에까지 전달되는 주식관계 뉴스의 보도현상은 그만큼 우리 사회가 증권에 크게 관심이 있다는 것을 단적으로 말해 주는 것이며, 400만에 육박하는 증권인구가 그 사실을 뒷받침해 주고 있다.

　우리나라의 증권시장의 역사는 미국의 180년, 일본의 110년에 비교할 수도 없을 만큼 짧다. 결코 길다고 할 수 없는 30여 년의 역사 속에서 우리는 증권이 야기시킬 수 있는 모든 것을 단적으로 경험했다고 할 수 있다.

　1970년대에 우리나라는 경제성장을 지상과제로 삼았다. 정부의 강력한 증시 육성책에 힘입어 불기 시작한 '증권 붐'은 단기간에 규모면에서 세계 10위권 내로 부상시켰지만, 질적인 측면에서 많은 문제점을 노출시켰다.

　1978년 하반기부터 2년 6개월에 걸쳐 계속된 주가하락은 장밋빛 꿈을 좇던 일반 투자가들에게 막대한 손해를 끼치면서 증권사업 자체가 어려운 국면을 보였다. 그러다가 1985년을 기점으로 하여 3저(低)의 호기가 도래한 1980년대 후반까지 규모면에서 성장에 성장을 거듭해 왔고, 1989년 포철, 한전의 국민주 보급과 함께 투자인구가 기하급수적으로 늘어났다.

목숨이 걸린 돈에는 손을 대지 말라
어디까지나 주식투자는 여유자금으로 해야 한다.
손해 보면 큰일나는 자금은 투자에 이용하지 말라.

그러나 1990년대에 들어오면서 세계경기의 후퇴와 국내 정치·경제의 불안 등 복합적인 요인이 작용하여 국내의 증권시장은 최악의 침체국면을 맞이했다. 1990년 10월, 이른바 '깡통계좌 정리'라는 사상 유례없는 사건을 경험하기도 했다.

이런 부침(浮沈)의 교훈과 1992년 증권시장의 개방을 계기로 우리의 투자가들도 많이 성숙해졌다고 할 수 있다. 그렇지만 아직도 시세의 변동원리에 대한 기본사항도 모르고 무모하게 투기하는 사람이 의외로 많다. 굳이 투기(投機)라는 단어에 방점을 찍어 설명하려는 이유는 다름이 아니다.

제1장

투자심리의 메커니즘

투자가는 누구나 돈을 벌려고 투자를 시작한다. 어떤 형태의 투자이든 투자의 가장 강력한 동기는 '돈을 버는 일'에서 벗어나지 못한다. 특히 주식투자가 그 단적인 예라고 할 수 있는데, 여기에는 물체 뒤에 그림자가 따르는 것처럼 반드시 위험부담이 따른다.

성공하는 사람이 있으면 성공하지 못하는 사람도 있다. 투자가들(전문 투자가 포함)의 실제 그 성과를 보더라도 돈버는 사람은 50%에도 못 미치고, 손해를 보는 사람이 50% 이상을 차지하고 있다. 그러므로 여기에는 투기적 메커니즘이 도사리고 있는 것이 오히려 자연스럽다.

반드시 성공한다는 보장이 없는 한 그것은 투기적이라 할 수 있다. 증권시장에 있어서 '투자'와 '투기'의 구분은 매우 애매모호한데, 미국의 어느 유수한 증권회사에서 발행한 소책자에 이런 귀절이 있다.

　투자를 할 때는 언제나 다음 사항을 명심해야 한다. 곧 당신은 분명한 목표 달성을 위해 '투자'를 하고 있는 것이지, 한꺼번에 큰 이익을 얻고자 해서 '투기'를 하고 있는 것이 아니라는 사실이다. 증권시장에는 매력적인 투기의 기회가 얼마든지 있다. 그렇지만 그런 기회에 투자하는 사람은 그 도박으로 손해를 봐도 상관이 없다는 여유가 있는 사람뿐일 것이다. 투기는 위험성이 매우 크다. 그러므로 모든 사람이 덤벼들 것은 못 된다.

투자와 투기는 어떻게 다른가

투자와 투기는 어떻게 다른가. 여러 가지 각도에서 구분해 보면 다음과 같을 것이다.

구 분	투 자 자	투 기 자
투자의 동기	돈을 벌기 위해서	돈을 벌기 위해서
투자의 자세	안전 제일, 위험을 피하면서 착실히 벌고자 한다.	한탕주의, 위험을 각오하고 한꺼번에 벌어 보자고 덤빈다.
투자 자금	여유 있는 돈	'기회'라고 생각되면 빚이라도 내어서 자금을 충당
거 래 법	현물 거래	신용거래가 중심
투자 기간	장기 목표	단기 목표
주가의 움직임	장기적으로 차분히 오르기를 바라기 때문에 각별히 중시하지 않음.	단기적으로 격렬하게 움직이기를 바라기 때문에 언제나 주시하고 있음.

이 구별은 어떤 면에서 명확한 듯이 보이지만 곰곰이 생각해

보면 아무래도 경계가 애매하다. 실전투자에 있어서 여러 가지 요인들이 복합적으로 작용되기 때문에 투자와 투기의 사이에 줄을 긋는다는 것은 곤란한 일이다.

투기자라고 해서 무턱대고 주식을 사지는 않는다. 나름대로의 노하우와 정보 등을 바탕으로 하여 가능한 한 위험성을 피하면서 주식을 사는 것은 투자가와 마찬가지이다. 또한 장기투자를 할 생각으로 매입한 주식도 호재료가 나타나 갑자기 주가가 상승했을 경우는 단기매각하여 상승에서 오는 이익을 노리는 것이 인지상정이다. 이런 것을 투기라고 할 수는 없는 것이다.

인간이 투기적인 모험을 즐기는 이유

사람은 본질적으로 기회에 약하고 확실한 것보다는 도리어 다소 불확실하나 이윤이 높은 것에 더 매력을 느낀다. 그렇기 때문에 투기적인 모험을 하는 것이다.

아주 확실한 예로 은행이나 우체국 등의 예금과 증권 및 부동산 투자를 대비할 수 있다. 은행에 예금하는 따위는 정부와 해당은행에서 온갖 유인수단을 동원해도 잘 안 되는데 증권이나 부동산에는 과감히 투자하는 까닭은 무엇인가. 바로 다소 불확실하면서도 잘만 하면 높은 투자효과를 얻을 수 있다는 매력 때문이다.

돈을 운용하는 방법은 사람마다 조금씩 다른데, 일반적으로 그 돈의 규모와 성격에 따라서 운용방법이 달라진다. 그리고 그 기준이 되는 것은 다음과 같은 3요소이다.

①안정성 — 원금이 안전한가.

②환금성— 언제라도 현금화 할 수 있는가.

③수익성— 어느 정도의 수익을 올릴 수 있는가.

안정성 면에서는 은행과 우체국 등에 예금하는 것이 최고라고 할 수 있다. 가정의 금고에 현금을 보관한다 해도 도둑을 맞을 염려가 있고 뜻밖의 화재로 인해 손실될 우려도 있다. 그러나 예금은 어떤 경우에도 원금이 변하지 않으며, 게다가 예금의 종류에 따라 약속된 이자가 꼬박꼬박 붙는다.

환금성(換金性) 면에서는 보통예금만큼 편리한 것이 없다. 정기예금이 보통예금에 비해서 이자가 높은 것은 환금성이 다르기 때문이다.

예금은 안정성과 환금성이 뛰어나지만 수익성에서는 떨어진다. 연간 10% 정도로 소비자물가가 상승하고 있는데 예금·저금을 하고 있다면 이자를 계산해도 감가를 면하기 어렵다. 어쨌든 높은 수익을 원하면 안정성·환금성에 문제가 생기고, 안정성과 환금성을 강조하면 수익이 낮아지게 된다. 그런 의미에서 안정성·환금성과 수익성은 상반되는 관계라고 할 수 있다.

안정성과 환금성보다 위험을 수반한 수익성에 더 매력을 느끼기 때문에 증권이나 부동산 등에 투자하는 것이다.

유행에 민감한 인간의 심리

인간은 사회적 동물이기 때문에 알게 모르게 다른 사람의 영향을 받는다. 같은 부류의 타인과 비슷한 행태(行態)를 취하지 않으면 스스로 소외된 듯한 느낌을 견디질 못한다. 그래서 유행이 퍼진다. 이와 마찬가지로 투자에도 다분히 군중심리적인 요소가 있다. 그것은 대부분의 사람들이 움직이는 대로 움직이지 않으면 스스로 불안해지는 요소가 있기 때문이다.

경기가 호조이고 투자가 흥분하게 되면 주식·부동산 등은 종래의 가치기준을 넘어서 크게 상승한다. 이때 투자가들은 수년간 열심히 벌어도 얻기 어려운 수입을 기껏해야 수일 또는 수주간에 얻을 수도 있다. 주가상승이 화제가 되고 크게 돈을 번 이야기가 입에서 입으로 전해지면서 미화되어 간다.

"아무개는 지성증권에서 몇천만원을 벌었다더라."

"허허, 돈을 벌기가 이렇게 쉽구면. 단 하룻만에 500만원을 벌었어."

이런 말을 들을 때 주식에 참여하지 않은 사람들의 마음은 매우 복잡해진다. 자기만 떼돈을 벌 최상의 기회를 놓치고 있는 것처럼 느껴져서 안달을 한다. 그래서 더욱더 많은 사람들이 투기자로서 시장에 참여하여 군중심리에 뇌동한다.

19세기 후반 프랑스의 구스타브 르 봉이 출판한《군중, The Crowd》에 인간의 집단이 군중심리를 가지게 되는 경우를 잘 설명하고 있다.

"모여 있는 모든 사람들의 감정과 생각이 동일방향으로 움직이고 그들의 개성은 상실된다. 집단의식이 일시적이라 해도 특수한 성격을 형성한다. 바꿔 말하면 심리적인 군중이 된다. 개인이 군중으로 변할 경우 각자가 고립된 상태에서 느끼고, 생각하고, 행동하는 방법과는 전혀 다른 방향, 즉 집단사고의 상황에 빠지게 된다. 군중의 개별구성원은 만약 그가 혼자 있으면 구속되려고 하는 강한 본능을 숫자에서 느끼게 된다."

주식투자의 기본은 어디까지나 시장흐름에 편승하는 것이라고 할 수 있다. 그래서 대부분의 투자가들은 시장에 나도는 소문이나 시장분위기에 따른 단기투자를 좋아한다. 한때 금융주가 어떻다 하면 그쪽에, 건설주가 어떻다 하면 그쪽에 쏠리는 것은 바로 이것을 잘 말해 주고 있다.

허영심이 투자를 부추긴다

"세 개의 것이 강력히 여자를 움직인다. 이해와 쾌락과 허영심이다."

프랑스의 철학자 데이드로의 말이다. 여성을 말할 때 허영심을 빼면 별로 할 말이 없을 정도이다. 그만큼 여성에게 있어서 허영심은 본능에 가깝다. 물론 남성에게도 이러한 감정은 있다. 그러나 남성에게는 '허세'라는 말이 더 어울린다.

모두가 겉치레를 하는 마음씨임에 틀림없다. 그러나 남성의 허세는 일종의 강한 체하는 태도로 정신적인 허위가 대체로 많은 데 반해, 여성의 허영은 사회적인 지위와 물질적인 우월감을 남에게 과시하는 것이다.

따라서 여성의 허영심은 공격적이고 심술궂은 데가 있다. 매사를 주변의 사람이나 친구와 비교하기를 좋아한다.

"아무개는 집을 샀대요! 우리는 언제나 그렇게……."

"아무개네는 하와이로 여행을 간대요, 글쎄. 그런데 우리는 ……, 하다못해 민속촌이라도 다녀와야 체면이 설 게 아녜요."

부러움 반 질투 반으로 토해내는 그 말들을 종합해 보면 대개가 체면이 우선이다. 친구를 만나기가 창피하다, 동네 사람 보기에 부끄럽다는 것이 그 이유이다.

이런 허영심이나 허세가 곧잘 투자를 부추긴다. 엄밀히 따지면 이것도 군중심리의 영역에 속하지만, 어디에 얼마를 투자하고 있다는 것이 자신의 사회적 지위, 위세를 나타내는 것으로

과욕은 금물
욕심이 많으면 눈이 흐려져서 시세를 제대로 보지 못한다.

보는 경우가 있다.

이런 경우에는 경제적 이득이 보다 중요한 것이 아니고 자기 스스로가 남에게 과시하려는 욕구가 강하다. 또한 자기 자신이 굴지의 대기업에 투자하고 있다는 것으로 자기만족에 빠지는 경우도 있다.

제2장

투기의 역사

증권시장의 천국과 지옥

1986년에서 88년에 이르는 3년간 가장 많이 오른 증권주는 무려 5000%나 상승했다. 1,000만원을 투자한 사람이 그대로 주식을 보유했다면 5억의 거금을 벌었다는 결과가 된다. 이렇게 경이적인 수익률을 올릴 수도 있지만, 때로는 정반대의 결과를 보이기도 하는 것이 증권시장의 속성이다.

1978년 8월에 천정을 친 건설주 시세는 그후 3년간을 계속 하락하여 대부분의 건설주가 80%에서 90%까지 하락했다. 당시 건설주의 대표격이었던 동아건설이나 대림산업이 1년 반 만에 9,000원 수준에서 1,000원 수준으로 하락해 버린 것이다. 시세의 장기추세를 보지 못했던 많은 투자가들은 이들 대표주가 5,000원까지 하락하자 바닥이라고 생각하고 물타기를 시작했다.

자금에 여유가 없는 투자가들은 신용거래를 계속 연장해 나갔다. 그러나 한 번 천정을 치고 떨어지기 시작한 건설주는 홉

사 끈떨어진 두레박과도 같았다. 투자가들은 결국 투자원금을 모두 날리고, 더러는 막대한 빚을 지고 파산했다.

주식 격언에 '천정 3일, 바닥 100일'이란 말이 있다.

주가가 장기간에 걸쳐서 크게 오르면 누구나 주가가 끝없이 오를 것처럼 느낀다. 특히 막바지 국면에 이르면 주가상승의 속도가 더욱 가속화되면서 투자가들로 하여금 극단적으로 낙관적인 시세관을 갖게 한다.

함정은 여기에 있다. 천정권에서 일반 투자가들은 열광적으로 주식을 매입하고 전문 투자가나 기관 등에서 보유주를 대량으로 매도하기 때문에 거래량이 폭주하는 것이다. 이와같이 천정권에서의 대량거래로 인하여 시장에너지가 집중적으로 소모되기 때문에 천정기간은 길 수가 없는 것이다.

경험이 적은 일반 투자가들이 매도에 실패하는 가장 큰 이유 중의 하나가 바로 이 천정이 짧은 데 있다. 또한 자고 나면 주가가 오르는 천정권의 열광적인 시장분위기에서 주식을 판다는 것은 매우 어려운 일이다. 그러다가 어느날 갑자기 천정을 치고 나면 주가가 한꺼번에 어느 정도까지는 폭락해 버린다. 그렇기 때문에 일반 투자가들이 주식을 매도하겠다는 생각을 미처 하기도 전에 주가만 크게 하락해 버리는 것이다.

관성의 힘으로 움직이는 큰 시세

'주가의 향방은 예측하기 어렵다.'는 말은 주식투자의 경험이 많은 사람들이라면 누구나 한번쯤은 뼈저리게 느꼈을 것이다.

주가가 좀 오를 것 같아서 사고 나면 그것이 천정이고 도저

히 가망이 없다고 판단하여 헐값에 처분하고 나면 그것이 바닥
이다. 또한 엄청나게 올라서 팔았는데 그 후에도 계속 상승하
고, 빠질 만큼 빠졌기 때문에 이제는 더 안 내리겠지, 하고 주
식을 샀는데 계속 하락하는 경우가 많다.

주식시세에 가속도가 붙기 시작하면 조정을 거쳐야 할 곳에
서 조정을 하지 못하고 계속 상승하거나 하락한다. 이것이 바
로 증권인이 가장 설명하기 어려운 이른바 '관성시세'의 출현
이다.

운동하고 있는 물체가 계속 움직이려 하는 성질을 물리학에
서 '관성의 법칙'이라고 하는데, 주식시세도 이 관성의 법칙이
그대로 적용되는 경우가 있는 것이다.

상승은 상승을 부르고, 하락은 또다른 하락을 가속화시키다
가 어느날 갑자기 이 게임은 끝난다. 이러한 과정에서 승자와
패자가 확연히 구분되는 것이다.

투기역사의 배경

인간의 욕심은 끝이 없으며 만족을 모르는 것이 인간의 욕심
이다. 하나를 가지면 둘을 가지고 싶고 둘을 가지면 셋을 가지
고 싶어한다. 이런 욕심이 투기역사의 배경이 되어 왔다.

돈을 벌기 위해 투자가로서 일단 시장에 참여한 사람은 무모
한 도박에서도 성공할 것으로 생각한다. 투자가들은 누구나 가
장 합리적이고 객관적인 입장에서 시세를 보고 있다고 생각하
지만, 그 바탕에는 언제나 그 사람의 기대나 욕망이 깔려 있는
것이다. 때문에 이성적인 판단에 입각한 신중성은 사라져 버리
고, 오로지 커다란 망상과 탐욕만이 남아 춤추게 된다.

　이러한 투기는 동서와 고금을 초월하여 존재해 왔으며, 강력한 경쟁원리와 투자가의 여러 가지 심리적인 요소가 결합하여 탐욕의 커다란 거품을 만들었다가 사라지곤 했다.

튤립의 광란시세

　지나고 보면 그렇게 황당할 수가 없는 이야기가 그 당시의 대중에게는 진실로 받아들여졌다. 최초로 일어난 시세의 관성이나 투기에 관한 가장 대표적인 사건은 1630년대의 네덜란드에서 일어났다. 대상은 다이아몬드나 금이 아닌 튤립이었다는 사실이 이채롭다.

　튤립은 1550년대에 터키에서 북유럽으로 최초로 수입되었고 1600년 직전에 네덜란드로 건너왔다. 이 꽃은 아름답고 진귀한 식물이었기 때문에 처음부터 명예의 칭호를 부여받고 귀족들의 사랑을 받았다.

　네덜란드의 토양조건은 튤립재배에 적합했다. 그래서 좁은 국토에도 불구하고 암스테르담과 헤이그 사이의 40마일에 걸쳐 광범위하게 재배되었다. 1620년까지 튤립에 대한 수요는 건전하게 증가하였으며, 원예 전문가들은 핑크, 연보라, 황색 등 새로운 변종을 만들어 전람회에 출품하곤 했다.

　이와 발을 맞추어 유럽의 왕족이나 귀족들이 비싼 가격으로 아름답고 진귀한 품종을 열심히 구했기 때문에 투자가치가 확실한 상품으로 각광받기 시작했다. 여기저기서 튤립매매로 돈 버는 사람들이 나타나면서 너도 나도 튤립매매에 참가했다. 그러다 보니 자연 열광적인 투기의 양상이 나타났고 가격은 급상승하기 시작했다.

외겹의 애드미럴 리프켄스는 1개에 6,600달러에 거래되고 셈 퍼 아구스터스는 6,000달러에서 8,250달러까지 되었다. 하늘 높은 줄 모르고 치솟던 시세는 더욱 탄력이 붙었으며 투자가는 열광의 분위기에 휩싸였다. 가격이 오르기 때문에 사고, 사기 때문에 가격이 올랐다. 이익을 남기고 판 사람들은 그후 튤립 값이 치솟자 더 비싼 가격으로 다시 매입하는 행위를 반복하였 으며, 급기야는 실물의 튤립을 거래하지 않는 전매제도와 신용 거래까지 생겼다. 어떤 구근(球根)은 소유자가 하루에 열 번씩 이나 바뀌기도 했다.

암스테르담의 한 시민은 자신의 조그만 정원에서 재배한 튤 립으로 불과 4개월 만에 9만 달러를 번 사람도 있었다. 진귀한 튤립은 금보다도 가치가 있었다.

그러나 어느날 갑자기 이러한 꿈이 깨지고 말았다. 아무도 상상하지 못했던 하락이 겨울 해가 서산에 뚝 떨어지듯 그렇게 떨어졌다. 꿈이 찬란했던만큼 꿈이 깨어졌을 때의 상황은 너무 나 비극적인 것이었다.

1637년 2월의 어느날, 보석처럼 귀한 튤립구근을 많이 소유 한 어느 부자(?)가 현금이 필요하여 그것의 일부를 시장에 내 놓았다. 그러나 사려고 하는 사람이 없었다. 그것은 믿기 어려 운, 실로 거짓말 같은 현상이었다. 내로라 하던 부자가 하루아 침에 알거지로 몰락하는 상황이 발생한 것이다.

이윽고 폭락이 시작되었다. 누구나 다 팔기를 원했고, 하락 은 걷잡을 수 없었다. 며칠 전까지만 해도 튤립으로 집, 토지, 보석 등 자신이 원하는 것은 무엇이든 살 수 있었으나 이제는 하나의 꽃으로 양파 정도의 가치밖에 없었다.

쇼크의 물결이 사회 전체로 확대되었다. 이렇게 충격적인 상황을 구하려는 재배업자, 시당국, 법원에 의해 여러 가지 규제조치가 취해졌으나 이미 늦고 말았다. 마침내 가장 고가였던 튤립이 8,250달러에서 75달러로 무려 99%가 하락한 다음에야 폭락은 멈추었다. 이 여파로 인해 네덜란드의 국가경제는 상당 기간 극심한 경제난에 시달릴 수밖에 없었다.

오늘에 와서 생각해 보면 허무맹랑한 이야기처럼 들린다. 그러나 그 상황의 소용돌이 속에서는 무엇이 옳고 그른지를 쉽게 판단하지 못하는 것이 인간의 속성이다. 인간이라는 생물은 군중에 섞여 순간순간의 감정에 크게 영향을 받기 때문이다.

1929년의 대공황

자살적인 투기 붐은 왜 일어나는가?

기술이 진보하고 국민생산이 증대됨에 따라서 경제 전체가 인플레이션의 경향을 띠게 되는 일정기간에는, 대부분의 보통주는 주가가 오르게 된다. 그렇게 되면 사람들이 주식시장으로 모이게 되고, 그것이 주가를 한층 부채질하는 요인이 된다.

이와 같은 이득의 증대가 더욱 많은 사람들을 증권시장으로 끌어들임으로써 또다시 일정기간 동안은, 이와같이 값이 오르는 것을 본 사람들의 인기가 주가를 결정하게 될 것은 뻔하다.

그러나 주식시세는 처음부터 일정한 용량을 가진 고무풍선처럼 어느 한도까지 부풀고 나면 마침내는 터지고 마는 것이 운명이라 할 수 있다. '튤립의 광란시세'에서 보았던 것처럼 주가는 투자가들의 열광적인 분위기에 편승하여 '허상의 상승'을 했다. 말하자면 그것이 현실로부터 유리된 것이다. 적정가에서 터무니없을 만큼 유리되었을 때, 그것은 언젠가는 현실에 복귀

되지 않으면 안 되는 것이다.

1929년 가을의 증권시장 붕괴는 그 이전부터 진행되어 온 투기에 원인이 있었고, 그때와 엇비슷한 상황은 오늘도 내일도 역사처럼 반복될 것임에 틀림없다.

1920년대의 미국은 현저한 기술혁신은 없었으나 경제활동은 왕성했고, 자본수익률이 점차 상승하여 기업은 호황을 누리고 있었다. 소비지출의 증가는 새로운 산업인 자동차산업 등을 발전시켰는데, 포드자동차 회사는 1924년까지 1,000만대의 자동차를 생산했다. 최초의 100만대를 생산하는 데는 7년이 소요되었으나 마지막 100만대를 생산하는 데는 불과 132일이 걸렸다.

1920년대를 통해서 생산고와 노동자 1인당의 생산성은 착실하게 증대했다. 1919년부터 1928년에 이르는 10년 동안, 제조공업에 있어서의 노동자 1인당 생산고는 약 43% 증대했다. 그런데 노동자의 임금, 봉급 및 물가는 모두 비교적 안정을 유지하고 있든가 또는 어떠한 경우에도 이전에 비해서 증가하지 않았다. 따라서 생산비는 하락하고 가격은 마찬가지였기 때문에 이윤은 증가했다.

이러한 호황기에 있어 사업활동은 국가적 신앙과도 같았으며 개인에게는 축재의 기회였다. 그래서 많은 사람들이 사업에 참여했고, 투기적인 광란이 나타날 소지를 갖추기 시작했다. 대규모의 투기는 널리 알려진 신뢰나 낙관론적인 생각, 또는 보통 사람들도 부자가 될 수 있다는 확신을 필요로 한다. 사람들은 좋은 의도라든가 타인의 선의에 대한 신념을 가지지 않으면 안 된다. 그 이유는 그들이 부자가 되기 위해서는 타인의 중개를 필요로 하기 때문이다.

1929년에 다이스 교수는 이렇게 말했다.

"보통 사람들은 그들의 지도자를 신뢰하고 있다. 우리는 이미 산업의 리더들을 건방진 악인이라고는 보지 않는다. 우리들은 방송을 통해서 그들의 목소리를 듣지 않았다는 말인가? 우리들은 그들이—어떤 사람이 자기의 친구한테 말하는 것과 같이—그들의 사상을 표명했을 경우에 그 사상, 대망, 이상 등에 친숙해져 있는 것은 아닐까?"

바로 이러한 신뢰감이 투기 붐을 이루는 데 있어서는 불가결한 것이다. 당시의 사회학 조사는 젊은 노동자들이 재빨리 부(富)를 축적할 수 있기를 원한다는 사실을 파악하였으며, 그들은 그들의 꿈을 실현시킬 수 있는 증권시장을 찾고 있었다.

그러나 1927년의 증권시장은 155에서 시작하여, 도중에 소폭의 하락은 있었지만, 연말에는 25%가 오른 194에서 끝났다. 거래량은 늘었지만 급격한 상승은 없었다.

1928년은 투자가치와 꿈 또는 기대감이 확실히 반영되었던 해이다. 전년도의 호황으로 기업이익과 배당금이 급속히 신장하게 되자 매스컴과 경제 전문가들은 주가상승의 신기원을 이룰 것이라고 연일 떠들었는데, 그 요지는 다음과 같았다.

① 주식시장의 그 멋진 종합력, 즉 수고하지 않고도 돈을 벌 수 있다는 약속으로 국민들을 매혹시키고, 또 실제로 그런 이득을 주고 있을 뿐만 아니라 보다 더 큰 이득을 약속하고 있다는 점.

② 주식시장에서 요령있게 행동만 한다면 그만한 보상이 생기게 마련이라는 것을 국민으로 하여금 믿게 하고 있다는 점.

③ 대부분의 경우에 있어서 약간의 경기후퇴쯤은 능히 극복

할 수 있을 뿐만 아니라, 그로써 위구심에 대한 불안감을 일격에 때려부술 수 있는 능력을 가지고 있다는 점.

경기의 확대와 함께 이런 말에 고무된 대중들은 앞다투어 시장에 참여했다. 그러자 풍부한 자금, 저금리, 10~20%의 낮은 신용거래 증거금률이 함께 어우러졌다. 신규의 신용거래 구좌가 계속해서 개설되어 증권업자의 고객에 대한 융자잔고는 54%가 증가하여 64억 달러에 달하였다.

1928년 1월과 2월의 시세는 부진했으나 3월에 들어서면서 본격적인 상승세가 시작되었다. 거래량도 매일 신기록을 수립하여 2월의 4,700만주에 대해 3월에는 8,500만주를 돌파하였고, 그해 9월에는 9,000만주를 기록하였다. 이에 따라 주식거래는 사무번잡으로 인해 몇 번이나 폐쇄되었다.

미국인의 관심은 온통 주식시장으로 쏠렸다. 시세가 계속 오름세니까 주식시장에 관계하는 모든 사람들은 돈을 벌었다. 하룻밤에 큰 돈을 벌었다는 소문이 나돌고, 엄청난 시세차익을 남긴 사람들은—실제로 그렇든 안 그렇든간에—금융의 천재같이 우러러보였다.

1920년대 후반에 미국에서도 앉은 자리에서 수많은 로스 찰스(미국의 최고 은행가, 로스 찰스 뱅크의 총재)가 태어났다. 그 이전의 수년 동안에는 더 많은 로스 찰스가 있었다.

그 무렵 이와 같은 수완을 발휘할 수 있는 가장 보편적인 도구는 투자신탁이었다. 투자가들은 최종 회사의 주를 사는 대신에, 자기 대신 투자해 주는 천재가 경영하고 있는 회사의 주를 샀다.

투자의 천재들은 새로운 아이디어로 투기게임에 임했다. 당시 가장 널리 행해진 것 중의 하나가 자금의 합동운용이었다. 부자들이 서로 결탁하여 수천만 달러의 자금을 모아 투자의 천재에게 맡겼다. 그러면 투자의 천재는 그 자금을 치밀하게 운영하였다.

그들은 시장을 교란시키지 않고 아무도 모르게 시장에서 큰 위치를 차지했다. 그런 다음에 많은 양의 주식을 브로커를 통해서 거래하였는데, 처음에는 작전을 눈치채지 못하게 서서히 가격을 올리면서 거래량을 늘려 나갔다.

투자의 천재들이 부자들의 막대한 공동재산으로 주를 샀다 팔았다 하면서 다른 사람들의 주의를 끌게 한다. 치밀한 계획에 의해서 조작되는 주식시장은 매력적일 수밖에 없다. 주식에 투자만 했다 하면 자금이 눈덩이처럼 불어나는 것이다.

이런 상황이 진행되고 있을 때 가격변동을 주시하고, 무엇인가 진행되고 있다고 생각하면 대중은 매입을 위해 몰려들고, 주가는 정말로 상승하기 시작한다. 목표된 이익을 얻고 나면 작전에 참여했던 투자의 천재들은 슬그머니 빠져 나가 버린다. 이러한 작전을 풀링(pooling)한다고 하였는데, 그것은 참여자들이 공동출자로 공동계산에 의해 분배하였기 때문이다.

1920년대 후반에는 이와같이 운용되는 투자신탁의 폭발적인 붐이 일어났다. 1929년에는 약 265개 투신이 있었고, 총자산은 80억 달러를 넘게 되었다.

당시의 폐쇄형(closed end) 투자신탁과 현대의 기금제도 사이에는 한 가지 기술적인 차이점이 있다. 전자의 경우는 공칭자본(公稱資本)을 가지고 있었고, 회사는 그것을 팔아서 보통주를 사들이는 데 사용했다. 해약하고 싶은 투자가들은 상호기금의 경우처럼, 회사가 보유하고 있는 주식의 시가에 비례하여 자기

주를 환불받는 일이라곤 없었다.

붕괴를 맞을 때까지 투자가들은 단지 공개시장에서 주를 사고 팔 수 있었을 뿐이다. 붕괴 이후에는 투자가들은 기독교 신자다운 관용의 미덕이나, 그와 유사한 것을 발휘할 수밖에 없었다. 왜냐하면 대부분의 투자신탁의 주가 매각불능으로 되어 버렸기 때문이다.

1920년대 최대의 투자신탁 계획의 하나는 당시 가장 뛰어난 금융적 천재였던 와딜 카팅그스의 기획 아래 골드먼 색스 회사에 의해서 이루어졌다. 골드먼 색스 회사는 1929년, 회사가 보유하고 있던 투자신탁증권 중 50만 달러 상당 부분을 매각했다. 1932년에 열린 워싱턴의 상원위원회에서 커즌스 상원의원과 색스 사장 사이에 다음과 같은 질의응답이 오갔다.

커즌스 : 골드먼 색스 회사는 투자신탁의 목적으로서 골드먼 색스 트레이딩 회사를 설립했나요?

색스 : 예, 설립했습니다.

커즌스 : 그러면 귀사는 귀사의 주를 일반 사람들에게 팔았나요?

색스 : 그렇습니다. 우리 회사는 처음 총발행액수의 10%에 해당하는 금액만 투자했습니다.

커즌스 : 나머지 90%는 일반 사람들에게 팔았나요?

색스 : 예, 그렇습니다.

커즌스 : 액면가가 얼마였나요?

색스 : 104달러였습니다. 그것은 낡은 주였고, 나중에 그 한 주가 두 주로 분할되었습니다.

커즌스 : 그러면 지금은 주가가 어느 정도입니까?

색스 : 대충 1달러 75센트 정도입니다만…….

이상의 질의응답에서 알 수 있는 것처럼 1920년대 후반의 금융계에 있어서 획기적인 발견의 하나는 '지레작용'이었다. 이와 같은 발견을 대담하고 교묘하게 행사함으로써 그만큼 금융적 수완을 돋보이게 만들었다.

그것은 어떤 업무에 종사하는 개인이나 회사가 타인에게서 빌린 돈으로 보통주나 우선주를 샀다는 것을 의미한다. 따라서 그 개인이나 회사는 소액의 투자로 많은 주를 가질 수 있었다. 그러다 주가가 오르면, 부채는 변동이 없으니까 이득은 고스란히 그들의 것이 되었다.

이러한 효과에 의해 1만 달러의 투자로 10만 달러 이상의 투자수익을 올리는 것도 자주 볼 수 있었다. 당시 대다수의 사람들은 이러한 지렛대작용이 상승과 하강 양면의 효과를 갖고 있다는 것을 잊고 상승작용만을 한다고 생각하고 있었다.

1928년과 1929년에 투자신탁들은 서로의 증권에 대해 대규모적인 투자를 하기 시작했다. 그렇기 때문에 지레작용의 방법을 택하고 있는 어떤 신탁회사가 다른 신탁회사에 투자하면, 그것은 가공할 만한 지레작용으로 되었다.

이와 같은 회사간의 담합현상이 두드러지게 나타나자 드디어 증권거래위원회(SEC)가 개입하여 이를 금지시키게 되었다. 그러나 불행히도 SEC의 권한은 끝까지 미치지 못했다.

1920년대에는 주력주가 큰 인기를 불러일으켰다. 그 중에서도 전자회사인 아메리카 라디오 회사(RCA)가 단연 투기업자의 인기주가 되었다. 1929년 9월 3일에는 1년 반 전의 94.5달러에서 껑충 뛰어서 505달러가 되었다.

1920년대 후반은 대대적인 기업합병의 시기였다. 이것은 잇따라 증권의 대규모적인 교환과 서류교환을 야기시켰고, 그 소문이 거래소를 북적대게끔 만들었다. 기업합병의 기본적인 테크닉은 사채나 우선주를 발행함으로써 합병되어 가는 회사의 보통주를 사들이는 것이었고, 복합기업의 주식도 있었다.

1929년의 붕괴에 앞선 수개월 동안, 학문적인 명성과 실력이 쟁쟁한 사람들이 불안감은 없다는 진단을 많이 내렸다. 그들은 주식시장이나 기업합병의 현상을 목격하면서도 그와 같은 모든 상황에 축복을 보냈다.

결과를 놓고 유추해 보면, 1929년 10월의 붕괴로 종말을 고한 투기적인 증권시장도 5년 내지 6년 동안에 만들어진 것에 불과했다. 그 움직임도 처음부터 그렇게 격렬한 것은 아니었다.

1924년 연초에 〈뉴욕 타임즈〉가 공표한 25종의 대표적인 공업주의 평균주가는 110이었다. 그것이 1925년 연초에는 135로 올랐다. 그러다가 1929년 1월 2일의 종반시세는 338.35로 뛰었다. 1926년 초와 1928년 초의 경미한 후퇴를 예외로 한다면, 그 상승률은 확실히 대단한 것이었다.

1929년 초에는 앞에서 말한 바와 같이 투기적 단계가 올 때까지 다 와 버렸기 때문에 모든 사람들이 자본이득에 혈안이 되어 있었다. 따라서 대개 이익금(마진)으로 주식을 매입하고 있었다. 이것이 또한 주식시장을 불안정하게 만든 부수적인 원인이 되었다.

주가가 떨어지면 채권자는 보다 더 많은 이익금, 즉 보다 더 많은 현금이나 담보증권을 요구한다. 만약 주의 소유자가 현금이나 담보증권을 제공할 수 없게 되면, 채권자들은 불가피하게 손해를 무릅쓰고라도 그들의 주를 팔지 않을 수 없었다. 이와

자기를 이기지 않고는 성공하기 어렵다
주식투자에 성공하기 위해서는 감정보다 이성적 판단이 중요하다.
침착·냉정해야 하고 사물의 이면을 꿰뚫어볼 수 있는
예리한 판단이 있어야 한다.

같이 부득이한 매각이 시장의 하강운동을 크게 촉진하게 되는 것은 당연하다.

1929년의 연초 수개월 동안에는 연방준비 당국으로부터 투기에 대해 수차의 경고가 내려졌다. 때문에 다소 신경과민의 상태가 야기되었다. 당국은 자기 자신의 경고에 점점 더 신경질적이 되어 갔고, 얼마 안 가서 숫제 입을 다물어 버렸다.

6월이 되자 주가는 최후의 대약진을 시작했다. 그해 여름 시장의 주가는 거의 날마다 계속 오르기만 했다. 우량주는 95일간에 30~50%에서 2배까지의 오름세를 보였는데, 9월초에 다우 주가평균은 381에 달하여 18개월 만에 거의 100%가 올랐다. 이에 따라 더욱더 많은 투기꾼들이 몰려들었고, 증권대출은 1928년 말에 64억 달러이던 것이 1929년 10월에는 85억 달러로 상승했다.

연방준비은행은 증권업자 대부금리를 20%로 인상하여 투기억제를 꾀했으나 효과는 일시적이었다. 20%의 이자율은 월리 1.67%에 불과한 것으로 월간 10~30%씩 수익을 기대하는 투자가들에게 금리는 있으나마나였다.

최초의 주가하락은 10월 3일 특별한 경고도 없이 발생하였다. 아니, 이전부터 이상조짐에 대한 경고는 있었다. 엄밀하게 말해서 벌써 9월부터 시장이 흔들리고 있었다. 그 최초의 파탄은 로저 배프슨 때문이라고들 했다. 그는 직설적인 경제 예언가였는데, 9월 초에 이렇게 공언했다.

"미국의 증권시장은 조만간 붕괴가 일어나려 하고 있다. 더구나 그것은 가공할 형태로 나타날지도 모른다. ……공장은 폐쇄될 것이다. 사람들은 직장에서 쫓겨나고, 악순환은 거듭될 것이다. 그리고 그 결과로 심각한 경제불황의 초래는 이제 기정 사실이다."

대공황을 정확히 예측한 배프슨은 혹독한 비난을 받고, 명성에 상처를 입었다.

1929년 10월 3일 갑자기 주가가 폭락하였으므로 그 결과 신용매수가 급감했다. 그러나 뉴스는 계속 주가의 호전을 예고했고, 시장은 곧 회복되어 10월 10일에는 9월 중순의 수준으로 돌아왔다. 그러다가 사태가 다시 악화되었다. 10월 19일 신문은 전날의 아주 한산했던 주식시장의 상황을 전했다.

후장에는 극심한 하락이 일어나서 〈뉴욕 타임즈〉 공업주 평균주가는 약 7포인트나 떨어졌다. 게다가 그날 시장은 매우 거칠었다는 평이 나돌았다. 역사상 두 번째로 많았던 그 토요일 거래에 의해서 348만 8,000여 주가 주인을 바꾸었다. 그날의 종반에서 〈뉴욕 타임즈〉의 공업주 지수는 무려 12포인트나 떨어져 버렸다.

그러나 사태는 10월 21일 월요일에 더욱 악화되었다. 매매는 합계 609만 1,800여 주로서 역사상 세 번째의 거래고를 나타냈다. 이때 보다 더 심각한 현상이 일어났다. 그것은 미국의 도처에서 시장을 지켜 보면서 마음을 졸이고 있던 수많은 사람들에게 무슨 일이 일어나고 있는가를 정확하게 전달할 방법이 없어진 것이다.

이전에도 거래가 많은 날에는 가끔 티커(ticker; 증권시세를 속보하는 표시기, 체크.)가 늦어지는 경우가 있었다. 그러면 사람들은 시장이 닫힌 훨씬 뒤까지 자기가 얼마나 부자가 되었는지 알 길이 없어진다. 그러나 시장이 상승할 때는 안심하고 기다릴 수 있었다. 그런데 지금은 시장의 하락과 더불어 투자가들은 이미 자기들이 깨끗이 파멸되었을지도 모르는데, 그것을 알 길이 없었다.

그것은 투자가들이 꼭 알아야 하는 정보였다. 때문에 실제로는 파멸에 직면하지 않았어도 그렇게 상상해 버리는 경향이 강하게 나타나기 시작했다. 따라서 티커가 지연됨으로 말미암아 서둘러 자기들의 주를 어떻게든 남보다 한 발 앞서 팔아 버리려는 추세를 촉진했다.

10월 24일 높은 거래량의 매매가 불길한 가운데, 내셔널 시티 은행·체이스·개런티 트러스트 및 뱅거스 트러스트의 수뇌들이 모르간의 본거지인 월가 23번지에 긴급히 모여, 2,000만 달러에서 3억 달러에 이르는 합동자금으로 이 붕락세를 막고자 했다.

그러나 이러한 방어작전도 오래 가지는 못했다. 1929년 10월 29일 암흑의 화요일은 금융역사상 유명한 날이 되었다. 오전 10시 거래개시를 알리는 벨이 울림과 동시에 1백만*에 이르는 투자가들의 환상이 깨졌다. 매도주문이 쇄도하고 주문을 받는 용기가 모자라서 종이박스가 사용될 정도였다.

이날 1641만주의 대량거래가 있었고 다우평균은 30.5포인트가 하락하였다. 시장은 그후 계속 단조로운 규칙을 지키면서

---

* 전설 같은 이야기로 전해지는 1929년의 미국 증권시장 공황은, 모든 사람들이 시장에서 주식놀음을 했던 것은 아니다. 미국의 대다수의 시민들은 주를 어떻게 사는 것인지조차 몰랐다. 나중에 정하여 계산한 바에 의하면 1백만 명 정도의 사람들이 투기에 관여했다.

▶ **1929년 증권공황, 유명주의 등락상황**

구분 회사	1928. 3. 3.	1929. 9. 3.	1937. 7. 8.
아나콘다	54	162	4
버로우	31	73	7
제네랄 일렉트릭	129	396	28
웨스팅 하우스	92	313	16
RCA	95	505	18
듀 퐁	98	215	22

하락과 상승을 계속하다, 마침내 1932년 7월 8일 다우평균은 41.22의 최저치를 기록하였다.

주식시장의 붕괴는 그에 선행된 투기의 피할 수 없는 결과였다. 그리고 주식시장의 붕괴 자체가 경제계에 대해 직접적이고도 유력한, 그리고 틀림없는 영향을 주었다. 붕괴가 계속되던 수주일 동안에는 자동차, 라디오를 비롯한 내구재에 대한 지출이 격감하였다. 그것은 사람들이 자기 자신의 불행이나 이웃의 불행에 민감하게 반응했기 때문이었다.

회사는 돈이 안 돌았고, 현재의 채무가 걱정이 되었다. 그리고 새로운 자금을 조달할 수 없게 되자 투자계획은 즉시 축소되었다. 증권가격이 떨어짐과 동시에 기업이나 은행의 도산이 늘어나서 그 영향을 받은 기업은 자금지출이나 투자를 한층 줄이지 않을 수 없었다.

대폭락이 휩쓸고 간 뒤에는 몇 고비의 굴곡을 거쳐 10년간 계속된 대공황이 닥쳐왔다.

1933년에는 국민총생산(경제의 총생산액)이 1929년에 비해 30%이상 떨어졌다. 또한 생산고는 1937년에 이르기까지 1929년의 수준으로 회복되지 않았다. 그리고 그것은 그후 또다시 후퇴했다. 생산의 달러가는 1941년에 이르기까지 1929년 이하의 수준에 머물렀다. 연간 평균 실업자 수는 1930년부터 1940년에 이르는 동안에 거의 1,300만, 즉 노동인구 4명 중 1명이 일자리가 없는 꼴이었다.

그렇다면 풀링으로 엄청난 축재를 한 투자의 천재들은 주식시장의 붕괴 후 어떻게 되었을까. 결론부터 말하자면 모두가 비참했다. 제네럴 모터스의 창설자인 윌리암 듀란은 뉴저지의 식당에서 접시를 닦으며 근근이 살았다.

뉴욕의 증권거래소에서 명성을 드높였던 윌리암 휘트니는 사기죄로 싱싱감옥에 갔다. 합동운용자금의 운용자로서 가장 성공했던 마이크 미한은 정신병원에 입원하였고, 당대의 위대한 투기가이던 제시 리버모아는 뉴욕의 호텔에서 투신자살을 하였다.

이러한 사건들은 투기가 국가와 개인에게 파멸의 바로미터라는 사실을 가르치고 있다. 투기는 하지 않는 것이 좋다. 거듭 역설하는 바이지만 투기는 헛된 꿈에 불과하며, 금융적 수완에 대해서는 일정한 대가를 지불해야 한다.

제3장

주식투자로 돈을 벌 수 있는 사람과
손해를 볼 사람

바람직한 주주상

어느 외국 경제지의 현상모집 당선작 중에 〈바람직한 주주상 (株主像)〉이라는 어느 주부의 글이 있다.

이 글 속에는 '주주다운 주주' 즉 '바람직한 주주상'이 묘사 되어 있는데, 요약하면 다음과 같다.

① 자신의 재력(財力)에 걸맞는 투자태도를 취할 수 있는 사 람.

② 경제환경 및 기업의 장래성을 충분히 검토하여 어디까지 나 자신의 책임하에 신중하게 주식선정을 할 수 있는 사 람.

③ 눈앞의 움직임에 현혹되지 않고 목표액을 정하여 매매시 기를 냉정하게 선택할 수 있는 사람.

④ 주주로서 그 주식을 발행한 회사의 동태에 애정과 관심을 갖는 사람.

⑤ 장기적인 목표를 가지고 투자를 할 수 있는 사람.

이 주부가 지적한 조건은 '주주다운 주주'가 되기 위하여 가장 필요한 조건임에는 틀림이 없다. 좀더 쉽게 말하자면, 주주는 결단력과 독립심을 겸비해야 하고 신념을 가지고 행동하는 사람이어야 한다는 것이다.

투자가 테스트

그러면 어떤 사람이 주식투자에 적합한 사람인지, 적합하지 않은 사람인지 테스트하는 방법을 소개하겠다. 이것은 매우 중요한 문제이므로 마음을 비운 상태에서 자기진단을 해 보기 바란다.

1) 결단력에 관한 문항 ·· (   )
　　　　　① 결단력이 있다 ② 우유부단하다
　　　　　③ 어느 편도 아니다
2) 집착력에 관한 문항 ·· (   )
　　　　　① 단념이 빠르다 ② 좀처럼 단념하지 못한다
　　　　　③ 어느 편도 아니다
3) 사리판단에 관한 문항 ··· (   )
　　　　　① 사리가 분명하다 ② 다소 불분명하다
　　　　　③ 어느 편도 아니다
4) 말에 관한 문항 ··· (   )
　　　　　① 말이 없다 ② 말이 많다
　　　　　③ 어느 편도 아니다

5) 의지에 관한 문항 ·· (   )

　　　　① 의지가 강하다 ② 의지가 약하다

　　　　③ 어느 편도 아니다

6) 신념에 관한 문항 ·· (   )

　　　　① 한 번 옳다고 생각하면 끝까지 변하지 않는다

　　　　② 생각이 상황에 따라 변한다

　　　　③ 어느 편도 아니다

7) 정보(남의 말을 들었을 때)에 관한 문항 ························· (   )

　　　　① 정보는 냉철하게 가치를 따져 수용한다

　　　　② 정보를 들으면 솔깃해진다

　　　　③ 어느 편도 아니다

8) 금전운용에 대한 문항 ·· (   )

　　　　① 절약가이다 ② 낭비벽이 있다

　　　　③ 어느 편도 아니다

9) 친절에 관한 문항 ·· (   )

　　　　① 불친절한 편이다 ② 친절한 편이다

　　　　③ 어느 편도 아니다

10) 대인관계에 대한 문항 ··· (   )

　　　　① 사무적이며 무뚝뚝하다

　　　　② 대인관계가 원만하다

　　　　③ 대인관계가 나쁘다

● 채점방법 : ①—10점 ②—5점 ③—3점

● 진단결과 : A —90점 이상

　　　　　　B —70점에서 90점 사이

　　　　　　C —60점에서 70점 사이

　　　　　　D —60점 미만

A — 천성적으로 주식투자에 어울리는 사람. 투기의 유혹만 조
    심하면 축재를 하게 된다.

B — 주식 투자가로서의 소양을 가지고 있다. 테스트 문항 중에
    서 자신의 약한 부분을 강화하고, 시장의 흐름에 유의하면
    서 신중히 투자하면 승산이 있다.

C — 뇌동 투자가가 될 가능성이 크므로 판단력을 강화하는 노
    력이 필요하다.

D — 아무래도 주식투자에는 어울리지 않는다.

매매경비

'주식으로 돈을 벌었다'라든가 '주식으로 재산을 날렸다'라
는 상반된 말을 많이 듣게 된다. 이 말은 채산성이 높은만큼 위
험도 도사리고 있다는 말이다.

투자가는 누구나 돈을 벌려고 주식투자를 시작하지만, 실제
그 성과를 보면 돈버는 사람은 불과 반에도 못 미치고 손해를
보는 사람이 반 이상을 차지하고 있다.

투자가들이 먼저 알아야 할 사항은 증권회사를 지탱하게 하
는 수입원과 세금의 문제이다. 누구나 알고 있는 것처럼 증권
회사의 주된 수입원은 위탁수수료(brokerage commission)이다.
고객이 증권회사에 위탁하여 증권을 사거나 팔았을 때, 증권회
사에 지불하는 수수료를 말하는데, 위탁수수료와 징수방법은
증권거래소의 수탁계약 준칙에 규정되어 있다.

위탁수수료는 종전에는 모든 증권회사가 매매대금별로 요율
(고정수수료)을 적용하였지만, 1989년 1월부터는 0.6%~0.3%
범위 이내에서 자유화되어 각 증권회사별로 적용하고 있다. 그

러나 각 증권회사의 영업경쟁 때문에 수수료에는 커다란 차이가 없는데, 현재 대부분의 증권회사는 매매약정 대금의 0.5%~0.3% 정도이다.

▶ **대신증권 위탁수수료율 체계**

매매 약정대금	수수료율
2억원 이하	0.5%
2억원 초과~5억원 이하	0.45% + 100,000원
5억원 초과	0.4% + 350,000원

주식을 매입하였을 때에는 세금이 부과되지 않으나 주식을 매도하였을 때에는 매도액의 0.2%(1990.6.1.부터)에 해당하는 금액을 원칙적으로 증권거래세로 납부하게 된다. 그러나 시가가 액면가 이하인 주식은 증권거래세를 면제해 주는 등 탄력세율을 인정하고 있다.

이러한 매매경비는 의외로 높은 것이기 때문에 법인 투자가는 빈번한 거래를 기피하는 경향이 있다.

그런데 많은 개인 투자가의 경우는 투기를 선호하는 경향 때문이거나, 아니면 증권회사의 끈질긴 권유 등의 이유로 빈번한 거래를 하는 것이 일반적인 현상이다.

"남의 떡이 커 보인다."라는 우리 속담이 있는데, 주식시장에도 이 말이 그대로 적용된다. 주식을 사놓고 기다리는 투자가들의 눈에는 자기 주식은 거북이처럼 오르고 자기가 갖고 있지 않은 주식만 토끼처럼 잘 올라가는 것처럼 보이기 쉽다.

막상 일정한 기간을 두고 상승률을 계산해 보면 엇비슷하게 상승하고 있는데도 너무 조급하게 큰 차익을 남기려는 욕심 때문에 그렇게 보이는 것이다. 그래서 그들은 잘 올라가지 않는 것처럼 보이는 자기의 주식을 팔고, 잘 올라가는 것처럼 보이

는 다른 주식을 산다. 이러한 경우에는 공연히 수수료와 증권
거래세만 물고 큰 이득은 없게 된다.

1회매매에 있어서 평균경비를 2%로 보더라도 연간 10회전하
면 20%의 수수료를 물게 된다는 결과에 주목해야 한다.

좌우간 일반적으로 투자성과는 성공적인 사람이 많아야 50%
에 지나지 않고, 그 외의 투자가는 손실을 면치 못하고 있는 것
이다. 이 사실을 염두에 두고 다음의 기본자세를 잊어버리지
않는다면 성공하는 50%에 속할 수 있을 것이다.

스스로 판단하고 스스로 결정한다

주식투자는 과연 위험한가, 안전한가? 정답은 위험한 방법
과 안전한 방법 두 가지가 있다. 그런데 대부분의 투자가들은
위험한 방법으로 하고 있고, 그만큼 손해를 보는 경우가 많다.

사업의 경우는 지식이 없고 자금이 부족해도, 하려는 의욕이
있고 강하게 밀고 나가면 성공하는 예가 없지 않다. 그러나 그
같은 방법도 원칙적으로는 위험하기 때문에 피하는 것이 좋다.

그런데 주식투자의 경우는 절대로 이러한 방법으로 하여서는
안 된다. 왜냐하면 일순간에 전재산을 날릴 수 있는 위험이 도
사리고 있기 때문이다.

주식투자에 있어서는 무엇보다도 상식과 지식이 대단히 중요
한데, 이러한 소양을 갖추지 못한 사람이 안이하게 주식투자에
뛰어들면 바로 큰 손해를 보게 된다.

주식투자를 처음 하는 사람은 주식의 본질을 모르기 때문에
누구나 불안감을 감추지 못한다. 그래서 소위 전문가라고 자처
하는 사람에게 의뢰하는 것이 유리하다고 생각하게 된다.

초심자가 생각하는 주식의 전문가는 보통 증권회사의 세일즈 맨 및 투자콘설턴트 등이다. 그러나 이런 사람들은 투자가들이 기대하는 만큼의 전문적인 지식이나 능력을 갖고 있지 못한 경우가 많다.

예를 들어 증권회사의 세일즈맨에게 의뢰하게 되면 십중팔구 빈번한 매매를 권유받게 된다. 왜냐하면 그들의 급료가 위탁수수료에서 나오기 때문에 '매매권유'는 그들의 직무(職務)에 해당되는 것이다.

고등학교 교장으로 정년퇴직한 K 씨는 3천만원을 가지고 증권투자를 시작했다.

신중한 성품의 K 씨가 선뜻 거금을 주식에 투자한 이유는 어떤 믿음이 있었기 때문이다. 그 믿음은 증권회사의 세일즈맨 중에 자신이 지난날 가르쳤던 제자가 있기 때문이었다. K 씨는 제자에게 모든 것을 맡겨 버렸다. 다음날부터 전화가 걸려 오고 우편물도 오고 해서, 주식을 사는 것은 매우 바쁜 일이구나 하고 느끼고 있었다. 전문가이자 믿을 수 있는 사람이 돈을 운용하기 때문에 쑥쑥 불어날 줄로만 알았다.

1년 후, K 씨는 돈이 필요해서 그 제자에게 주식을 팔아 돈을 가져오라고 했다. 그랬더니 약 2천만원 정도의 손해를 보고 있었다. 이런 어처구니없는 결과에 K 씨는 제자에게 역정을 냈지만, 제자의 대답은 주식매매로 손해를 봤다는 거였다.

K 씨는 처음부터 주식매매의 가장 중요한 수칙을 지키지 않았다. 주식의 매매에 있어서 가장 중요한 것은 '스스로 판단하고 스스로 결정한다'는 것이다.

증권의 세계에서는 진실로 신뢰할 수 있는 사람이 많지 않다. 그러므로 남의 이야기를 있는 그대로 받아들이면 그만큼 투자위험이 커지는 것이다. 시장에 떠돌아다니는 소문이나 거리의 투자자문은 대개가 별로 신빙성이 없는 경우가 많다. 원래 쉽게 얻을 수 있는 정보는 정보가치가 이미 없어진 경우가 보통인 것이다.

거리의 투자자문, 즉 큰 고객이나 신뢰하기 어려운 상담원들의 조언이 특히 위험한 것은 그들이 몰래 사놓은 주식을 남에게 전가하기 위해서 권하는 경우가 많기 때문이다. 따라서 무슨 주식을 언제 매매할 것인가 하는 문제는 언제나 스스로 결정할 수밖에 없는 것이다.

자신에게 맞는 종목 선택 및 투자법을 세운다

어떤 종목을 사면 좋은가?

이 물음에 대한 답은 두 가지로 나온다.

① 시세차익을 얻을 목적으로 투자하는 경우.

② 금융자산의 일부로서 인플레이션 헤지를 위해 장기간에 걸쳐 보유하는 것을 목적으로 하는 경우.

일반적으로 단기투자와 장기투자의 목적별로 종목을 분류하는 경우가 많다.

그러나 주가가 앞으로 어떻게 움직일 것인지 확신을 갖고 예측할 수 있는 사람은 아무도 없다. 주가의 흐름을 정확히 예측했다는 사람이 있다면 그는 분명 거짓말쟁이일 것이다.

그 어떤 투자가도 스스로 주가에 영향을 미칠 수 있는 것은 자기가 매입 또는 매도했을 때뿐이다. 일단 자기가 매매한 다음에는 주가가 어떻게 움직일 것인지는 시장의 흐름에 달린 것이다. 이것은 투자가들의 심리를 파악해 보면 쉽게 이해된다.

투자가들이 주식을 사는 것은 미래에 대한 어떤 기대 때문이다. 주식을 파는 경우에도 장래에 대한 불안이나 공포심이 작용한다. 그렇기 때문에 투자가들의 주식에 대한 평가는 현재의 가치가 아닌 미래의 가치에 기준을 두는 것이다. 기업내용이 건전한 자산주보다 다소 황당한 면이 있더라도 꿈이 있는 성장주가 더 크게 상승하는 것도 모두 이 때문이다.

주가에 영향을 미치는 요인들을 주식시장에서는 재료(材料)라고 한다. 경기동향이나 시중의 자금흐름 같은 주식시장 전반에 관한 것에서부터 증자나 신제품 개발 같은 개별종목에 관한 것들이 모두 재료에 포함된다. 주가는 재료에 의해 올라가지만 여기에 인기가 붙으면 상승폭이 커진다.

투자가들이 재료를 냉정하게 분석하고 합리적으로 행동하는 한 주가는 큰 폭으로 변동하지 않는다. 투자가들이 시장분위기에 선동되어, 이성보다는 감성에 의해서 집단적으로 행동할 때 주가상승에 가속도가 붙게 된다.

주가가 급등하면 그 주식이 투자가들의 눈에는 좋게 보인다. 실제 이상으로 과대평가된다. 재료가 좋아 보이니 매수세가 늘어나고, 매수세가 늘어나니 주가가 더욱 상승하는 연쇄상승 효과가 나타난다. 이것이 바로 주식의 인기화 과정인 것이다.

물론 주식의 인기라는 것은 자연 발생하는 것이 아니고 소수의 선도집단에서 인위적으로 주가를 어느 정도까지 올려놓는 시동단계가 필요하다. 시동단계를 거쳐 인기가 일단 가열화 단계에 들어가면 그 자체가 상승작용을 하여 계속 인기가 유지되는 것이 보통이다.

이와 같은 주식의 인기는 마치 유행처럼 일시적으로 투자가들의 가치기준을 바꿔 버리는 마력을 지닌다. 그래서 주가의 향방을 예측하기가 어렵다는 것이다. 스포츠 또는 장기나 바둑의 세계에서는 프로와 아마의 실력차는 확연하다. 그러나 주식투자의 세계에서는 그 차이가 확실하지 않다.

입사 2년째의 증권 세일즈맨과 투자경력 20년의 투자가를 비교하여 어느 쪽이 더 주식투자의 전문가인가라고 쉽게 단정할 수 없다. 예측은 어디까지나 예측이며, 매매를 반복하면 반복할수록 적중의 확률이 높아지는 것은 아니다.

주가가 앞으로 어떻게 움직일 것인지 정확하게 예측할 수 없는 주식의 세계에서 살아남고 승리하기 위해서는 투자가 자신이 잘 알아서 자기에게 맞는 종목선택의 방법과 투자기법을 찾아내야 하는 것이다.

경험이 적은 사람이나 안전한 투자를 원하는 사람은 우량주 가운데 지지수준에 가까운 곳에서 매입하는 것이 좋다. 반면에 투기주로 대승하고자 원하는 사람은 매매세력이나 거래량의 흐름, 차트분석을 통하여 투자전략을 배워야 할 것이다.

주식투자의 기본을 철저히 익히고 꾸준히 연구, 노력한다

계단을 따라 올라가는 사람이 가장 높이 올라갈 수 있다. 학문이나 스포츠, 그리고 여타의 모든 분야에서 가장 중요한 것은 기본인데, 주식투자에 있어서도 마찬가지이다. 그런데 우리의 많은 투자가들은 기본을 무시하고 투자를 하고 있는 실정이다. 그 이유를 들자면 많겠지만, 가장 큰 이유는 굳이 기본을 익히지 않더라도 투자에는 별로 애로를 느끼지 않기 때문일 것이다.

그러나 일류 프로일수록 기본에 충실하다. 확실히 대량의 자금을 운용하고 있는 펀드 매니저(fund manager)들은 먼저 투자에 대한 기본적 이론을 배우고 자금의 성격에 맞는 투자 룰에 따라 운용을 하고 있다.

세상의 모든 일이 그렇듯이 주식투자의 세계에서도 노력하지 않고 성공할 수는 없다. 성공하기 위해서는 성공하기 위한 방법을 연구해야 한다.

연구하기 위해서는 다소의 돈과 시간과 노력이 필요하다. 가능한 한 낭비없이 연구하는 포인트는 우선 신뢰할 수 있는 투자입문서를 읽고 몸에 배게 하는 것이다. 다음은 신뢰할 수 있는 신문이나 투자잡지를 잘 읽고 정치, 경제의 동향에 따른 시세의 흐름을 파악하는 안목을 길러야 한다.

무릇 성공과 실패에는 원인이 있는 법이다. 그것에 대하여 꾸준히 연구를 계속하면 무엇이 주식투자에 있어 실패의 원인이며 성공의 포인트는 어디 있는지 알게 된다.

주식투자는 경험을 포함한 실력과 운의 게임이기 때문에 어느 정도 위험은 따르기 마련인데, 기본에 입각한 연구와 노력을 계속하는 것이 리스크를 피할 수 있는 최상의 방법이다.

투자일지를 기록한다

주식투자의 어려움은 주식투자를 오래 해 보지 않으면 잘 알수가 없다. 솔바람처럼 제멋대로 움직이는 주가의 향방을 따라간다는 것이 결코 쉬운 일이 아니다.

주가라는 것은 주식투자에 참가한 많은 사람들의 의사가 결정되어 이루어진 결과이다. 그러므로 여러 가지 요인으로 인해 하루아침에 변할 수 있다는 것을 인지해 두어야 한다. 주가는

돈이 열리는 나무는 물에서는 못 산다. 땀을 주지 않으면 죽는다
주식투자는 노력과 연구가 제일이다. 부단히 공부하라.

끊임없이 유동한다는 인식이 투자일지를 기록하는 데 중요한 포인트가 된다.

다이내믹한 시세를 어떤 시간의 정적인 상태에서 포착하고 그것을 기록해 두면, 다시 말해 주가가 그린 발자취와 왜 그렇게 되었는가를 기록해 두면 앞으로의 흐름을 읽는 데 많은 도움을 받게 된다. 왜냐하면 주식의 세계에서는 놀랄 정도로 역사가 반복되기 때문이다.

어떤 면에서 주가는 산술공식과도 같은 과정을 거쳐서 결정된다. 주가를 결정하는 요인은 반드시 있는데, 이런 요인들을 잘 분석하고 해석하면 올바른 주가예상이 나온다. 주가를 결정하는 요인이란 경제 동향이나 사회적 여건, 시장 내부사정 등을 말하는데 증권분석가들은 이러한 제요인을 분석하여 주가의 장 단기 전망을 예측한다.

보편적인 주식투자에서는 자기의 선택이나 결단이 옳았는지 아닌지 그 결과가 멀지 않아 나타난다. 결단이 잘못되었다면 나쁜 결과가 나오고, 옳았다면 좋은 결과를 거두게 된다. '이식은 천국이고 손절은 지옥'이란 말이 있듯이 많은 투자가들은 좋은 결과에는 만족하여 기뻐하지만, 나쁜 결과에 대해서는 생각하는 것조차 싫어한다.

그러나 이것은 곤란한 일이다. 비록 나쁜 결과가 나왔더라도 그 원인을 파악하는 습관을 길러 두는 것이 중요하다. 그래야만 다음에 똑같은 실패를 반복하지 않을 수 있기 때문이다.

실수는 한 번으로 족하다. 모르는 길을 가다가 돌부리에 걸려 넘어질 수도 있다. 그건 경험이지 잘못이 아니다. 그러나 똑같은 돌부리에 두번 세번 넘어진다면 그는 바보다.

실패를 반복하지 않기 위해서는 투자가 자신의 매매상황과 손익을 빠짐없이 기장하고 그 원인을 파악해 두어야만 한다.

제 4 장

투자의 천재라고 일컫는 사람들의 성적표

    미국의 저널리스트 라비치(Diane Ravitch)는 1980년에서 1990년에 이르는, 10년간 주식투자를 해 온 2,545명의 투자가를 조사하여 어떤 사람이 성공하고 어떤 사람이 실패하였는가, 그리고 그 이유는 무엇인가에 관해 조사해 보았다. 그런데 그 결과는 의외였다.

    주식투자로 가장 많은 손실을 입은 사람은 놀랍게도 주식의 이론에 밝고 많은 매매경험을 통해서 훈련된 펀드 매니저였다. 더욱 놀랄 만한 것은 2,545명의 투자가 중에 231명만이 만족스러운 수익을 거두었고, 이 중에서도 단지 7명만이 큰 수익을 보았다는 점이다. 또한 충격적인 사실은 프로 투자가라 하여도 시장평균을 하회하는 성과밖에 거두고 있지 못하다는 사실이다.

    투자수익을 이룩한 대부분은, 어떤 의미에서 진정한 투자가들이라고 할 수 있었다. 왜냐하면 그들은 매일매일의 시세변동에 별로 신경을 쓰지 않고 여유롭게 관조하던 사람들이었기 때문이다.

주식투자를 해놓고 완전히 잊어버리는 것은 위험하다. 그러나 매일매일의 시세변동에 빠져 버리는 것은 더욱 위험하다는 것이 투자성과에 나타났다. 또한 주식투자에 성공한 사람들이 단기간에 몇배씩 올랐던, 소위 투기주를 요령있게 요리한 것으로 생각되기 쉬우나 실제로는 그렇지 않다는 것이다. 오히려 정반대로 시세의 흐름에 따라 몇배씩 오르는 인기주 내지 투기주에 투자하게 되면 실패할 공산이 매우 높다는 것이다.

라비치는 실패한 투자가들은 세 가지의 공통점을 가지고 있다고 진단하고 있다.

1) 신용거래의 위험성을 간과하고 있다

신용거래란 투자가가 증권회사로부터 매입대금 또는 매각주권을 빌려서 주식을 매매하는 거래를 말한다. 물론 여기에는 일정한 담보가 필요하다. 상식적인 이야기이지만 담보를 요구하는 것은 위험이 있기 때문이다. 그 위험을 무릅쓰고 투자하겠다면 자신의 소유자금을 상회하는 투자가 가능하다.

예를 들면 신용거래 보증금률이 50%인 경우 500만원의 자금이 있다면 1,000만원의 투자가 가능하다. 그 주가 30% 상승하면 시가평가액은 1,300만원이 되어 300만원의 이윤이 붙는 것이다. 이 얼마나 알차고 매력적인 장사인가. 자신의 500만원의 자금으로 보면 이 300만원은 60%의 이익이 되는 것이다.

그러나 그 반대의 상황이 발생할 수도 있다. 1,000만원이 30% 하락하면 300만원의 손실을 보는데, 이 손실은 전적으로 투자가 자신의 손실이다. 원금 500만이 200만으로 절반 이상 줄어든 것이다.

투자가들이 분명히 알아야 할 사항은 신용거래가 은행에서 돈을 빌리는 것과는 다르다는 것이다. 우리가 은행으로부터 돈을 빌어 주택을 마련하거나 자동차를 살 때, 대부분의 경우는 미래의 수입으로 장기간에 걸쳐 원리금을 상환하면 된다.

그러나 신용거래에 의한 주식매입은 그 주식을 팔아 갚을 때까지 증권회사가 잠시 빌려 주는 일종의 저당물인 것이다. 그럼에도 불구하고 주식 투자가들은 신용거래를 마치 은행에서 돈을 빌리는 것과 꼭 같은 것으로 안이하게 생각한다.

신용거래를 할 때는 누구나 주가가 올라갈 것으로만 생각하고, 내릴 경우는 전혀 고려하지 않는다. 그러나 주가는 빈번하게 그러한 믿음을 배반하고 투자가를 파멸의 구렁텅이로 밀어넣고 있는 것이다.

2) 주식매입이 너무 성급하다

주식 투자가들은 누구나 오르는 시세를 좋아한다. 주가가 오르고 있으면 앞으로도 계속 오를 것 같은 느낌이 든다. 그러한 느낌은 일반 투자가든 전문 투자가든 다. 함께 느끼는 감각이다.

주가가 연일 폭죽을 터뜨리면서 상한가를 치고 오르기 시작하면 증권 관계자는 물론, 나라 전체가 주식문제로 들썩이는 것처럼 보인다. 신문마다 주식관련 기사가 대문짝만하게 박혀있고, 실제로 영업장에 나가 봐도 들리는 건 오직 오르는 주가에 대한 얘기뿐이다.

지금 정부에서 어떤 경제정책을 추진하고 있고, 어느 지방에 무엇이 생기고, 어느 회사가 언제 무상증자를 한다는 등 정말 숨쉴 틈도 없이 활황국면이 펼쳐지기 시작한다. 아무리 짧게 잡아도 열흘 이내엔 주가의 하락이 없을 것 같다. 아니, 이 정도라면 한달이고 두달이고 계속 상한가를 기록할 것 같다.

이럴 때 투자가들의 심리는 어떻게 변할까?

투자가들은 우선 주가의 상승만을 믿게 된다. 이런 시점에서 주가가 빠지는 일이란 있을 수 없다는 확신 같은 것이 나날이 굳어지게 마련이며, 급등하면 할수록 더욱더 굳게 다져진다. 대다수의 일반 투자가들이 뇌동매매의 범주에서 벗어나지 못하고 마는 것도 결국은 이와 같은 시세의 마력 때문이다.

"찬스다. 우선 사고 보자. 어제 산 아무개는 하룻만에 상한가만큼 시세차익을 보았는데 나는 뭘 하고 있었는가. 주가는 어제와 마찬가지로 내일도 오를 게 뻔하다."

"이 기회를 놓치면 두고두고 후회하리라."

주식투자를 하는 대부분의 사람들 중 '지금이 아니면 안 된다'라든가 '마지막 기회' 등의 말을 한 번도 사용하지 않은 사람은 드물다. 이유는 투자가들이 오르는 주가를 쳐다보면서 우선 사야겠다는 생각 이외는 다른 생각을 하지 못하기 때문이다. 그저 물량확보를 해야만 돈을 벌 수 있겠다는 생각은, 마침내 남들이 사기 전에 다만 몇십 주라도 더 사야만 된다는 조바심으로 변하여 가격의 고저를 따질 여유를 잃어버리고 만다.

주식시세판의 치솟는 숫자를 쳐다보는 재미만으로도 주식투자를 시작한 보람을 찾은 것 같고, 오른 값에서 산 값을 뺀 시세차익을 보유 주식수량으로 곱하기하는 전자계산기의 초록빛 액수가 그렇게 사랑스러울 수 없다.

"조금만 더 가속도가 붙어 준다면 얼마나 좋을까."

바로 이것이 투자가의 마음이다. 투자가는 가속도가 붙은 주가가 전속력으로 내달려 주는 상황을 당연하게 받아들이면서 오히려 더 빠른 속도를 원하게 된다.

현명한 주식 투자가들은 이때의 주가를 이른바 미쳤다고 한다. 군중심리에 힘입어 부풀어진 풍선이 최대치에 달했기 때문에 곧 요란한 폭음을 내며 터질 것이라고 예상한다. 그러나 오르는 주가에 맞추어 발을 구르는 투자가들은 눈앞의 이익에 눈이 멀어—도저히 납득할 수 없는 주가에도 놀라지 않고 매집 활동을 계속하는 것이다.

문제는 바로 여기에서 생긴다. 자기가 좋다고 생각하여 고가임에도 불구하고 물량확보에 힘쓰고 있는 그 순간, 다른 수많은 투자가들도 같은 생각을 갖는다는 사실이다. 물론 이때의 매입결정은 막연하게 남따라 뇌동매매만 한 것은 아니다. 나름대로는 있는 정보 없는 정보 다 동원하였을 뿐만 아니라 친구나 주변 사람들의 충고를 참고하여 결정을 한 것이다.

주가상승에 대해 확신을 하는 사람이 많으면 많을수록 주가는 상승한다. 예상대로 주가는 치솟았고, 시세판의 숫자는 연일 사상최대라는 거창한 이름을 달면서 기록을 경신한다. 투자가들은 모두가 드디어 떼돈이 굴러들어올 찬스를 잡은 것이다.

"좀 서운하시더라도 이쯤에서 한번 내놓으시죠. 이처럼 모든 사람이 열광하는 미친 주가는 상투인 경우가 많습니다."

주위에 현명한 사람이 있다면 이렇게 충고한다. 그러나 이런 말은 귀에 들어오지도 않는다. 이미 성공의 사례가 눈앞에서 펼쳐지고 있고, 내일도 틀림없이 오를 조짐이 보이는데 여기서 멈추라니, 말도 안 되는 소리다. 차고 오르는 저 정도의 가속도는 2~3일 정도는 충분히 더 버텨 줄 것 같다. 따라서 내일

하루 정도는 물량확보를 더 하고, 모레나 글피쯤 팔면 딱 맞으리라.

당신이 이렇게 생각하고 있다면 다른 사람도 그렇게 생각하고 있다. 그래서 한꺼번에 매물이 쏟아져 나오는 것이다. 사는 사람보다 파는 사람이 많아지면 수요공급의 법칙에 따라 필연적인 가격하락을 동반하는 것이다.

급락세의 주가를 바라보는 투자가의 심정은 어떠할까? 며칠 전의 화려한 꿈과 계산기에 나타난 환상의 떼돈이 무너져내리는 고통을 날마다 맛보아야 하는 심정을 어찌 말로 표현할 수 있으랴.

주가가 매입가를 밑돌기 시작하면 이젠 당황하게 된다. 설마설마 하며 고대하던 것이 한꺼번에 깡그리 사그라지는 판이다. 그래서 조금만 더 올라라, 제발 본전까지만 오른다면 미련없이 팔겠다는 다짐을 수없이 하지만, 한 번 돌아선 주가는 그 간절한 소망을 들어 주지 않는다. 상승에 붙었던 가속도가 하락으로 돌아섰기 때문이다.

하락세의 주가를 보는 투자가들의 심리 또한 일치한다. 현재의 주가는 도저히 회복할 가능성이 없다고 판단하여 절망하고만다. 이때의 투자가는 이익은 둘째다. 자기에게 막대한 손해를 끼친 주를 가지고 있는 것 자체가 끔찍하고 보기도 싫다.

"더 떨어지기 전에 팔아 버리자. 지금의 장세로 보아선 오르긴 애초에 틀린 것 같다."

투자가는 가능하면 빨리 주식을 처분하고, 고통으로부터 해방되고 싶어한다. 돈을 잃을지언정 마음만이라도 홀가분하게 갖고 싶어지는 것이다.

명심하라. 주식을 팔 시점을 놓치는 것은 돈을 잃는 것이지만, 살 시점을 놓치는 것은 여러 가지 수많은 기회 중의 하나를 놓친 것일 뿐이라는 사실을. 그리고 모든 사람들이 찬스라고 생각할 때는 이미 찬스가 아닌 위험이라는 것도 알아야 한다.

3) 많은 투자가들은 종목의 편견성을 가지고 있다

"주식투자의 기본은 바닥에서 사서 천정에서 파는 것이다."

이 말처럼 지당하고 쉬운 것도 없다. 쌀 때 사 가지고 있다가 비쌀 때 파는 일을 누군들 싫다고 하겠는가. 그런데도 어떤 투자가들은 한사코 비쌀 때 사서 쌀 때 파는 행위를 거듭하다가 끝내는 원금까지 날려 버리는 경우를 당하게 된다.

이와 같은 불행은 지극히 인간적인 약점—부화뇌동하는—때문이기도 하지만, 그 중의 한 요인은 종목의 편견성을 가지고 있기 때문이다. 예를 들어 당신이 A 회사와 B 회사 중에 어느 종목을 선택할까 망설이다 A 회사의 주식을 샀다고 하자. 그러면 그후에 당신이 갖고 있지 않은 B 회사 주식에 대해 얼마나 연구했느냐고 물으면 대부분은 고개를 가로저을 것이다.

이것이 문제이다. 투자가들은 모든 주식에 대해 애착을 가지고 관심을 가져야 한다. 'C 회사 주식은 좋지 않다.', 'A 회사 주식이라야 좋다.' 이렇게 단정해 버리는 것은 스스로의 함정에 빠지는 것이다.

시야를 넓히면 주식시장의 흐름이 보인다. 가령 당신이 사고 싶은 주식이 A 회사 주식인데, 본연의 가치에 비해 과도히 상승했다고 생각되면 곧 그 주식을 잊어버리고 다른 주식을 물색할 수 있다. 사고 싶은 가격 이상으로 올라간 주식을 굳이 뒤따라가느니보다 그 주식 이상으로 좋은 여건이 있는 주식을 선택할 수 있는 기회는 증권시장이 존재하는 한 계속되는 것이다.

프로 투자가들의 투자성과

근대의 주식시장에서 가장 날카로운 시장분석가로 명성을 떨친 사람 중의 한 명은 미국의 그랜빌(J.E.Granville)이다. 한때 세계의 주식시장에 '그랜빌 쇼크'라는 말을 퍼뜨리게 한 바로 그 장본인이다.

《그랜빌의 투자법칙 — 국가변동을 최대로 활용하는 전략》을 집필하여 뉴욕의 증권시장에 등장했던 무렵의 그는 냉정한 시장분석가로서 그 분석력과 예측능력이 대단히 뛰어났다. 그의 강연을 듣기 위해 몰려든 투자가들이 카네기홀을 넘치게 할 정도였다.

그런 그가 어느날 TV를 통해서 초약세 예언을 했다. 그러므로 수많은 투자가들이 동요를 했던 것은 당연하다. 그러나 그의 예언은 보기 좋게 빗나가고 말았다. 대폭락은 고사하고 그후 수년간에 걸쳐서 사상 최고치를 경신했던 것이다.

초약세 예언으로 수많은 투자가들에게 막대한 손해를 끼친 그는 한동안 몸을 숨기고 살아야 했다. 피해자들의 보복이 두려웠기 때문이다.

엘리어트(R.N.Elliott)는 1930년대 미국 월스트리트의 80년간 주가를 관찰한 결과, 거기에서 미래를 예측할 수 있는 어떤 규칙적인 움직임이 있다는 것을 발견하였다. '주가는 연속된 5개의 파동에 의해 상승한다. 이 상승 5파가 완료되면 이어서 3파의 조정파가 일어난다. 이처럼 8개의 파동에 의해 주가변동 사이클이 완료되면 또다시 새로운 5개의 파동이 시작되며 이 파동 역시 조정파를 수반한다.'라는 것이 그 요지이다.

1980년대의 초강세장세를 예측하여 최고의 인기를 모았던 미국의 로버트 프랙터는 '엘리어트 파동론'을 신봉했다. 그가 엘리어트 파동론을 분석하여 이렇게 예측했다.

"뉴욕시장은 블랙먼데이를 계기로 완전히 장기의 강세장세가 종말을 고하고 1929년에 버금가는 약세장세로 돌입할 것이다."

프랙터는 자기의 특별회원들에게 주식시장으로부터 손을 떼도록 권고했다. 이 말에 따라 대부분의 회원들이 보유주식을 팔았다. 그러나 그의 예측대로 '증권공황'은 도래하지 않았다.

엘리어트 파동론에 대해서는 그 고찰자인 엘리어트도 죽을 때까지 혼란과 고민을 계속했다. 왜냐하면 실제주가는 파동의 법칙대로 패턴을 그리지 않았기 때문이다. 이와 마찬가지로 프랙터 역시 증권시장에서 고민하다가 사라졌다.

1602년 네덜란드의 수도 암스테르담에 세계 최초의 증권거래소가 설립된 이래 증권가에는 수많은 증권분석가나 펀드 매니저들이 명멸했다. 그들은 증권시장에 새로운 고도의 지식을 개발했고, 기분으로 투자하는 일반 투자가들과는 달리 냉정하게 풍부한 정보를 이용한 결과 주가의 변동에도 객관적이고 체계적으로 대처하는 것처럼 보여 왔다.

1970년 2월 초, 뉴욕의 힐튼호텔에서 개최된 제3회 기관 투자가 회의에 2,000여 명의 내로라 하는 펀드 매니저들이 참석하였다. 그 회의의 인기투표에서 IOS (Investors Overseas Services) 가 당해년도의 가장 유망한 종목으로 추천되었다. IOS 의 수익증권은 로스챠일드를 포함한 유럽의 증권회사들에 의해 일반에 매출되고 있었기 때문에 과연 유망종목이라 할 수 있었다.

그러나 5개월도 되지 않아 그 주식의 주가는 95%가 하락하였고 IOS는 빈사상태에 빠져 버렸다.

1972년의 제5회 기관 투자가 회의의 인기투표에서 항공운수주가 최고의 유망업종으로 추천되었다. 그러나 그 해의 항공운수주는 50% 하락했고, 다음 해에는 75%까지 하락하고 말았다.

프랑크 러셀사(Frank Russell)는 기관 투자가의 투자성과를 측정하는 전문회사이다. 이 회사의 자료에 의하면 1975년 SP 500종 지수는 37% 상승하였다. 그런데 342개사 기관 투자가의 경우 그 이상의 성과를 거둔 회사는 64개사, 즉 20%에도 미치지 못했다.

▶ **프랑크 러셀사가 측정한 기관 투자가의 연간 수익률**

구분 \ 해당년도	1975	1971~1975	1967~1975
SP 500종 주가지수	+37.1%	+0.6%	+2.7%
은행의 주식운용	+26.0	−2.9	+0.6
은행의 특정주운용	+31.8	−9.7	n. a.
보험사의 주식운용	+30.1	−3.2	+0.3
투자자문회사	+25.1	n. a.	n. a.
성장주펀드	+32.8	−5.4	−2.2

이러한 통계에서 나타난 것처럼, 전체적으로 프로 투자가들의 운용실적이 평균을 하회하고 있다. 그래서 어느 학자는 프로 투자가들을 이렇게 비웃었다.

"잔뜩 위스키를 마시고 취한 침팬지가 눈을 가리고 주식시세판에 창을 던져 선별하는 편이 프로보다도 높은 투자성과를 거둘 수 있다."

그렇다면 왜 지적이고 잘 훈련된 프로 투자가들이 시장평균을 상회하는 투자성과를 거두고 있지 못하는가! 이 점이 극히 이해하기 힘들고 혼란스럽다.

주식투자는 아무리 고매한 지식과 체계적인 이론을 다 동원해도 투자에 실패하면 아무 소용이 없다. 그리고 주식시세는 이론대로 움직이는 것이 아니다.

주식시세는 불합리한 인간심리를 토대로 형성되므로 오히려 불합리한 면이 더 크게 작용할 때도 있다. 그러므로 100% 확실성을 나타내는 분석방법이나 애널리스트는 존재하지 않는다고 해도 좋을 것이다.

제5장

주식투자의 '3대 철칙'과
명심해야 할 '15가지 법칙'

"주식투자에서 성공할 수 있는 확률은 언제나 반반이다."

"주식투자는 일 년 열두 달을 불 속에서 사는 것과 같다."

주식시장에서 흔히 들을 수 있는 말인데, 모두가 주식투자의 어려움을 뜻하고 있는 말이다.

앞에서 언급했던 것처럼 투자의 프로들도 평균을 하회하는 운용실적밖에 거두지 못하고 있다는 사실을 생각하면, 주식투자가 얼마나 어려운지 실감할 수 있을 것이다.

그러나 주식에 대해서 전혀 모르는 초보자가 단번에 성공하여 한 달도 못 되어 배 이상의 이익을 남기는 사례도 많다. 이런 경우는 주식투자가 한없이 쉽게 생각된다.

실제로 어렵고도 쉬운 것이 주식투자이다. 이론적으로는 그렇게 많은 지식을 갖고 있지 않은 사람들이 주식투자를 건전하게, 그리고 성공적으로 잘하고 있는 모습을 우리는 많이 볼 수 있다.

그렇다면 주식투자 이론은 필요없다는 말인가! 그건 아니다. 이론과 실제가 조화되지 않은 투자형태는 언젠가는 그 값을 비싸게 치를 염려가 크다. 왜냐하면 주식투자는 단판승부를 결정짓는 도박이 아니기 때문이다. 도박은 전부가 아니면 전무로 나타나지만, 주식투자는 자금운용의 형태에 따라 적정한 수익이나 적정한 손해로 나타난다. 그것은 완전한 것을 원하고 투자하기보다는 가장 좋은 기대치를 목표로 세우고 투자한다는 투자정석을 활용하기 때문이다.

이론에 밝은 전문가들은 먼저 주식의 가치를 비교적 근사치에 맞도록 평가하는 안목을 갖추고 있다. 가장 쉬운 예를 들어 여기에 10,000원 정도의 가치를 지닌 주식이 20,000원에 거래되고 있다고 하자. 이 경우 10,000원은 투자심리에 의해 한껏 부풀려진 금액이기 때문에 언젠가는 10,000원의 가치로 되돌아갈 운명을 갖고 있는 것이다.

이론에 밝은 A는 가치를 터무니없을 만큼 초월한 이 주식을 쉽게 매입하지 않는다. 그런데 이론에 밝지 못한 B는 시장의 분위기에 편승하여 매입한다. B의 투자성과는 두 가지로 상정할 수 있다.

●첫째─다른 투자가들이 20,000원을 상회하는 금액으로 그 주식을 사 준다면 시세차익을 얻을 수 있다.

●둘째─본연의 가치로 회귀했을 때는 투자한 만큼의 손해를 본다.

B의 투자결과는 이처럼 간단하다. 마치 동전던지기 게임과 같이 확률은 반반이다. 그런데 50 : 50의 확률에 인간의 불합리한 심리가 작용하므로 훨씬 위험이 커질 수도 있다.

　반대의 경우를 생각해 보자. 10,000원 정도의 가치를 지닌 주식이 1,000원까지 떨어졌다고 하자. 이때 이론에 밝은 A는 바닥권에서 주식을 매수할 수 있지만, B는 주가의 적정가를 모르기 때문에 그 바닥권을 놓치기 십상이다.

　필자는 무서운 주식의 승부사를 몇 사람 알고 있다. 지면에 그들의 이름을 밝힐 수는 없지만, 소아과 의사인 K씨는 상상을 초월할 만큼의 막대한 축재를 했다. 그는 원리원칙을 철저히 지키는 이론가이다. 매우 신중한 성품이기 때문에 처음부터 위험한 길은 접어들지를 않는다.

　K씨가 주식을 매입할 때는 다음의 사항을 철저히 체크한다.

① 해당분야의 장래성은 있는가.
② 현재의 배당 수익률과 PER은 어느 정도인가.
③ 계열기업 중에서 부실기업은 없는가.
④ 경영자의 능력은 어떠한가.
⑤ 생산제품에 대한 소비자들의 반응은 어떠한가.
⑥ 계열기업 전체에 대한 국민들의 반응은 어떠한가.
⑦ 지금까지 별 어려움 없이 회사가 성장해 왔는가.
⑧ 기술수준은 어느 정도이며 최신 기술개발에 힘쓰고 있는가.
⑨ 재무구조는 튼튼한가.
⑩ 주주들을 우대하고 있는가.

　이상의 사항들을 분석한 후에 느긋하게 매수시점을 찾는데, 다른 투자가들의 행동과는 정반대를 취하고 있다. 여기에 대한 K씨의 대답은 이렇다.

　"난 많은 사람들이 사려고 했을 때 그들을 위하여 팔아 주었다. 또 그들이 팔려고 했을 때도 같은 이유로 사 준 것밖에는 아무것도 한 일이 없다."

K 씨가 주식투자에 성공한 이유는 자명하다. 남들이 사려고 아우성칠 때, 그때를 위험시기로 잡고 파는 것이다. 그리고 모두가 팔려고 혈안이 되어 있을 때는 사는 것인데, 그 매매시점이 대개 '천정'과 '바닥'에 일치했던 것이다.

K 씨에게서 우리는 다음과 같은 세 가지 교훈을 배울 수 있다.

첫째, 이론에 밝아야 한다.

둘째, 여유자금을 가지고 장기투자를 한다.

셋째, 욕심을 버려야 한다.

주식은 놀라운 투자효과를 볼 수 있다는 매력이 있는 반면에 위험도 따르는 투자수단이다. 그러나 여기서 한 가지 유념해 둘 것이 있다. 즉 주식투자는 경우에 따라서는 손해를 볼 수도 있지만, 그 위험성은 노력과 연구에 의해 극소화시킬 수 있다는 것이다. 또한 주식투자에는 '절대적'이라는 것이 없다. 절대적으로 돈벌이가 된다느니, 절대 손해 보지 않는다느니 하는 말은 있을 수가 없다는 것이다.

그러나 끈질긴 조사와 연구로 '절대'에 어느 정도 접근할 수는 있다. 어떤 사람이 '절대로 손해를 입히지 않고 주식투자로 돈을 벌어 주겠다'면서 주변 사람들로부터 돈을 긁어모아 자신 있게 투자한 결과, 그 주식을 발행한 회사가 도산해버려 투자한 돈을 날린 사건이 있었다. 돈을 댄 사람들이 집단으로 그 운용자를 고소했지만, 날려 버린 돈을 찾을 수는 없었다.

이런 경우 피해자에게 동정은 가지만, 그들은 투자에 대한 발상의 단계에서 이미 두 가지 큰 실수를 하였다.

능숙한 사람은 시세의 두려움을 안다
경험이 많으면 많을수록 투기의 무서움을 안다.

첫째는 주식투자로 반드시 돈을 벌 수 있다고 믿은 점이다. 주식투자에는 절대라는 것이 없다는 것을 알고 있었다면 유혹에 넘어가지 않았을 것이다. 다른 하나는 남을 통하여 돈벌이를 하려고 덤볐다는 사실이다. 자금만을 대고 남의 지혜나 노력으로 돈을 벌어 보겠다는 태도에도 문제가 있었다.

주식투자는 어디까지나 자신의 노력과 연구로 해야 한다. 물론 다른 사람의 견해, 행동양식 등을 참고로 하는 것도 좋은 일이다. 자신의 부족한 점을 남의 의견으로 보충하는 것은 지혜로운 일이기 때문이다.

그러나 최후의 결단은 자기 자신이 해야 한다. 어쨌든 소중한 돈을 투자하는 것은 자기 자신이기 때문이다. 자신의 돈이 소중하다는 의식이 있으면 남에게 맡겨 둘 수만은 없는 것이다. 여기에 판단의 큰 오류가 있었다고 하겠다.

행동으로 옮길 때도 이 사람들은 큰 잘못을 범하고 있다. 그것은 증권회사를 통하여 주를 사지 않았다는 사실이다. 주의 매매는 증권거래법에 의해 증권회사 이외에서는 거래가 금지되어 있는데, 이것은 주식투자의 철칙이다.

▶ **주식투자의 3대 철칙**

①	주식투자에 '절대'라는 단어는 없다.
②	자신의 노력과 판단, 그리고 결단으로 행한다.
③	반드시 증권회사를 통해서 한다.

▶ 명심해야 할 15가지 법칙

1. 주식을 매매할 때 서두르거나 감정적인 결정을 내리지 말라.
2. 만약에 어느 회사가 고도성장을 할 전망이 확실하다면 주식을 바로 팔지 말라. 왜냐하면 곧 폭등할 전망이 있기 때문이다.
3. 주식을 평가하는 데 있어서, 더 이상은 어렵다는 객관적 평가수준에 이른 주식을 좋아하지 말라.
4. 각 개별주식에 대한 관심만큼 시장 전체에 대한 지나친 관심을 갖지 말라.
5. 주식시장의 귀띔에 대하여 잊어라.
6. 당신이 주식시장에 지불한 것은 당신이 거두어들일 것이다.
7. 전망이 좋지 않은 약세시장의 밑바닥에서의 주식은 항상 최악으로 보이고, 모든 것이 최적인 강세시장의 정상에서는 항상 최상으로 보인다는 점을 기억하라.
8. 주식을 최저가격으로 사서 최고가격으로 팔기란 역시 어려운 일이라는 사실을 기억하라.
9. 전문가의 충고를 구하라.
10. 일반 투자가들의 견해는 일반적으로 틀리다는 것을 기억하라.
11. 주식시장의 일시적인 유행을 따르는 것을 조심하라.
12. 아쉬울 때 팔아라.
13. 투자격언을 활용하라.
14. 시장분위기에 도취되지 말라.
15. 투자는 내일도 있다.

제2부

주식투자
100문 100답

시세는 시세에게 물어라!
시세에 관한 한 시세가 가는 길이 진리이다.
아무리 탁월한 이론과 설득력 있는 논리로 설명되는
시세관이라고 하더라도
그것이 현실적인 주가흐름과 동떨어진 것이라면
한푼의 값어치도 없는 이론이다.

— 본문 중에서 발췌 —

1
주식이란 무엇인가

◆

주식은 주식회사가 자금을 조달할 때 발행하는
한 장의 증서를 말하는데, 이 증서를 가짐으로 인하여 기업의
소유권을 일정한 수의 사람들이 서로
나누어 가지는 것이다.

주식은 왜 만들어졌는가.

주식이 만들어진 이유를 아는 것이 주식을 이해할 수 있는 가장 좋은 방법이다.

뭔가 큰 사업을 하려면 대규모의 자금을 절대 필요로 한다. 토지를 빌리거나 매입하여 공장을 짓고, 그 용도에 필요한 기계와 동력을 갖춰야 하기 때문이다. 이러한 대규모의 자금은 한 개인이나 소수의 사람들만으로는 동원할 수 없다. 그래서 많은 사람들을 통해 장기자금을 모으는 방법으로 주식회사가 설립된 것이다.

기업활동의 기반이 되는 설비자료를 고정자산(固定資産)이라 한다. 이 자금은 단시일 내에 회수하기 어렵다. 때문에 장기자금이 아니면 자금유통에 쫓겨서 안정되게 사업을 할 수가 없다. 반면에 각 개인의 자금은 저마다의 사정상 오랫동안 묶여

시세에 중독되면 돈은 달아난다
주식투자에 성공하려면 느긋한 마음으로 먼 거리를 두고
시세를 보아야 한다.

있을 수 없다.

이 문제를 깨끗이 해결해 주는 것이 주식이다. 기업은 장기 자금을 조달하기 위해 많은 사람들에게서 자금을 모으고, 그 증서로 주(株)를 출자자들에게 나눠 준다. 이 증서가 바로 주식 이며, 주식을 소유한 사람은 주주(株主)가 된다.

이 증서를 갖고 있는 사람은 언제나 이 증서를 다른 사람에 게 팔 수가 있다. 따라서 주주가 갑자기 돈이 필요한 경우가 생 기더라도 기업에서 돈을 되돌려 줄 것을 요구하지 않고, 다른 사람에게 팔면 되기 때문에 기업은 안심하고 오랫동안 자금을 이용할 수 있는 것이다.

2
주주가 갖는 권리는 무엇인가

◆

주주는 기업의 주인이다.
때문에 기업경영의 결과로 나타나는 이익은
모두 주주에게 돌아간다.

주주의 세 가지 권리

1. 경영참가권

주주는 기업의 주인이기 때문에 경영에 참가할 권리가 있다.
주주총회에 출석하여 기업경영과 관련된 사안에 대해 자신의
의사표시를 할 수 있다. 그러나 주주의 권리내용 면에서 '의결
권주'와 '무의결권주'로 분류되는데, '무의결권주'는 경영참가
권이 배제된 주식이다.

2. 기업이익 분배권

주주는 기업경영의 결과로 나타나는 이익의 분배를 받을 권
리가 있다. 이것이 배당금을 취할 권리이다. 배당금 이외의 기
업이익은 향후 기업경영에 이용되어 기업이익을 올리는 데 기
여한다.

절대로 시세를 잘 짐작하는 사람이 되지 말라
육감과 경험을 믿고 변동하는 시세의 묘미로 돈을 벌려고 하면
화근이 된다.

3. 잔여재산분배 청구권

기업이 파산하게 되었을 때 기업의 재산에서 부채를 빼고 남은 재산을 분배받을 권리가 있다.

이 밖에도 주주에게 할당되는 '증자(增資)를 받을 권리', '주주우대를 받을 권리' 등이 있다.

3
주식투자의 장점은

◆

주식투자는 적은 돈으로도 가능하며,
배당수익과 시세차익의 묘미를 즐길 수 있다.
또한 유상증자 및 무상증자 등을 통해
채산성을 높일 수 있다.

1. 높은 수익을 얻을 수 있다

주식투자에 대한 수익은 그 종류가 다양하다. 예금의 경우는 이자, 부동산의 경우는 시세차익에서 생기는 수익이 절대적이지만 주식투자의 경우는 배당수익, 무상증자 수익, 유상증자 수익, 매매로 인한 시세차익 등 수익의 종류가 많다.

2. 현금화가 쉽다

투자대상으로서 부동산이 갖는 최대약점은 필요할 때 즉시 현금화되기 어렵다는 점이다. 그러나 주식의 경우는 증권시장을 통하여 언제나 자유롭게 거래되기 때문에 언제든지 손쉽게 매도하여 투자액을 회수할 수 있다.

3. 보관과 관리가 편리하다

현금이나 귀금속은 보관과 관리문제가 언제나 대두된다. 이

시세는 대중의 마음을 피해서 다닌다
팔기 쉬운 장은 오르고, 사기 쉬운 장은 내린다.

에 반하여 주식은 증권회사에 맡기면 그곳에서 모든 업무를 대행하여 준다. 그러므로 보관이나 관리에 신경쓰지 않아도 언제나 편하게 관리할 수 있는 특징이 있다.

4. 상속과 증여가 편리하다

부동산을 상속하거나 증여할 때는 복잡한 절차가 필요하다. 그러나 주식은 명의개서만 하면 되므로 매우 편리하다.

4
주식투자는 위험하지 않은가

위험한 방법과 안전한 방법이 있다.

주식회사라고 해서 모든 기업의 주식이 증권거래소에서 사고 팔 수 있는 것은 아니다. 주식을 증권거래소에서 등록시켜 사고 팔 수 있게 하는 것을 상장(上場)이라 하고, 상장된 주식을 상장주식이라 한다. 이렇게 주식이 상장된 기업을 상장기업이라 하는데, 기업이 증권거래소에 주식을 상장하는 행위를 기업공개라고 한다.

증권거래소에서는, 투자가보호를 위해서 일정한 요건을 갖춘 기업의 주식에 대해서만 엄격한 심사를 거쳐 상장을 허용하고 있다. 그러므로 현재 우리나라에는 4~5만 개의 주식회사가 존재하고 있는데, 증권거래소에 상장되어 주식매매가 가능한 회사는 700여 개사 정도이다. 따라서 증권거래소에 상장된 기업은 우리나라를 대표하는 우량한 기업들인 것이다.

엄선된 기업에서 발행하는 주식이 위험하다면, 국가경제는 언제라도 무너질 듯한 상태라고 말해도 결코 지나치지 않을 것이다. 그러므로 주식의 본질적 가치와 시장상황, 그리고 업종별 특성을 잘 파악하여 투자를 한다면 결코 위험하지 않다.

그러나 투자하는 방법에 있어서 위험한 방법과 안전한 방법이 있다. 많은 사람들이 위험한 방법으로 투자를 하고 있기 때문에 큰 손해를 보기도 하는 것이다. 주식투자에는 지식이 무척 중요하다. 주식투자에 대한 지식이 없는 사람이 안이하게 투자에 손을 대면 큰 손해를 보게 되는 것이다.

본질적으로 주식투자는 물건매매와 같다. 예를 들어 과일의 시세를 놓고 따져 보자. 같은 사과 한 상자라도 백화점과 청과물 상회, 그리고 귀할 때와 흔할 때의 가격차이가 생긴다. 성수기 때는 30,000원하던 사과 한 상자가 귀할 때는 50,000원을 호가하기도 한다. 오전에는 10,000원하던 수박이 늦은 저녁에는 5,000원하기도 하는 것이 과일의 시세다.

주식도 이것과 마찬가지이다. 적정가격에서 상회할 때도 있고 하회할 때도 있다. 따라서 값싼 시기에 사서 비쌀 때 팔면 누구든지 주식투자에 성공할 수 있다. 그러나 종목의 선택에 유의해야 하는 것은 물론이다. 가격이 싸다고 전망이 좋지 않은 주식을 샀다면 특별한 이익을 거둘 수 없다.

그리고 주식투자는 어디까지나 여유자금으로, 장기적인 안목을 가지고 시작해야 한다. 손해 보면 큰일나는 자금을 투자에 이용하면 실패하기 십상이다. 주식투자를 할 때는 자기의 자산 중에서 많아야 3할 정도로 하는 것이 위험을 피하는 지혜이다.

주식투자는 당장 내일부터 시작하지 않으면 안 된다는 전제는 어디에도 없다. 몇 년이 걸리더라도 충분한 지식과 기술을 습득한 후에 시작하는 것이 안전하다.

5
주식에는 어떤 종류가 있는가

상법상으로는 보통주식과 우선주식, 후배주식, 혼합주식,
무의결주식, 상환주식, 전환주식 등으로 나누어지지만 일반적으로
구주와 신주, 우선주와 보통주, 액면주와 무액면주,
기명주와 무기명주 등을 들 수 있다.

1. 보통주와 우선주

보통주는 보통주식의 약칭이다. 회사의 설립시에 발행하고
또 새로이 증자를 실시하여 추가적으로 새로운 보통주를 발행
하게 된다. 일반적으로 보통주의 보유자─경영참여권이 있기
때문에─를 주주라 한다.

우선주는 안정성을 추구하는 투자가를 대상으로 자금조달을
용이하게 하기 위해 발행하는데, 이익배당에 있어서 우선권을
갖는 대신 경영참가권이 없다. 현재 우선주의 배당금은 보통주
보다 1% 정도 높다.

2. 구주와 신주

신주는 회사가 증자나 합병 등으로 새로이 발행하는 주식을
말하고 구주는 이미 발행되어 있는 주식을 말하는데, 주식의

내용에는 별 차이가 없다. 구주는 영업년도의 전일이 배당기산일이 되며 신주는 그 발행일이 배당기산일이 되는 것이 통례이다.

3. 액면주와 무액면주

주권에 액면금액이 있는 주식을 액면주라 하고 그렇지 않은 주식을 무액면주라 한다. 권리면에서는 전혀 차이가 없다. 우리나라에서는 모든 주식이 액면주이고 보편적으로 액면금액은 5,000원이다.

4. 기명주와 무기명주

주권의 표면에 소유자의 성명이 기재되어 있는 주식이 기명주이고 그렇지 않은 것은 무기명주이다. 우리나라에서는 모든 주식이 기명주인데, 양자는 주식을 매매하는 절차에 있어서 다소 차이가 있을 뿐 권리내용 면에서는 차이가 없다.

6
주식투자를 하려면 어떤 절차가 필요한가

주식의 매매는 구좌개설, 주문, 체결확인 및
대금수수의 3단계로 나뉘어진다.

1. 구좌개설

주식을 매매하려면 우선 자기에게 적합한 증권회사를 선정하
여 구좌를 개설하여야 한다. 구좌를 개설하고자 할 때에는 증
권회사에 비치되어 있는 매매거래 구좌설정 약정서에 주소, 이
름, 연락처 등을 기입하고 거래인감을 날인한 후에 제출하면
된다. 특히 연락처는 근무처 등 긴급한 연락을 취할 수 있는 곳
이어야 한다.

일단 구좌가 개설되면 크레디트카드와 흡사한 증권카드(ID
카드)를 교부받는데 출금, 출고(유가증권을 인출해 받는 것)시 카
드가 있어야 하므로 보관에 유의하여야 한다.

구좌개설은 처음 한 번만 하면 내용에 변경이 없는 한 다시
수속을 할 필요가 없다.

2. 매매주문을 내는 방법

구좌개설 후 주식매매를 위한 주문을 낼 때에는 먼저 투자자금을 입금시켜야 한다. 그 자금의 한도 내에서 매매주문을 낼 수 있다. 고객이 낸 주문은 증권거래소가 정한 매매거래 원칙에 따라 경쟁매매에 의하여 매매거래가 성립된다.

▶매도주문표

(현금) 매도주문표						주문번호	

※채권 수량단위:천원　　　　　　　　　　　　　　　※굵은선(□)안은 고객께서 직접 기재하여 주십시오

성 명	비밀번호	종 목 명	체결수량	체결단가	매매구분	거래종류	수직업
박문수	5 2 3	현대자동차			1 신초가매매 2 자동매매 3 정정매매 4 취소매매 5 일임매매	0:보통 1:당일	일련번호
계좌번호		종목번호	주문수량	주문단가			
현금매도 600501			350	39000			

주문의접수시간		매매체결통지자	
전화주문접수자		일임매매관리자	
매매물행할시기			
주문의유효기간			

년　　　월　　　일
ⓢ쌍용투자증권주식회사

매매주문은 일반적으로 주문표에 의하여 하는데 매수주문표는 적색, 매도주문표는 청색으로 구분되며 여기에 종목, 수량, 가격, 구좌번호, 비밀번호, 성명 등을 본인이 직접 정확하게 기록하는 것이 원칙이다.

주문시 주의할 점은 '매도인가, 매수인가'와 '현금인가, 신용인가'를 명확히 구분하여야 한다. 또한 상장회사 중 서로 비슷한 회사 이름이 많으므로 종목명을 분명히하고 신·구주의 구분도 명확히하여야 한다.

주문은 문서뿐만 아니라 전화로도 할 수 있다. 이때는 잘못 전달되는 경우가 많으므로 주문내용을 반복 복창하여 재확인해야 한다.

7
주식투자에 필요한 최소한의 돈은 얼마인가

◆

최저로 1주당 가격의 10배 금액이 필요하다.

주가는 1주당의 단가로 표시되어 있다. 1994년 6월 7일의 주가를 보면 상업은행 7,130원, 태광산업은 450,000원이다. 이것은 상업은행의 1주가 7,130원이고, 태광산업은 1주가·450,000원이라는 것이다.

주식을 사거나 파는 경우 10주가 매매단위로 되어 있다. 그러므로 주식을 사기 위해서는 1주당의 가격을 10배로 한 금액이 최저로 필요하게 된다.

태광산업을 사려면 450,000×10주=4,500,000원이 필요하고, 상업은행의 경우는 7,130×10주=71,300원이 필요하다.

그 밖에 주식을 매매할 때에는 수수료가 붙는다. 수수료는 1989년 1월부터 0.6%~0.3%범위 이내에서 자유화되어 각 증권회사별로 적용하고 있는데, 대부분의 증권회사에서는 매매대금별로 0.5%~0.3% 정도를 적용하고 있다. 0.5%의 요율을 적

잠 못 이루게 하는 주식은 팔아 버려라
현명한 투자가들은 잠 못 이루게 하는 고통스러운 국면에서
빨리 벗어날 줄 아는 사람들이다.

용한다면 100만원의 매매대금이면 5천원 정도이고, 200만원이면 1만원 정도의 수수료가 든다.

상업은행의 주식을 산다고 한다면 $71,300 \times 0.005 = 356.5$가 되는데, 대략 360원이 수수료가 되는 것이다. 때문에 상업은행을 10주 사는 데는 $71,300 + 360 = 71,660$원을 준비하면 된다.

이와같이 종목에 따라서 준비할 금액이 다르다. 그러므로 종목을 선택하는 것이 중요하다.

이들 주식은 원래 1주당 5,000원으로 발행된 것인데, 상업은행은 두 배에 못 미치고 태광산업은 무려 90배나 된다. 종목에 따라서는 액면가 미만의 가격으로 매매되는 주식도 있다.

8
주식투자에 따른 세금은

◆

주식을 매입하였을 때에는 세금을 부과하지 않으나
매도할 때에는 매도액의 0.2%에 해당하는 금액을 증권거래세로
납부하게 된다.

주식투자에 따른 세금으로는 주식의 배당금에 부과되는 배당
소득세와 주식을 팔았을 때에 한해 부과되는 0.2%(90.6.1.부터)
의 증권거래세가 있다. 그러나 증권거래소 시장에서 주식을 매
도하는 경우에도 시가가 액면가 이하의 주식인 증권거래세를
면제해 주는 등 탄력세율을 인정하고 있다.

▶ 배당소득 과세율

구분		과 세	
		소득세	주민세
소액주주	현금배당	20% 완납적 원천징수	소득세의 7.5%
	이익잉여금 자본전입무상주		
대주주	현금배당	20% 원천징수 후 종합과세	소득세의 7.5%
	이익잉여금 자본전입무상주		

＊ 연 1,000원 미만의 배당소득은 비과세.
＊ 자본 준비금 중 재평가 적립금의 자본전입에 따른 무상주 배당시는 비과세.

9
증권시장의 구조와 기능은 무엇인가

증권시장은 기업이 주식을 발행하여
일반에게 파는 발행시장과
이미 발행된 주식을 일반인들 상호간에 거래하는
유통시장으로 구별된다.

주식과 채권이 거래되는 시장을 증권시장이라고 하는데, 발행시장과 유통시장의 두 가지로 구분된다.

1. 발행시장

기업이 주식수를 늘리는 것을 주식발행이라고 한다. 기업이 주식수를 늘리는 목적은 통상적으로 필요한 자금을 조달하기 위해서이다. 물론 그렇지 않은 경우가 전혀 없는 것은 아니다.

기업이 주식수를 늘리는 방법으로는 유상증자, 무상증자, 주식배당, 주식분할 등이 있다.

2. 유통시장

유통시장은 일반인들 상호간 혹은 일반인과 증권회사 간에 주식을 사고 파는 시장을 말한다. 주식을 거래하는 장소는 증권회사일 수도 있고 개인들끼리 편리한 장소에서 사고 팔 수도 있다.

그러나 가장 중요한 것은 증권거래소라 할 수 있다. 우리나라에는 여의도에 있는 한국증권거래소가 유일한 증권거래소이다.

▶ **유통시장의 구조**

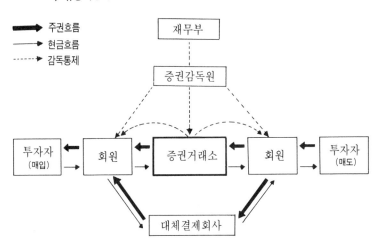

증권거래소에서 실제로 거래행위를 할 수 있는 사람은 일정한 자격요건을 갖춘 회원으로 정해져 있다. 현재 한국증권거래소의 회원은 25개 증권회사뿐이다. 따라서 일반 투자가들은 직접 증권거래소에 가서 주식을 사고 팔 수 없고 증권회사를 통해서만 주식을 사고 팔 수 있다.

모든 주식이 증권거래소를 통해서만 거래되는 것이 아니기 때문에 다른 장소에서 주식이 거래될 수도 있다. 이를 장외시장이라 한다.

10
유상증자란

◆

기업이 시설확장으로 자금이 필요할 때
새로이 주식을 발행해서 기존 주주들에게 시장시세보다
싼 값으로 팔아
자금을 충당하는 것을 말한다.

한마디로 유상증자는 기업이 자금조달을 위해 하는 것이다. 유상증자로 인해 증가하는 주식은 대부분 현재의 주주에게 배정된다. 그러나 주식을 배정받은 주주는 일정한 금액(발행가액×배정주식수)을 기업에 납부해야만 배정된 주식을 자신의 소유로 할 수 있다.

과거에는 발행가액의 대부분이 액면금액과 같았으나, 최근에는 액면금액보다 높은 경향을 보이고 있다.

발행가액이 액면금액보다 높은 것은 시가발행을 하기 때문이다. 시가발행이란 발행가액을 현재의 주가에 기준하여 결정하는 데서 붙여진 이름이다.

유상증자를 통해 발행된 주식을 유상신주라고 한다. 이에 비해 이미 발행되어 있는 주식을 구주라고 한다. 이렇게 유상신주와 구주를 구별하는 것은 배당금에 차이가 있기 때문이다.

11
무상증자란

기존주주에게
무료로 신주를 배정해 주는 것을 말한다.

　기업의 재산 중에서 부채를 뺀 것을 '순자산' 또는 '자기자본' 등으로 부른다. 쉽게 말해서 순자산은 순수히 주주의 몫으로 돌아갈 수 있는 자산이다.

　기업이 이사회의 결의로 준비금 또는 자산재평가 적립금의 전부 또는 일부를 자본에 전입하고 증가된 자본금에 해당하는 만큼의 신주를 발행한다. 이를 기존주주들의 소유주식수에 비례하여 무상으로 배정해 주는 것을 무상증자라고 한다.

　주주가 무상증자를 받는 경우는 다음과 같다.

　1. 기업이 보유자산을 재평가함으로써 장부가액과 재평가액과의 차익이 생겼을 경우

　이 차익을 자본에 전입하는 대신 신주를 발행한다.

　2. 기업은 매기마다 이익준비금을 적립한다

　이 금액을 주주총회의 결의에 의해 자본에 전입하는 경우 신

단념이 천금이다
주식투자는 실패했을 때 손실을 최소한으로 끝내야 한다.
손절을 과감하게 할 수 있어야 천금을 아끼는
결과를 낳는 것이다.

주를 발행한다.

3. 기업이 주주에게 이익을 분배할 경우

현금배당이 원칙이나 자금이 회사 밖으로 유출되는 것을 방지하고 사업확장의 자금을 마련할 목적 등으로 신주를 발행한다.

무상증자에 의해 발행되는 주식을 무상신주라고 한다. 무상신주는 유상신주와 마찬가지로 구주와 배당금에 있어서 차이가 있다.

12
배당이란

◆

주주가 기업에 출자한 자본의 대가로 받는
수익분배율을 일컫는다.

배당은 1년에 한 번씩 열리는 주주총회에서 결정되며, 이때 결정된 배당은 2개월 안에 지급하게 되어 있다.

주식의 배당수익은 투자하는 주식에 따라서 차이가 있으나 우리나라의 경우는 평균적으로 2% 내외이다. 단순계산으로 따지자면 1,000만원을 투자해서 주가의 변동이 없다면, 연간 20만원 내외의 배당금을 받을 수 있다는 얘기이다.

일반적으로 배당은 현금으로 하는 것이지만 주식으로 대신하는 경우도 종종 있다. 어떤 회사가 총 20억원을 주식으로 배당한다고 하면 자본금은 20억원 증가하고 주식수는 40만(20억원÷5천원)주 늘어나게 된다.

13
배당성향이란

◆

기업이 연간수익 중
어느 정도를 배당으로 주주에게 환원시키는가를
나타낸 것을 말한다.

과거에는 액면가를 기준으로 한 배당인 배당률이 중심을 이뤘
다. 그렇지만 근래에 와서는 시가발행증자가 일반화되면서 배
당성향으로 전환되고 있다.

$$●배당성향=\frac{배당총액(연)}{이익(연)}\times100=\frac{1주당\ 배당(연)}{1주당\ 이익(연)}\times100$$

‘어느 기업이 과연 적절한 배당을 하고 있는가’ 하는 척도로
배당률보다 배당성향이 훨씬 합리적이다. 배당성향이 낮으면
그만큼 증배에 여력이 있고, 배당성향이 높으면 증배의 여력이
낮다는 것을 의미한다.

14
배당락이란

배당기준일이 지나
배당금을 받을 수 없는 상태를 말한다.

주주는 결산기가 지나면 회사의 수익 중에서 배당을 받을 수 있다. 이때 배당금을 받기 위해서는 어느 특정일 현재 주주가 되어 있어야 한다. 그날이 지나서 주주가 되는 사람은 당해 결산기의 배당을 받을 권리가 없어진다.

따라서 결산일 다음날부터 주가는 전날보다 배당된 분만큼 낮아지는 것이 보통인데, 이처럼 배당기준일이 경과하여 배당금을 받을 권리가 없어지는 것을 배당락이라 한다.

15
액면분할과 주식분할이란

액면분할은
액면금액을 현재보다 줄이는 것을 말하고,
주식분할이란 현재의 주식을 분할하여 주식수를
늘리는 것을 말한다.

1. 액면분할

액면금액을 현재보다 줄이는 것을 말한다. 예를 들어 액면금액이 10,000원이라고 하자. 이 금액을 5,000원으로 줄이려면 주식수는 이전보다 2배로 늘어나게 된다. 액면분할은 주식수만 늘어날 뿐 자본금은 변동이 없다.

2. 주식분할

무액면주식의 경우에 액면분할의 효과를 갖는 것이 주식분할이다. 예를 들어 현재 갖고 있는 주식 1주를 2주 혹은 3주로 교환하는 것이다. 이 경우도 자본금은 변동이 없지만 주식수는 이전보다 2배 혹은 3배로 증가하게 된다.

16
우량주란 무엇인가

수익력이 높고 재무상태가 좋은 주를 말한다.

우량주는 과거에 이익률이 높고 재무구조도 좋으며, 대외 신용도가 높은 기업의 주식을 말한다. 그래서 안정성이 돋보이며 이미지도 좋은 이들 주식을 개인 투자가나 기관 투자가도 선호한다. 그래서 안정성이 돋보이며 대부분의 증권회사에서는 초보자에게 우량주를 추천한다.

우량주도 대형이냐 소형이냐에 따라서 특성이 다르다.

1. 대형우량주

대형우량주는 우리나라를 대표하는 유명기업의 주식인데, 삼성전자·대우중공업·현대자동차·포철 등이 대표적인 것이다. 이와 같은 대형우량주는 기업의 도산과 같은 일은 없으므로 가장 안정성이 있다. 그러나 결코 주가가 안전하다고 말할 수 없다. 또한 몸집이 커져 추가성장의 한계를 가지고 있다.

2. 중형우량주

일진전기·유성기업·인켈 등과 같은 주식을 말한다. 대형우량주에 비해 재료가 많고 꿈이 있기 때문에 변동이 크다고 할 수 있다. 주가가 크게 내렸을 때 사 두면 시세차익을 남길 수 있지만, 그에 비례하여 위험도 적지 않다.

3. 소형우량주

소형우량주는 다음과 같이 2가지로 분류할 수 있다.

① 첨단기술과 고기술 관련업종 — 한국컴퓨터·삼영전자·삼보컴퓨터 등

② 성숙산업 — 태광산업·백양 등

①은 대체적으로 재료가 많고 희망이 있다. 1980년대 후반 3 저의 호황으로 증시가 달아올랐을 때 전기·전자 업종은 일괄적으로 첨단산업으로 분류되었다. 물론 컴퓨터는 첨단 하이테크산업이다.

첨단기술 및 고기술과 관련이 있는 소형우량주는 재료가 나올 가능성이 많기 때문에 투자가들의 관심의 대상이며, 주목을 받을 때가 많다. 예를 들어 1992년 1월 동신제약의 주가는 6, 200원이었다. 이로부터 5개월 후 주가는 32,000원을 기록하여 무려 600%나 상승했다.

선진국에 비하여 아직도 성장가능성이 많은 업종이므로 특히 쌀 때 사 두는 것이 좋다.

②에 해당하는 성숙산업 쪽은 보통 주가움직임이 강하지 않지만 돌발적으로 실적이 나쁘게 되는 사례도 있다. 값이 쌀 때도 안심하고 살 수 없는 면이 있으므로 주의를 해야 한다.

17
대형주란 무엇인가

◆

기업의 자본금이 150억원 이상인 주식을 말한다.

포철·한전·현대건설·삼성전자·대우전자·유공·금성사·현대자동차·한일은행·제일제당·한양화학 등이다.

대형주는 일반적으로 대형우량주도 포함하고 있다. 그러나 유명한 대기업의 주가 수익력이나 재무내용이 그다지 좋지 않은 경우도 있다. 때문에 수익력이 좋고 재무내용이 좋은 경우는 대형우량주라고 한다.

대체로 대형주는 움직임이 약하고 무겁다. 그러나 첨단기술이나 고기술과 관련이 깊은 것은 비교적 움직임이 활발하므로 일시적으로 주가가 하락하였을 때 사 두면 성공할 확률이 높다.

일반적으로 대형주는 박스 안에서 움직이는 것이 많다. 때문에 박스하한 근처에서 매수하여 상한 근처에서 매도하는 전략이 필요하다.

시장분위기에 도취되지 말라
시장분위기에 휩싸이게 되면 자연 시세만이 분위기의
영향을 받아서 객관적인 눈으로 시세흐름을 볼 수 없다.

　그러나 유명한 대기업이라고 해서 주가가 내려가지 않는다는
보장은 없다. 주식시장의 속성상 몇 년에 한 번은 큰 장이 되는
데 대형주도 예외는 아니다. 특히 크게 천정을 치고 난 장세는
10년까지도 상승세로 전환하지 않는 것도 있다는 것을 염두에
두어야 한다.

18
소형주란 무엇인가

◆

회사의 자본금이 50억 이하인 주식을 말한다.

소형주는 보통 자본금이 50억 이하 규모의 회사에서 발행하는 주식이다. 때문에 유동주식 수량이 적고 거래가 빈번하지 않으므로 유동성과 환금성이 떨어지며 도산에 대한 위험이 있다. 또한 거래가 활발하지 않아 비전산 종목이 많다. 이로 인하여 기업정보가 제때에 시장에 반영되지 못하여 적정주가 형성에 장애가 된다.

그러나 소형주가 갖는 매력 또한 만만찮다. 무엇보다도 성장이 더딘 대기업에 비하면 성장가능성이 크다. 기업이 작을수록 급변하는 환경변화에 능동적으로 대처할 수 있기 때문이다. 또한 자본금이 작아 큰 폭의 증자가능성이 있고, 영업실적이 향상될 경우 증시반영도가 대형주에 비해 높다.

그리고 소위 '작전세력'들에 의해 투기주가 될 가능성도 많다. 작전세력은 자금의 규모가 큰 사채시장의 전주(錢主)일 수도 있고, 경우에 따라서는 기관 투자가일 수도 있다.

이들 세력이 투기의 대상으로 곧잘 지목하는 것은 자본금이 작고 주주안정화 비율이 높은 소형주이다. 왜냐하면 소형주는 부동주식수가 적기 때문에 조금만 매입해도 주가가 급등하기 때문이다.

투기주의 시세는 매도세와 매수세의 힘에 의해 전개된다. 기업실적과는 관계없이 투기 붐을 타고 상승하고, 투기 붐이 끝나면 급락하는 경향이 있다.

단기간에 천국과 지옥을 교차하므로 투기시세의 천정에서 매입하면 손절매의 쓴맛을 감수해야만 한다. 소형주에는 이러한 매력과 함정이 있다는 것을 염두에 두고 있어야 한다.

19
주도주란 무엇인가

◆

어떤 장세를 리드하는 주를 말한다.

주식시장에서는 항상 인기주 집단이 존재한다. 마치 유행처럼 투자가들이 공통적으로 선호하는 투자유형이 형성되는 것이다. 이를 소위 '주도주'라 한다.

주도주로 등장하는 종목은 우선 그 시대의 명제(命題)에 부합되는 업종이나 성격을 지니고 있어야 한다. 1970년대 후반에는 건설주가 선도했고, 1987~1988년 장세에서는 트로이카(금융, 건설, 무역)가 주도하여 종합주가가 크게 움직였다.

그러나 주도주는 자연 발생되는 것은 아니다. 대부분의 경우에 있어서 인기주는 개인이든 기관 투자가든 시장의 '작전세력'이 있어서 처음 어느 단계까지는 인위적으로 주가를 끌어올리는 것이 보통이다.

큰손이나 전문 투자가 집단에서 저가권에 있는 유망종목이 있으면, 미리 대량으로 물량을 매집한 후에 주가를 조금씩 올

주가는 선행한다
투자가들이 주식을 사는 것은 미래에 대한 어떤 기대 때문이므로
3~6개월 정도 경기를 앞서 가는 경향이 있다.

려서 사기 시작한다. 그러면 일반 투자가들이 차츰 가세하여 인기가 붙기 시작하는 것이다. 일단 인기가 어느 정도까지 가열되고 나면 투자가들의 가치기준이 달라져서 큰손들이 손을 빼 버려도 주가는 가속적으로 상승하게 된다.

"주도주는 위험하니까 접근하지 말라!"

흔히 이런 말을 하는데, 특별히 주도주만이 위험하다고 할 수가 없다. 확실히 주도주를 고가로 샀을 때는 대단히 위험하며, 신용매수는 더욱 위험하다.

그러나 단기투자는 시장인기주인 주도주를 외면하고는 도저히 성공하기 어렵다. 주도주를 초기의 싼 값에 사면 조금도 위험하지 않고 오히려 주식투자의 묘미를 느낄 수 있다.

20 고가주란 무엇인가

3만원 이상의 주를 보통 고가주라고 한다.

고가주에 대한 개념은 시대의 흐름에 따라 변한다. 보통 3만원 이상의 주를 고가주라고 말하는데, 첨단기술 및 고기술과 관련이 있는 소형우량주가 대부분이다.

대부분의 고가주는 수익력과 재무상태가 좋다. 그러나 주가가 무한정 오르는 것은 아니며, 고가주 역시 천정을 치면 크게 내려간다.

21
저가주란 무엇인가

◆

1만원대 전후의 주를 보통 저가주라 한다.

저가주란 문자 그대로 값이 싼 주식을 말한다. 보통 1만원대 전후의 주라고 할 수 있는데, 이 저가주에도 여러 종류가 있다. 이미 악재가 충분히 반영되어 저가권에 맴돌고 있는 주식은 더 이상 가격이 하락할 위험이 없다. 물론 저가주에 있어서도 높은 곳에서 사면 위험하다.

주가가 싼 원인은 실적이 부진하거나 사업의 장래성이 불안하기 때문이다. 그러나 현재까지는 실적이 좋지 않아도 장래실적이 좋게 예상되는 주는 주가의 움직임도 강해 크게 오르는 예도 적지 않다.

주식시장에서의 최고 수익률은 남의 시선을 끌지 못하는 종목에서 탄생한다. 일시적으로 크게 빠진 것을 매입하면 주가가 상승국면으로 접어들었을 때 최고의 수익률을 기대할 수 있다.

22
주식의 가격결정은 어떻게 이루어지나

주식의 매매가격은 원칙적으로
전날의 마지막 가격을 기준으로 당일의 경우
가격 상·하한선 범위 내에서 결정된다.

오전에는 개장 후 5분간은 동시호가라 해서 모든 주문이 동시에 들어온 것으로 보고 단일가격으로 매매된다.

동시호가에 의한 시초가가 결정되고 나면 시간적으로 먼저 접수된 주문을 우선으로 하되 맞는 가격끼리 개별경쟁 원칙에 따라 매매가격이 결정된다. 따라서 하루 중 여러 시세가 형성된다.

동시호가 : 호가(呼價)란 증권을 매도, 매수하려는 사람이 표시하는 가격을 말한다. 증권시장에서 매매거래를 할 때 동시에 접수된 호가 및 시간의 선후가 분명치 않은 호가를 동시호가라 한다.

매매를 개시하여 처음으로 가격을 결정하거나 매매중단 후 재개시에 호가가 폭주하면 시간의 선후를 가릴 수가 없다. 이

시세는 천리동풍
상승세로 전환한 시세는 결정적인 계기가 생길 때까지 계속 상승하며,
하락하는 시세는 결정적인 계기가 생길 때까지 계속 하락한다.

때는 일정한 시간대를 정하여 그 시간에 접수된 호가를 동시호
가로 간주하여 가격우선, 수량우선의 원칙에 따라 당일가격으
로 매매를 성립시킨다.

23
종합주가지수란

◆

시장 전체의 동향을 대표적으로 나타내는 지수이다.

종합주가지수는 시장동향을 명확히 파악하기 위해 시장가격
을 토대로 산출하는 지수이다.

산출방식은 시가총액식으로 1980년 1월 4일의 주가를 100으
로 하여 비교시점의 주가변동을 측정한다.

종전에는 상장주식 중 일부 종목을 대상으로 산출하는 '다
우·존스' 방식을 사용하였다. 그러나 이 방식은 특정 종목만을
대상으로 하므로 지수채용 종목 이외의 종목이 시장을 주도하
는 경우에는 시장상황을 전체적으로 대변하지 못하는 약점이
있었다.

1983년 1월 4일부터 상장주식수의 규모를 가미한 시가총액
방식으로 변경하여 종합주가지수를 산출하고 있다.

이 지수의 산출방법은 다음과 같다.

$$\bullet \text{종합주가지수} = \frac{\text{현재의 상장주식 시가총액}}{\text{기준시점의 상장주식 시가총액}} \times 100$$

증권거래소에서 발표하는 종합주가지수 이외에 부별지수, 자본금 규모별지수 및 산업별지수가 산출되는데, 증권업협회에서 발행하는 〈증권시장〉지에 게재되고 있다.

▶ 주가 지수

(단위 : 만원)

지 수 명	지 수	등 락	거래량	거래대금
종 합 주 가 지 수	936.39	-0.44	50,709,580	84,826,042
제 조 업 종 지 수	1,071.31	-0.71	25,807,200	45,950,290
시 장 제 1 부	821.65	-1.02	41,583,860	73,522,472
시 장 제 2 부	1,673.49	+8.27	9,125,720	11,303,570
어 업	226.43	+7.87	236,130	229,368
광 업	395.38	+7.65	69,760	119,299
음 식 료 품 제 조 업	867.97	+6.47	2,483,330	5,036,998
식 료 품	891.22	+7.99	1,533,490	2,789,153
음 료 품	810.67	+2.37	949,840	2,247,845
섬 유 및 의 복 제 조 업	1,011.64	+12.58	3,008,660	4,918,005
섬 유 업	1,053.62	+12.27	2,095,230	3,166,538
의 복 업	822.51	+14.05	913,430	1,751,466
목재 및 나무제품제조업	442.73	-2.29	55,640	168,102
종 이 및 종 이 제 품 제 조 업	1,024.49	+4.15	1,946,510	2,357,745
화합물및화학제품제조업	854.50	-3.65	6,017,360	10,905,597
화 학	780.31	-8.00	4,039,790	7,196,167
고 무	1,396.26	+8.26	202,820	310,222
의 약 품	1,196.98	+23.25	1,429,570	3,042,208
비 금 속 광 물 제 품 제 조 업	1,363.86	-6.32	793,990	1,653,120
제 1 차 금 속 산 업	1,337.45	-5.04	1,244,830	3,690,095
철 강 산 업	1,810.79	-7.66	900,070	2,781,727
비 철 금 속	494.58	-0.21	344,760	908,368
조립금속기계및장비제조업	1,380.48	-1.32	8,862,260	15,679,026
조 립 금 속	1,556.04	+21.96	483,450	926,710
기 계	1,275.52	+30.39	2,853,850	4,518,676
전 기 기 계	1,708.75	-7.30	2,893,990	6,044,288
운 수 장 비	979.33	-4.62	2,439,480	3,726,008
기 타 제 조 업	935.06	+3.89	307,300	458,120
건 설 업	525.86	+3.52	5,617,180	10,497,471
도 매 업	745.62	+12.26	5,220,320	7,857,259
운 수 창 고	1,317.91	-15.16	199,460	503,220
육 상 운 송	1,270.98	-4.09	140,230	365,975
해 상 운 송	512.24	-0.25	5,750	10,667
금 융 업	1,016.12	-3.87	12,597,010	15,508,451
은 행	605.34	-2.52	9,475,560	9,751,885
투 자 금 융	1,414.65	+17.48	1,608,780	2,783,621
증 권	2,728.16	-15.41	1,306,430	2,386,388
보 험 업	3,157.40	-33.31	175,380	748,939

· 1994년 6월 23일 주가지수. 자료 : 서울경제신문

24
시가총액이란 무엇인가

회사의 규모를 측정하는 하나의 척도이다.

시가총액이란 전체 상장주식을 그날의 종가로 평가한 금액을 말한다. 즉 계산시점에서의 상장주식 총평가액이며, 주식시장이 어느 정도의 규모를 가지고 있는가를 나타낸 것이다.

그러나 시가총액에도 개별 종목과 전체의 시가총액을 말하는 경우가 있는데, 다음과 같다.

1. 개별 종목의 시가총액

그 주식의 주가에 발행주식수를 곱한 것이다. 이는 그 회사의 총자본이다. 매출액 등과 같이 회사의 규모를 재는 척도로서 사용된다. 쉽게 말해서 시가총액은 그 회사의 매수가격이라고 할 수 있다. A사는 발행주식수가 1천만주인데 시가가 1만원이라고 하면, A사의 시가총액은 1천억원이 된다. 따라서 A사를 매수하려면 1천억원의 자금이 필요하다는 계산이 나온다.

그러나 실제는 그렇게 단순하지 않다. 주가는 그대로 있는 것이 아니기 때문이다. 매수에 들어가려고 하면 주가는 상승할 것이고, 덩달아 시가총액도 증가하는 것이다.

개별 종목의 시가총액을 주식투자의 척도로 사용하는 경향이 많다. 주식투자의 묘미는 가격이 상승하면 동시에 소유주수가 증가해 가는 것이기 때문이다. 만약 당신이 1년 전에 지성기업의 주식을 2만원으로 1천주 샀는데, 현재가가 2만원 그대로라고 가정해 보자. 이것만을 놓고 계산한다면 손해가 분명하다.

그러나 주가는 그대로 있지만 유·무상증자를 통해 주식수가 2천주가 되었다면 그 성과는 대단하다. 최초의 투자액이 2천만원이었던 것이 현재의 시가평가액은 4천만으로 되기 때문이다.

2. 전체 상장주식의 시가총액

통상적으로 시가총액이라고 하는 것은 전체 상장종목의 시가총액을 가리킨다. 산출방법은 그날의 각 종목의 종가에 상장주식수를 곱해 이것을 합계한다.

전체 상장주식의 시가총액은 그 나라의 경제지표로도 사용되는 중요한 지표 중의 하나이다. 또한 다른 나라의 주식시장과 비교해서 우리나라의 주식시장의 규모를 파악할 수 있고, 주가지표로 사용되어 주식투자의 길잡이 역할을 하기도 한다. 시가총액의 비율이 급격히 올라가면 시세가 과열되고 있는 것이고, 반대로 내려가면 침체됨을 의미하는 것이다.

시가총액을 증가시키는 원인은 전체 주가가 상승하거나 상장주식수가 증가하는 경우이다. 대체로 호황기때는 시가총액이 증가하고 불황기에는 하락한다.

25
PER 이란

◆

PER 이란 주가수익비율을 말하는데,
주가를 1주당 당기 순이익으로 나눈 것이다.

PER (price earning ratio)는 주가가 1주당 순이익의 몇 배인
가를 나타내는 지표이며, 또한 순이익이 주가에 반영된 정도를
나타내는 지표로서 종목선정에 자주 이용되고 있다.

일반적으로 PER 의 비율이 높으면 비싼 것이고, 낮으면 싼
것이라고 볼 수 있다. 그렇지만 이는 절대적인 기준은 아니다.

PER 의 산출방법은 다음과 같다.

$$\bullet 주가수익비율(PER)= \frac{주가(종가)}{1주당\ 연간\ 순이익}(배)$$

예를 들면, 1주당 순이익이 500원인 K 회사의 주가가 2만원
이라고 하면,

$$\bullet PER = \frac{20,000}{500} = 40(배)$$

K 회사의 PER은 40배가 된다.

PER의 크기는 주가가 내재가치에 비해서 고평가, 저평가되어 있는가의 판단기준으로 이용되지만, PER의 증가율은 내재가치와 무관하게 시장의 인기도, 성장성 등 복합적인 요소에 의한 움직임을 표시한다고 할 수 있다.

그러므로 PER을 토대로만 종목선정을 하는 것은 아무래도 불완전하다. 왜냐하면 일부 회사에서는 그때 그때의 필요에 따라 여러 가지 방법으로 이익을 늘이거나 줄여 실적을 발표하기 때문이다.

종목선정을 할 때는 신중하게 그 회사의 장기간에 걸친 영업이익과 경상이익을 살펴볼 필요가 있다. 또한 동일업종대로 경영내용이 서로 비슷한 회사를 골라 그 회사의 PER과 자신이 선정한 종목의 PER을 비교해서 판단하는 것도 한 가지 방법이다.

$$● 종목별\ 상대\ PER = \frac{업종별\ PER}{대상기업\ 전체\ PER}$$

$$● 기업별\ 상대\ PER = \frac{개별기업\ PER}{소속업종\ PER}$$

PER은 전체 종목의 평균 및 개별 종목의 배수가 〈증권시장〉지 및 경제신문에 게재되고 있다.

26
PBR 이란

◆

주가를 1주당 순자산으로 나누어
계산한 것을 말한다.

PBR (price book value ration)는 주가순자산배율이다. 여기서 순자산이란 대차대조표의 자산에서 부채를 차감한 후의 자산이다. 그러므로 1주당 PBR 은 회사가 해산될 때 주주에게 분배되는 금액을 의미한다. 즉 주가순자산배율은 재무내용 면에서 주가를 판단하는 척도이다.

$$●주가순자산배율(PBR)=\frac{주가}{1주당 순자산}(배)$$

A 회사의 PBR 이 1배라면 주가가 1주당 자산가치와 같다는 의미이다. 그러므로 PBR 이 1이상인 종목은 자산가치에 비해 주가가 높고, 1미만은 자산가치에 비해 주가가 낮게 평가되고 있는 것이다.

27 EPS 란

◆

1주당 순이익으로 생산성 향상에 의한
내재가치 변화를 나타내는 지표이다.

EPS (earning pershare)는 1주당 세후순이익을 말한다. 1주
당순이익으로 생산성 향상에 의한 내재가치의 변화를 나타내는
데, EPS 상승과 상관관계가 높은 업종은 주로 성숙기로 접어
든 업종이라 할 수 있으며, 내재가치의 증가가 주가움직임을
좌우하게 된다.

●1주당 세후순이익(EPS)＝$\dfrac{\text{세후순이익}}{\text{주식수}}$

28
신용거래란 무엇인가

투자가가 증권회사로부터
매입대금 또는 매각주권을 빌려서 주식을 매매하는
거래를 말한다.

신용거래란 증권회사에 일정의 증거금(위탁보증금)을 넣고, 자금을 차입하여 주식에 투자하는 방법이다. 신용거래는 신용에 의한 매입과 주식을 차입하여 매도하는 공매(空賣)까지 모두 포함한 의미인데, 우리나라에서는 보통 신용매입을 의미하는 경우가 많다.

신용거래의 주문을 받은 증권회사는 다시 증권금융회사로부터 자금과 주식을 빌려 고객에게 대출해 주는 형식을 취하는 것이 보통인데, 이것을 '유통금융'이라 한다. 이에 대하여 증권회사가 자력으로 증권 또는 증권의 매입자금을 빌려 주는 것을 '자기신용'이라고 한다.

신용매입은 주로 단기투자 전략으로 시장인기주에 집중되는 경향이 있다. 인기주시세를 선도하는 주요세력들이 그들의 부족자금을 보충하기 위해 신용을 이용하는 경우가 많으며, 일반 투자가들도 인기주에 공격적인 투자를 하기 위해서 신용을 이용하기 때문이다.

따라서 인기주가 상승하기 시작하면 자연히 신용잔고도 함께 증가하는 것이 보통이므로, 신용잔고가 처음 증가하기 시작하면 주식매매의 한 타이밍일 수도 있다.

그러나 신용거래에 의한 투자가는 대부분이 단기적인 시세차익을 겨냥해서 매도기회만을 노리고 있기 때문에 어느날 갑자기 주가가 하락할 위험이 항상 잠재되어 있다.

물론 신용거래는 자신의 소유자금을 상회하는 투자가 가능한 것이므로 위험도 큰 대신에 투자효율도 커진다. 예를 들면 신용거래 보증금률이 50%인 경우 1,000만원의 자금이 있다면 2,000만원의 투자가 가능하다.

그 주식이 20% 상승하면 시가평가액은 2,400만원이 되어 400만원의 이윤이 붙는다. 자신의 1,000만원의 자금에서 보면 무려 40%의 이익을 본 셈이 되는데, 그 반대의 경우도 있다는 사실을 항상 염두에 두고 있어야 한다.

보통 하루의 거래비중은 전체 거래량의 평균 30% 정도이며 이들 종목의 인기가 가속화되면 신용거래 비율은 더욱 높아져 50% 수준에 접근하기도 한다.

신용거래의 기한은 150일이다. 그 기간이 경과하기 전에 자금을 상환해야 하는 것이다. 상환의 방법에는 현금 상환방법과 반대매매를 해서 그 매각대금으로 매입대금을 상환하는 방법(손해를 보면 차액분만큼 지불)이 있는데, 대개의 경우 후자를 따른다.

후자를 따르는 경우, 150일이라는 기간이 늘 매물압박 요인으로 작용한다.

29
신용잔고란 무엇인가

◆

신용거래에 있어서 미결재로 남아 있는
주수를 말한다.

신용잔고를 바꾸어 말하면 '융자잔고'이다. 즉 신용거래를
한 투자가가 증권회사에 150일 이내에 갚아야 할 기한부 부채
이다.

앞에서도 말했지만, 주가상승이 가속화하기 시작하면 신용잔
고도 급속히 늘어난다. 주가의 상승기간이 길면 신용잔고는 더
욱 늘어나서 마침내는 신용잔고 자체가 커다란 하중이 되어 더
이상의 주가가 상승하지 못하도록 저지하는 역할을 하게 된다.

신용잔고는 거의 대부분이 단기적인 시세차익을 노리고 투자
된 자금이기 때문에 언제나 매도기회만을 노리는 잠재적 매도
세력인 것이다. 그러므로 신용잔고가 그 종목의 자본금 규모에
비해 지나치게 비대해져 버리면 주가의 상승탄력이 현저하게
줄어들고 마는 것이다.

특히 종목별 신용한도가 소진된 종목은 더욱 상승에 부담을

가지 많은 나무에 바람 잘 날 없다
분산투자는 3~5개 종목으로 하라.

받게 된다. 현재 신용거래에 관한 규칙에서는 매도잔고(대주잔고)가 매수잔고(융자잔고)의 20%를 넘지 못하도록 정하고 있다.

신용거래의 과열로 인한 시세의 투기화 현상을 방지하려는 목적인데, 대개 이 한도가 모두 소진되고 나면 주가상승이 꺾이고 마는 것이 보통이다. 따라서 신용잔고가 크게 늘어나 있는 종목은 더 이상의 상승여력을 상실하고 있는 경우가 많으므로 특별한 경우가 아니면 손대지 않는 것이 좋다.

신용잔고는 〈증권시장〉지 2면이나 〈경제신문〉에서 주가지표로 매일 게재하고 있다. 그날의 매매거래에 있어서 신용거래의 규모와 매수잔고, 매도잔고가 증가했는가, 감소했는가가 시세의 큰 재료가 된다. 매수잔고가 증가하는 시기는 그만큼 주가가 상승국면에 있는 것을 의미하고, 반대로 매수잔고가 감소할 때는 주가가 하락하고 있다는 것을 나타내고 있다.

30
증권시장의 1부종목과 2부종목은 어떻게 다른가

거래되는 시장의 분류인데,
비교적 규모가 큰 회사는 제1부에, 규모가 작은 회사는
제2부에 속해 있다고 할 수 있다.

어느 회사가 주식을 상장하는 경우, 먼저 제2부 종목으로 상장된다. 그후 발행주식수와 주주수, 주식분포 상황실적 등이 제1부 지정기준을 상회하면 제1부 시장으로 승격하게 된다.

제1부 종목으로 지정을 받기 위해서는 다음 6가지 요건이 있다.

① 소액주주수 및 소액주주 소유주식이 일정수준 이상일 것.

② 최근 사업 연도의 연평균 납입자본 이익률이 5% 이상일 것.

③ 최근 3사업 연도 중 2사업 연도에 배당하였을 것.

④ 최근 2사업 연도의 감사인의 감사의견이 적정일 것.

⑤ 상장 후 6개월 이상 경과할 것.

⑥ 주식의 일정량이 증권거래소를 통해 매매되었을 것.

소속부 지정 및 지정변경 심사는 결산기 자료를 기준으로 결

산기를 포함한 달의 익일부터 기산해 4월이 되는 최초일에 적용된다.

그러나 소속부가 다르다는 이유 때문에 우량주와 그렇지 않은 주식으로 판단하는 것은 잘못이다. 왜냐하면 규모는 작아도 우수한 기업이 있고, 제1부 종목이라도 요건들이 결여되면 제2부 종목이나 관리대상 종목으로 변경되기 때문이다.

▶ 경제신문의 일일 주식시세 실례

제1부

〈 어 업 〉

52주기준 고가	저가	PER	종목	전일종가	시가	고가	저가	종가 등락	거래량	25일등락
15600	7600		사 조 산 업	8300	8320	8550	8320	8400▲ 100	2685	+200
25800	13500		≠신 라 교 역	16000	15500	16500	15500	16500▲ 500	108	+2100

〈 광 업 〉

52주기준 고가	저가	PER	종목	전일종가	시가	고가	저가	종가 등락	거래량	25일등락
20700	13300	36.0	영 풍 산 업	18200	18300	18900	18200	18500▲ 300	20675	+1200

〈 음 식 료 품 업 〉

52주기준 고가	저가	PER	종목	전일종가	시가	고가	저가	종가 등락	거래량	25일등락
16300	8700	25.8	고 려 산 업	9710	9800	9990	9710	9990▲ 280	2185	+490
24800	12900	30.0	기 린	17900	17700	18400	17500	18200▲ 300	2713	+2200
54000	22000	7.9	≠남 양 유 업	49500	49000	50000	49000	50000▲ 500	319	+4500
43000	19500		≠ 1우	38600	38000	38500	37900	37900▽ 700	200	+100
39200	23800	19.8	농 심	36000	36000	36100	35500	36100▲ 100	166	-2000
23900	13400	25.4	대 림 수 산	16000	15600	16500	15600	16000	712	+1500
38500	26000	10.9	대 한 제 당	32500	31200	33000	31200	31300▽ 1200	3468	+3700
59600	25300	14.0	≠대 한 제 분	43000	41500	43000	41500	41600▽ 1400	99	+1800
28500	18100	27.2	동 방 유 량	22100	22200	22400	22100	22200▲ 100	1108	+300
26200	17800	52.4	동 양 맥 주	19000	19100	19200	19100	19100▲ 100	121	-400
21300	13600		1우	13700	14000	14000	13800	13900▲ 200	422	-600
27000	19000	15.0	동 양 제 과	24800	24500	24500	24000	24000▽ 800	3349	+2000
20700	12000	241.0	동 원 산 업	14300	14300	14400	14200	14200▽ 100	3078	+400
52900	21000	23.7	롯 데 삼 강	44800	43800	44500	43600	43600▽ 1200	377	+100
102000	34100	23.6	롯 데 제 과	90000	88000	88000	88000	88000▽ 2000	38	-4000
78900	27600	17.0	롯 데 칠 성	71000	71000	72500	70000	70000▽ 1000	303	+6000
68700	24000		1우	54500	53000	56500	53000	56500↑ 2000	75	+6500
23800	13700	28.0	미 원	22500	23300	23300	22500	22600▲ 100	5949	+400
22400	13000		1신	20300	20400	20400	20300	20300	549	+300
19100	10800		1우	17000	16800	17200	16800	17200▲ 200	433	+300
35200	18200	65.9	삼 양 식 품	27000	26800	27400	26600	27200▲ 200	1448	+3000
37700	17300	16.7	≠샘 표 식 품	28500	27500	28400	27500	28400▽ 100	40	+1900
23200	11100	12.3	선 일 포 도	22100	22000	22600	21800	22300▲ 200	4839	+2800
21000	21000		1우	21000				19300 1700		-1700

제2부

〈 광 업 〉

| 47900 | 27000 | 112.8 | #대 성 자 원 | 32000 | 31000 | 31000 | 31000 | 31000 ▽ 1000 | 5 | -8500 |
| 25700 | 13000 | | 동 원 | 15500 | 15100 | 16000 | 15100 | 15500 | | 882 | +1600 |

〈 음 식 료 품 업 〉

26100	13900	51.2	고 제	15700	16000	16500	16000	16500 ↑ 800	94	+1500
19300	13100	12.3	대 선 주 조	18200	18200	19000	17700	18800 ▲ 600	3789	+4000
14300	6100		두 산 식 품	8200	8200	8200	7800	7800 ⇩ 400	1536	+910
12700	5350		1우	7090	7000	7000	6690	6690 ⇩ 400	412	+580
18600	8700		#두 산 음 료	17900	17500	17600	17100	17100 ⇩ 800	452	+5600
14100	6530		# 1우	13600	13200	13500	13000	13300 ▽ 300	542	+5100
20100	12400	14.2	백 화	14100	13500	14700	13500	14700 ↑ 600	4392	+1000
25200	13700		#범 양 식 품	22800						+1300
30100	16700	9.1	보 해 양 조	28200	28000	29200	27500	29200 ↑ 1000	2935	+5900
18200	11300		빙 그 레	16900	16600	16700	16600	16700 ▽ 200	980	+1900
26400	14400	.7	삼 립 식 품	22500	22400	22500	21600	22500	1918	+4200
12000	4700		서 울 식 품	5900	5600	6000	5600	5800 ▽ 100	950	+400
11500	3740		1우	4750	4700	4900	4660	4710 ▽ 40	201	+410
31000	17100	26.4	서 흥 캅 셀	29200	28200	29800	28200	29100 ▽ 100	2541	+7100
30700	12500	7.1	#선 진	13700	13700	13900	13600	13600 ▽ 100	932	-900
12300	7100		진 로 식 품	8850	8920	9040	8850	8900 ▲ 50	5558	+900
13200	6000	45.9	해 태 유 업	8150	7750	8550	7750	8550 ↑ 400	2160	+950
12400	4760		1우	7050	6650	7450	6650	7450 ↑ 400	753	+1060

〈 섬 유 〉

18600	7610	27.6	갑 을	9000	8800	9150	8800	8950 ▽ 50	2117	-60
72700	37100	52.4	#경 방	43600	42100	42100	42100	42100 ▽ 1500	1	-2900
13000	7700	22.9	대 농	8920	8920	9050	8920	8950 ▲ 30	770	-460
21200	11300		대 한 모 방	16400	16000	17200	16000	16400	173	+900
14600	7100	377.2	동 국 방 직	9800	9900	10000	9820	10000 ▲ 200	2185	+1580
19900	9200	66.1	#동 일 패 브	12100	11500	11600	11500	11600 ▽ 500	45	+1600
17500	9200	20.4	#신 광 산 업	10100	10100	10100	10100	10100	50	-900
11300	8500		# 1신	9200						-500
12100	4000		유 성	5350	5210	5450	5210	5420 ▲ 70	5484	+720
13500	6400		#일 화 모 직	7800	7500	7500	7500	7500 ▽ 300	22	+600
45600	22000	38.5	#중 앙 염 색	35000	35000	35000	35000	35000	1	+6000
14300	5300	49.3	충 원	6890	6750	6900	6700	6750 ▽ 140	1065	+450
8080	4900		1신	6100	6000	6250	6000	6000 ▽ 100	281	+410
40600	20600	36.8	#태 창 기 업	29200						+200
19800	8500		#한 일 방 직	10100	10100	10100	10100	10100	36	+700
13300	7800		한 일 합 섬	8160	8200	8400	8200	8250 ▲ 90	3359	-650
12400	6510		1우	7100	7110	7200	7110	7120 ▲ 20	1967	-580

· 자료 : 서울경제신문(1994. 6. 14.)

31
관리대상 종목이란

◆

증권거래소가 유가증권 상장규정에 의하여
주권의 상장폐지기준에 해당하는 종목 가운데 특별히 지정한
종목을 말한다.

어떤 종목이 유통성이 결여되어 있거나 상장법인의 경영부실로 인하여 회생가능성이 희박한 부실상장 종목이라면, 상장규정상의 주권상장 폐지기준에 해당된다. 그 사유가 해소되지 않는 한 거래소는 일정 유예기간을 거쳐 해당종목의 상장을 폐지할 수 있다. 이것을 관리대상 종목이라 한다.

현재 관리대상 종목은 주로 부도발행 등으로 인한 은행거래 정지, 회사정리 절차개시, 부정적인 감사의견 또는 3년 동안 영업활동 정지 등의 사유로 지정되고 있다.

이밖에도 최근 2년간 소액주주의 수가 300명에 미달되는 경우, 소액주주의 비율이 유동주식수의 100분의 10에 미달하거나 대주주 1인의 지주비율이 발행 총주식수의 100분의 51을 초과할 때, 거래가능 주식수가 유동주식수의 100분의 10에 미달할 경우 등이 관리대상 종목으로 지정될 수 있는 사항이다.

▶ 경제신문의 관리대상 종목 실례

관리대상종목

52주기준		PER	종목	전일종가	시가	고가	저가	종가	등락	거래량	25일등락
고가	저가										
12200	2150		#광 덕 물 산	2150	2110	2110	2110	2110 ⇩	40	10	-1040
16800	1980		#근 화 제 약	2450	2410	2410	2410	2410 ⇩	40	162	-400
16300	1620		# 〃 1우	1900	1870	1870	1870	1870 ⇩	30	35	-190
2370	860		#금 하 방 직	1300	1270	1270	1270	1270 ⇩	30	16	-150
3610	1410		#남 선 물 산	1590	1620	1620	1620	1620 ↑	30	2	+10
14100	4950		♣남 양	6000							+250
11800	1690		#남 한 제 지	1840	1870	1870	1870	1870 ↑	30	7015	-440
10900	1450		# 〃 1우	1600	1600	1600	1570	1570 ⇩	30	696	-470
4350	2060		#논 노	2390	2430	2430	2430	2430 ↑	40	234	+220
850	850		♣대 미 실 업	850				850			
16500	1020		#동 방 개 발	1050	1080	1080	1080	1080 ↑	30	1349	-300
8300	6200		#동 산 유 지	7100	7100	7100	7100	7100		15	+300
9400	3000		#동 성 반 도	3100	3150	3150	3050	3050 ⇩	50	367	-240

· 자료 : 서울경제신문(1994. 6. 14.)

관리대상 종목은 시장 제2부에 소속된다. 신용거래가 불가능하고 대용증권으로도 활용할 수 없다. 또한 필요한 경우 일정기간 매매를 정지할 수도 있다.

관리종목의 매매거래는 동시호가로 처리하고, 가격결정은 단일가격에 의한 개별경쟁 매매방법에 의존하고 있으며, 가격제한폭도 증권거래소가 별도로 정하고 있다.

32
상·하한가란 무엇인가

주식 및 채권의 시세가
하룻동안에 오르내릴 수 있는
상·하한선을 말한다.

　　증권의 공정한 가격형성은 거래소의 가장 중요한 사명의 하나이다. 그런데 현실적으로는 증권의 수요와 공급에 있어 매도측 또는 매수측, 어느 한쪽의 책동으로 그 수급이 급격히 증감하여 시장이 가열되고, 이에 따라 불공정한 가격이 형성되어 시장안정 기조를 파괴할 우려가 있다.

　　이렇게 격심한 시세변동을 억제함으로써 일시적인 주가의 급등 또는 급락으로부터 투자가를 보호하기 위한 제도적 장치가 바로 상·하한가이다.

　　증권거래소는 증권의 종류 및 종목별로 그 제한폭을 규정하도록 되어 있는데, 다음과 같다.

▶ 주권과 수익증권의 가격제한폭

기 준 가 격		가 격 등 락 폭
3,000원 미만		상하 100원
3,000원 이상	5,000원 미만	상하 200원
5,000원 이상	7,000원 미만	상하 300원
7,000원 이상	10,000원 미만	상하 400원
10,000원 이상	15,000원 미만	상하 600원
15,000원 이상	20,000원 미만	상하 800원
20,000원 이상	30,000원 미만	상하 1,000원
30,000원 이상	40,000원 미만	상하 1,300원
40,000원 이상	50,000원 미만	상하 1,600원
50,000원 이상	70,000원 미만	상하 2,000원
70,000원 이상	100,000원 미만	상하 2,500원
100,000원 이상	150,000원 미만	상하 3,000원
150,000원 이상		상하 4,000원
감리종목/상기기준가격		상기가격/등락폭의 $\frac{1}{2}$
관리종목		
500원 미만		상하 10원
500원 이상	1,000원 미만	상하 20원
1,000원 이상	2,000원 미만	상하 30원
2,000원 이상	3,000원 미만	상하 40원
3,000원 이상	5,000원 미만	상하 50원
5,000원 이상		상하 100원

33
부도난 회사의 주식을 가지고 있으면

◆

회사의 잔여재산이 없을 경우
그 주식은 휴지가 된다.

1억원의 자본금 회사가 20억의 부채를 지고 도산했다고 가정한다면 어떻게 될까. 개인회사의 경우는 전액을 갚아야 한다. 그렇지 못하면 법적인 제재를 받는다. 그러나 주식회사는 다르다. 부채액이 몇십억일지라도 자본금인 1억만 손해 보면 모든 것이 끝난다. 이것을 주주의 유한책임제라고 한다.

주식회사의 주인은 주주다. 따라서 주식을 산다는 것은 그 회사의 주인이 된 셈이므로 회사가 부도나면 주주도 당연히 출자금에 대해 손해를 감수해야 한다.

더러는 공공법인이란 차원에서 소액주주에 대한 구제방안을 제시한 회사도 있기는 하다. 그러나 회사의 잔여재산이 없을 경우 그 주식은 휴지가 된다.

34
어떤 증권회사가 좋은가

◆

주식투자는
종목과 시기의 선택에 따라
성패가 갈라진다. 따라서 증권회사의 선택에 있어서는
투자상담의 질을 고려하는 것이
중요하다.

증권회사에도 여러 가지가 있다. 증권회사도 금융기관의 하나임에는 틀림이 없으나 은행과는 다르다. 은행의 경우는 국책은행, 일반시중은행, 지방은행 등이 있으며 다른 금융기관으로 보험회사, 투자신탁회사, 신용금고, 신용조합 등이 있는데, 이들 금융기관에 대해서는 굳이 설명하지 않더라도 누구나 그 차이를 알 수 있을 것이다.

은행과 마찬가지로 증권회사도 각양각색인데, 간단히 말하면 규모에 차이가 있다. 매스컴의 홍보 등으로 귀에 익은 증권회사를 비롯하여 우리가 잘 알지 못하는 증권회사까지 전국에 점포를 가지고 있다.

주식을 직접 매매하는 증권거래소 밑에 이들 증권회사들은 회원으로 소속되어 있다. 그 중에는 증권거래소의 회원이 아닌 이른바 비회원인 증권회사도 있다. 비회원인 증권회사는 직접 증권거래소에서 매매할 수가 없으므로 매매의 주문은 회원인 증권회사에 위탁함으로써 성립되는 것이다. 그러므로 비회원 증권회사를 통하여 주식투자를 하는 것과 마찬가지이다.

이렇게 살펴보면 증권회사란 어디나 마찬가지라는 생각이 든다. 대형 증권회사와 중소 증권회사는 모두 0.6%~0.3%의 수수료 이내에서 자율 적용하므로 수수료가 크게 차이가 나는 것도 아니다. 그러나 실제로는 그 어딘가에 미묘한 차이가 있다는 것도 사실이다.

예를 들면 개인 투자가의 10주 단위의 주문보다는 기관 투자가의 수십만주의 주문을 좋아하는 증권회사가 있다. 큰 증권회사에 그러한 경향이 많은 듯한데, 그런 경우에는 아무래도 기관투자에 중점을 두게 된다.

만약 당신이 대형 증권회사에 초장주문을 해 두었다고 가정해 보자. 그것을 입회시간 중에 변경하려고 전화를 걸어도 통화가 되지 않는 경우가 있을지도 모른다.

현재 주식의 매매주문은 거의 전부가 컴퓨터에 의해 처리되고 있다. 한 장의 전표에다 100만주를 입력하는 것이나 10주의 주문을 입력하는 것이나 절차와 비용은 똑같은데 증권회사의 수입은 엄청난 차이가 있다. 경영효율 면에서 대량주문을 요청해 오는 기관 투자가로 쏠리는 것도 당연한 일이라고 하겠다.

또한 증권회사에 따라서는 매매주문은 500주 이상으로 해 달라는 등의 조건을 내거는 곳도 있다. 비공식적으로 그런 부탁(?)을 공공연히 하고 있는 것이다.

그러나 모든 증권회사가 그런 것은 아니다. 개인 투자가의 10주 단위의 주문을 받아 주는 증권회사도 얼마든지 있으므로 걱정할 것은 없다.

한산할 때 팔지 마라
침체장에서 주식을 팔면 손해를 보기 쉽다.

이러한 것은 서비스의 차이라고 할 수 있는데, 본질적으로 증권회사는 어디나 마찬가지다. 그런데도 굳이 대형 증권회사와 소규모 증권회사의 차이를 든다면, 그곳으로 모여드는 정보의 양과 질의 차이를 들 수 있을 것이다. 물론 대형 증권회사일수록 조사기능이 강하다. 그러나 그것 역시 절대적인 것은 아니다.

작은 규모의 증권회사는 소액 투자가에게도 거래소 안의 시황을 상세하고 신속하게 연락해 주는 장점이 있다.

결국 증권회사는 당신의 기호에 따라 선택하는 것이 좋다. 한 가지 염두에 둘 것은 증권회사의 규모보다는 증권 세일즈맨을 잘 만나는 것이 더욱 중요하다는 사실이다.

35
증권 세일즈맨은 어떻게 선택하면 좋은가

최소한 세 번 이상
거래하고 나서 평가하겠다는 마음가짐이
필요하다.

주식투자는 투자가의 선택과 책임하에 이루어져야 하는 것이 원칙이다. 따라서 주가의 변동에 영향을 미치는 다수의 정보나 데이터에 관심을 가지고, 그에 대한 이해력이나 통찰력을 배양하는 것이 중요하다.

그러나 투자가가 여러 면으로 공부하여 기본적인 지식을 얻었다고 해도 전문지식까지 익힌다는 것은 매우 어려운 일이며, 설사 익혔다고 하더라도 한계가 있기 마련이다. 때문에 초보자일수록 훌륭한 영업맨을 만나는 것이 중요하다.

대부분의 증권회사에서는 담당자 전임제를 갖추고 있다. 만일 당신이 투자를 위해 증권회사 객장에 처음 갔다면 구좌개설을 하게 될 것이다. 이때 특정한 증권 세일즈맨이 당신을 상담하게 된다.

일반적으로 이 사람이 당신의 담당자가 되는 경우가 많다.

그러므로 증권 세일즈맨과 투자가의 **첫대면**은 매우 중요한 의미를 갖는다. 왜냐하면 어느 담당자를 만나느냐에 따라서 투자성과가 달라지기 때문이다.

상담직원으로서는 자기와 처음 거래를 하기 때문에 투자수익률이 높은 종목을 선택하려고 하는 것이 당연하다. 그러므로 그때 시장에서 가장 주목받는 인기주를 매입하기 쉽다. 타이밍이 좋아 매입종목이 상승하여 시세차익을 얻을 수도 있지만 그 반대의 경우도 있다. 따라서 단 한 번의 결과로 증권 세일즈맨을 평가하는 것은 경솔하다. 적어도 세 번 이상을 거래해 보고 평가하려는 마음가짐이 중요하다.

그리고 자신의 성격에 합치되는가, 진지한 자세로 상담에 응해 주는가를 살펴 담당자를 택해야 한다.

만일 마음에 들지 않으면 다른 사람으로 대체해 줄 것을 본인이나 상사에게 지체없이 요구하는 것이 좋다. 그렇지 않으면 오히려 장래에 화근을 남기게 된다. 또한 상담원과 아무리 친해져도 공사는 분명히 해 두는 것이 좋다.

거듭 강조하는 사항이지만, 주식투자는 전적으로 투자가의 판단과 결단이 선행되어야 하며, 결과에 대한 책임 역시 남에게 지울 수 없다. 이 말은 당신의 담당증권 세일즈맨이라 해도 그의 의견을 참고로 하되 판단과 결단은 당신 자신이 내리라는 이야기이다.

그리고 증권카드와 도장은 반드시 본인이 보관해야 한다. 간혹 담당자에게 전권을 일임하여 '일임매매(一任賣買)'하는 투자가들이 있는데, 그것은 증권회사에서도 가장 경계하고 있는 사항이다.

36
주식을 산 후에는 어떤 것을 확인해야 하는가

매매보고서 등을 꼼꼼히 체크한 후
재빠르게 명의개서를 끝낸다.

처음부터 증권회사를 찾아가서 상담할 때 어느 정도의 예비지식이 필요한가?

예비지식은 없는 것보다 있는 것이 낫다. 그러나 설익은 예비지식은 오히려 없는 것만 못하며 실패를 낳는 원인이 되기도 하는 것이다.

예를 들면 어느 부인이 500만원의 자금을 들고 증권회사를 찾아왔다. 그녀는 능숙한 동작으로 "A주와 B주, 그리고 C주를 각각 100주씩 사 주세요." 하고 주문을 한 후에 "주권은 가져가겠어요." 했다.

증권회사에서는 이 부인의 주문대로 매매를 성립시킨 후 주권을 부인 투자가에게 넘겨 주었다. 수개월이 지난 후에 이 부인이 다시 증권회사를 찾아와서 말했다.

"왜 나에게는 배당금이 하나도 오지 않습니까?"

증권회사에서는 고개를 갸우뚱했다.

"한 회사라면 몰라도 3개사 모두가 그렇다면 이상한 일입니다."

증권회사는 이 부인과 대화를 나누다가 혹시나 해서 언제 명의개서를 했느냐고 물었다. 그러자 이 부인은 눈을 동그랗게 뜨면서 반문했다.

"명의개서요? 그게 뭡니까?"

이 부인은 증권회사에서 가져간 주식을 소중히 간직한 채 명의개서를 하지 않았다. 이래 갖고는 배당금이 올 리 없다.

이 부인은 증권회사를 찾아갔을 때 주식을 처음 산다는 말을 하지 않았다. 게다가 '주권을 가져간다'는 지정까지 했던 것이다. 일반 투자가의 경우 주권은 증권회사에다 보호 예치해 두고 들고 가지 않는다. 가지고 가는 사람은 상당한 경험을 가진 사람들이 대부분이다.

그것은 안심할 수 있는 보관금고가 있거나 주권을 다른 곳에 이용하기 위해서다. 이 부인의 경우 처음부터 '주권은 가져간다'고 지정했기 때문에 증권회사에서는 상당한 투자경험이 있는 사람이라고 간주하여 명의개서에 대한 주의를 하지 않았던 것이다.

아마 이 부인은 주식투자를 하는 친구로부터, 주권은 증권회사에 맡겨 놓는 것보다 집에 보관하는 편이 안전하다, 라고 필요 이상의 충고를 들었을 것이다. 이처럼 설익은 지식은 오히려 손해를 끼친다.

1. 매매보고서 등을 체크할 것

매매가 성립되면 먼저 담당자로부터 전화연락이 온다. 그러나 이것은 정식통지가 아니다. 매매성립 후 다음날 오전에 증권회사 창구에서 매매보고서를 교부해 준다. 전화상으로도 매매성립의 내용을 확인할 수 있지만, 반드시 매매보고서로 확인할 필요가 있다.

그리고 매매성립에 의해 구좌에 있는 자금이나 주식이 변동되면 '잔고확인 통보서'가 자택으로 우송되는 것이 원칙이다. 잔고확인 통보서는 증권회사와 투자가간의 중요한 연락수단이다. 여기에는 매매내용과 자금이나 주식의 잔고내역이 컴퓨터 양식에 의해 기재되어 있다. 때문에 조금이라도 의문을 느꼈을 때는 곧 증권회사에 확인하는 것이 중요하다.

주식의 매입주문을 지시하고 성립되었으면 다음은 대금을 지불하고 주권을 인수할 차례이다. 모든 매매는 행한 날까지 포함하여 3일만에 행하는 것이 원칙이다. 3일째 되는 날이 일요일이면 월요일에 행해진다.

일요일과 공휴일이 겹치면 하루를 계산하지 않고 건너뛰게 된다. 따라서 이날을 초과하게 되면 수도결제 불이행이 되어 예상 외의 불이익을 당하게 된다. 은행으로 말하면 부도에 해당되는 것이다.

매도한 대금을 그대로 두면 효율적이지 못하다. 다른 금융기관에 비해 이자율이 높지 않다. 때문에 3일 이후부터는 될 수 있는 한 빨리 이자가 높은 곳으로 옮긴 후 다음 기회를 기다리는 것이 필요하다.

주권은 개인의 귀중한 자산이다. 돈과 같아서 누구라도 그것을 갖고 있는 사람이 팔아서 현금화할 수 있다. 그러므로 몸에 소지하고 다니거나 집에 보관하는 것은 위험하다. 뭐니뭐니해도 증권회사에 맡겨 두는 것이 가장 좋은 방법이다.

증권회사에 주권을 맡겼을 경우, 주권 대신 증권카드(ID카드)를 교부받는다. 이 방법을 취하면 안전할 뿐만 아니라 운용자산의 일목요연한 관리가 가능하고 팔 때도 전화로 신속히 할 수 있다.

2. 명의개서

주를 사고 주권을 손에 넣었다는 것만으로는 주주가 아니다. 주식을 소유하는 것과 주주가 되는 것은 다르다.

주권을 꼭 자신이 보관해야겠다고 하는 경우에 주주가 되기 위해서는 당신의 이름을 그 회사의 주주명부에 등록해야 하는데, 이것을 명의개서라고 한다. 명의개서는 증권대체 결제회사나 신탁은행 증권부, 국민은행 증권부 등에서 하고 있다. 자기가 산 주식이 어디에서 명의개서 대행을 하는지 알아보고 그곳을 찾아가면 된다.

명의개서를 할 때에는 도장과 주민등록증을 지참해야 하고 비용은 들지 않는다.

앞에서 말했지만 주주에게는 여러 가지 특전이 있다. 그런데 명의개서를 하지 않고 방치해 두면 배당금이나 공짜로 주는 주권(무상증자)도 받을 수가 없다. 이 경우 그러한 특전들은 종전의 명의인에게 돌아가게 된다. 이러한 주권을 '실기주' 또는 '실념주'라고 한다.

그러므로 아무래도 증권회사에 맡겨 두는 것이 여러 면에서 편리하다. 증권회사는 배당금 등을 고객을 대신해서 대행기관으로부터 수령하여 개별구좌에 넣어 주기 때문에 명의개서 기일 따위는 신경을 쓸 필요가 없다.

37
주권을 분실했을 경우에는

먼저 일간신문에 분실신고를 내고
주권발행 사실증명서를 교부받는다. 그런 후 먼저 낸 신문
광고문과 함께 법원으로 가지고 가서
공시최고 신청을 해야 한다.

주권을 분실한 것은 돈을 분실한 것과 마찬가지이다. 왜냐하면 누구라도 그것을 팔아서 현금화할 수 있기 때문이다.

주권을 분실했을 때에는 먼저 일간신문에 분실신고를 내야 한다. 그런 다음 발행회사나 명의개서를 담당했던 기관에서 주권발행 사실증명서를 교부받아, 신문광고문과 함께 발행회사 본점을 관할하는 법원에 공시최고 신청을 내야 한다.

법원의 공시최고 기간인 3개월 동안 실물소유자인 제3자의 등장이 없으면 법원의 제권판결문을 받아 재발행요청을 할 수 있다. 그러나 제3자가 등장하면 법원의 판결에 따라야 하는데 이때는 대체로 실물소지자가 유리하다.

그러므로 주권은 현금과 같이 각별히 보관에 유의해야 한다.

38
증권카드를 분실하면

◆

최초 구좌개설시 제출한 도장을 가지고
증권회사에 가면 재발급받을 수 있다.

증권카드로는 잔고증명서를 청구하고 주식을 매매하기 위한
주문을 청구할 수 있다.

그러나 현금을 찾으려면 최초 구좌개설시 제출한 도장이 있
어야 한다. 그러므로 도장과 증권카드를 함께 잃어버리지 않는
한 그리 위험하지 않으며, 분실시 쉽게 재발급받을 수 있다.

39
주식시세의 경우, 기세란

증권의 거래가 성립되지 않았을 때의
매도·매수호가로서 전일종가에 비해 가장 낮은 매도호가
또는 매수호가를 말한다.

증권시장에서 매매계약이 매매종료시까지 성립되지 않은 경우의 매도와 매수가격을 기세라고 한다.

이것은 전날의 가격에 비해 가장 낮게 팔려는 가격 또는 가장 높게 사려는 가격을 말한다. 팔려는 경우에는 전날의 시세에 비해 가장 낮은 가격이 기세가 되며, 사려는 가격의 경우에는 가장 높은 가격이 기세가 된다.

40
뇌동매매란 무엇인가

◆

시장전반의 인기나
다른 투자가들의 움직임에 편승해서
매매하는 것을 말한다.

　투자가 자신이 스스로 확실한 시세예측에 의하여 투자하는
것이 아니라 시장전반의 인기나 다른 투자가들의 움직임에 편
승하여 매매하는 것을 말한다. 이런 식으로 매입하는 것을 뇌
동매입이라 하고, 같은 식으로 매도하는 행위를 뇌동매도라 한
다.

　주식시장이 장기간 호황을 지속하고 있으면 증권회사의 객장
분위기는 잔칫집처럼 들뜬 분위기에 젖어 있는 것이 보통이다.

　주가가 오르고 있으면 투자가들에게는 모든 것이 좋게만 보
인다. 조그마한 호재도 크고 화려한 재료로 생각되고 주가도
계속 오를 것 같은 낙관적인 느낌이 든다. 주가를 크게 하락시
킬 수 있는 경기하락이나 수급관계의 악화가 조만간 예상되어
도 주가가 계속 상승하고 있으면 그러한 악재들이 별로 실감이
나지 않는다.

반락이 얕으면 큰 시세가 온다
상승시세의 반락이 얕으면 시장기조가 강하기 때문에
크게 상승하는 경우가 많다.

그래서 그동안 주가가 크게 올라 반락할 위험이 많은 주식을 아무런 부담없이 사게 되고, 그것이 결국 천정을 잡는 원인이 된다. 주가가 하락하고 있을 때도 마찬가지의 심리가 작용하여 바닥권에서 팔아 버리는 경우가 생긴다.

투자가들이 소신없이 시장분위기에 따라 투자하면, 이처럼 천정을 사고 바닥을 파는 어리석음을 저지를 가능성이 많은 것이다. 투자가들이 시장분위기에 뇌동하기 쉬운 것은 시세의 전망이나 시장흐름에 대한 소신이 없기 때문이다.

따라서 시장분위기의 변화에 따라 뇌동하는 것을 방지하기 위해서는 일단은 시장분위기에서 한 걸음 물러나 객관적인 입장에서 시세를 보는 자세를 갖는 것이 중요하다.

41
기관 투자가란

법인형태의 투자가로서
증권시장에서는 주가의 결정에
중대한 영향을 미친다.

기관 투자가란 개인 투자가에 대한 상대적인 개념으로서 법인형태의 투자가를 말한다.

우리나라에서는 법인세법 시행령에 기관 투자가가 지정되어 있는데, 주요 기관 투자가로는 증권회사, 은행, 보험회사, 투자신탁회사, 각종 연금기금, 교육 및 종교재단, 증시안정기금 등이 있다.

기관 투자가는 거대한 자금력, 조직력, 정보력 등을 바탕으로 전문지식을 활용해 주식투자를 하기 때문에 주가형성에 큰 영향을 미친다.

현재 우리나라 주식시장의 기관의 비중은 기관 투자가들이 매도세로 나오면 주가는 오르기 어렵고 기관이 꾸준히 매입하면 주가는 결국 오를 수밖에 없는 것이다. 기관의 동향은 시장 흐름뿐만 아니라 인기주 판도를 결정하는 데도 큰 영향력을 행

사한다. 따라서 시장방향의 예측뿐만 아니라 종목선택에 있어
서도 기관의 움직임을 주의깊게 지켜 보는 것이 중요하다.

▶경제신문의 기관 투자가 동향 실례

· 자료 : 매일경제신문(1994. 6. 11.)

42
강세, 그리고 약세란

◆

시세가 큰 폭으로 상승하거나
앞으로도 크게 상승할 것으로 예측되는 장세를 강세라 하고,
그 반대의 상황을 약세라 한다.

　강세란 시황을 표현하는 말로서, 시세가 큰 폭으로 상승하거나 앞으로도 크게 상승할 것으로 예측되는 장세를 말한다. 이와는 반대로 시세가 하락하거나 하락할 것으로 예측되는 장세를 약세라고 한다.

　주식 투자가의 대부분은 자신을 강세 투자가로 여기면서 강세시장을 좋아하는 경향이 있다. 왜냐하면 강세시장이라야 매매거래가 활발하고 이에 따른 고수익이 가능하기 때문이다. 반대로 약세시장은 대부분이 싫어한다.

　주가의 상승이 하루아침에 이루어지는 경우란 없다. 어느 정도의 장기간에 걸쳐 계속되는 것이 보통이다. 그러다가 일단 주가가 상투를 치고 하락국면으로 접어들면 빠른 속도로 내려가는 양상을 보인다. 이때가 되면 그토록 의기양양하던 투자가들은 공포에 떨기 시작한다.

촛불은 꺼지기 직전이 가장 밝다
촛불이 마지막 재료를 태우면서 밝게 빛나듯이
시세도 최후가 가장 큰 법이다.

"천정 3일, 바닥 100일."

증권시장의 유명한 격언처럼 한 번 내린 주가는 좀처럼 오를
기미를 보이지 않는다.

투자가로서는 안타깝고 속상한 일이지만, 내려가는 주가를
억지로 막을 재주는 없다. 내려가는 약세시장에 현명하게 대처
하여, 그 가운데서라도 손해를 줄이는 것이 상책일 뿐이다.

43
보합세란

오르거나 내리고 있던 주가가 일단 정지되고
옆으로 횡보하는 현상을 말한다.

시황을 표현하는 말로는 약세·보합·강세가 있는데, 보합은
강약에 따라 약보합 및 강보합으로 부른다.

강보합은 시세가 소폭으로 상승하거나 당장은 움직이지 않더
라도 강한 매수세가 뒷받침되어 상승 쪽으로 움직일 가능성이
있는 장세를 말한다. 이에 비해 약보합은 소폭으로 하락하여
당장은 움직이지 않지만 여러 가지 요인으로 인하여 하락 쪽으
로 움직일 가능성이 있다.

주식투자는 주가가 오르거나 내리는 일정한 운동방향에 따라
편승하는 것이 기본적인 방법이다. 그런데 주가가 일단 멈추어
진 상태에서는, 다음에 어떤 방향으로 움직일지 판단하기 매우
어려운 것이므로 보합시의 투자는 상당히 신중을 기하지 않으
면 안 된다.

그러므로 보합시의 투자전략은 관망이 최선이며, 사 놓은 주

대량거래가 지속되면 천정의 징후
시세의 초기단계의 거래량은 주가상승의 신호가 될 수 있다.
그러나 시세가 높을 때의 거래량 증가는 오히려 주가하락의
신호로 보는 것이 좋다.

식이 많을 때는 보유주식수를 줄여야 한다. 보합은 결국 어느
한쪽으로 깨어지지 않으면 안 되는 운명이지만, 향후의 수습관
계가 어느 정도 명확해지고 난 후에 행동하는 것이 위험을 피
하는 방법이다.

44
금융장세란

◆

금융완화를 재료로 하여 움직이는
주가시세를 일컫는다.

주가의 선행성(先行性)을 표현하는 말 중에 '불경기하의 주가
상승'이라는 말이 있다. 이 말은 음미할수록 묘미가 있다.

주가는 금리가 내리거나 기업수익이 늘어나면 상승한다. 쉽
게 말해서 호경기나 불경기일 때 주가가 상승한다는 말이다.

"경기가 좋을 때 주가가 상승한다는 것은 이해할 수 있지만,
불경기에 주가상승이라니⋯⋯?"

초보 투자가들은 이렇게 생각하는 경우도 있을 것이다. 그러
나 불경기하의 주가상승은 필연적이다.

실제로 금리가 계속적으로 내리는 상황이라면 경기는 좋지
않다. 불경기일수록 은행의 돈은 남아돌게 된다. 왜냐하면 기
업이나 사업을 하는 사람들이 금융기관에서 돈을 빌리지 않기
때문이다.

이렇게 되면 은행은 금리를 내려서라도 안전한 대출처를 찾

아 나서게 된다. 대출금리를 내리게 되면 당연히 예금금리도 내린다. 말하자면 은행에 예금을 해 놓은 사람들의 이자수입이 줄어든다는 얘기이다.

이 단계에 이르기까지 주가는 계속 하락을 하는 것이 일반적이다. 불경기로 기업수익이 마이너스를 예고하고 있는 것이 그 원인이 된다.

이때가 기관 투자가의 매입 적기이다. 자금은 남아돌고 주가는 하락했으므로 서서히 자금을 주식시장으로 돌리는 것이다.

그러면 주가는 갑자기 바닥을 친 것처럼 반등하기 시작하고, 낮아진 금리에 불만을 품은 세력들의 자금까지 주식시장으로 유입된다. 이 때문에 불경기에도 불구하고 주가가 계속 상승하게 된다. 이것을 '금융시세' 또는 '금융장세'라고 한다.

금융장세에서는 경제환경이 극히 악화되어 있기 때문에 어떤 업종이든 재무구조가 좋은 기업에 매수세가 몰린다. 그리고 이때는 금리민감주, 즉 은행·증권 등의 금융관련 주들이 주도주가 되어 맹활약하게 된다.

금융장세는 경기회복과 금리하락이 멈춤으로써 마침내 끝이 난다.

45
실적장세란

주가의 시황을 표현하는 말로서
기업의 실적회복과 이익증가를 재료로 하여 움직이는
장세를 말한다.

월 스트리트의 격언에 다음과 같은 말이 있다.

"강세장세는 비관 속에서 태어나 회의 속에서 자라고, 낙관 속에서 성숙하여 행복감 속에서 사라져 간다."

금융장세는 경제환경이 매우 악화되고 있을 때의 장세이다. 불경기가 계속되면 정부에서는 갖가지 경기부양대책을 내놓게 된다. 예를 들면 정부의 공공투자 확대에 의해 대규모 아파트 건설을 비롯하여 도로·교량·항만정비 등이 시작된다.

또한 주택금융의 금리도 인하되어 민간기업의 주택건설도 늘어나는데, 이에 발맞추어 개인주택의 증축이나 개축이 활발해지게 된다. 그리고 금융완화로 큰 혜택을 받은 은행·증권회사 등은 지점망 확대에 나서게 되어 신축빌딩의 수요도 증가하게 된다.

건설사업이 활기를 띠게 되면 목재·강재·시멘트는 물론이고,

폭락은 어느날 갑자기 온다
큰손 또는 전문 투자가들은 상승의 어느 시점에서
예고없이 대량매도를 시작한다.

내구소비재의 판매도 늘기 시작하면서 서서히 경기 회복세를 보인다. 말하자면 금융장세에서 실적장세로의 전환이 이루어지는 것이다.

실적장세에서는 다시 금리가 오름세로 돌아서지만, 왕성한 경제활동으로 인해 주가는 상승을 계속한다.

실적장세의 전반에는 주로 섬유·제지·유리·시멘트·철강 등 소재산업의 주가가 상승하고, 후반에는 설비투자관련 등의 가공산업 시장을 주도하는 것이 일반적인 현상이다.

역금융장세란

◆

금융긴축을 재료로 하여 움직이는
주가시세를 일컫는다.

경기가 가열되는 상황에서는 당연히 물가도 상승한다. 인플레이션이 표면화되면 일반대중의 실질 소득이 감소한다.

그렇기 때문에 사람들은 물가가 계속 오를 것이라는 공포감에 사로잡히게 된다. 다시 말해서 돈을 갖고 있으면 가치가 떨어진다는 판단 아래 저축의욕보다는 상품구입, 기업 및 재고투자 등 인플레이션 헤지에 관심을 쏟게 된다.

이렇게 되면 정부와 은행에서는 금융긴축정책을 취하게 된다. 이것이 생산위축 등을 유발하는 가장 큰 원인이 되는데, 특히 차입자금으로 운영되는 산업에는 치명적인 타격을 준다.

역금융장세에서는 경기가 막바지 호황임에도 불구하고 거의 전종목의 주가가 큰 폭으로 하락한다. 그러면 주가급등으로 매입할 기회를 놓쳤던 투자자들에게는 매입찬스가 된다. 이들이 매입에 나섬으로써 다시 주가는 반등하게 된다. 이것을 주식시

거래가 격감하면 바닥의 징후
바닥장세에 실망한 많은 투자가들이 주식을 모두 팔아 버리고,
그 수준이라면 주식을 팔지 않겠다는 사람들만
남을 때가 비로소 바닥이다.

장에서는 두 번째 천정이라 부른다.

주가가 큰 폭으로 빠졌을 때 한없이 떨어질 것 같아 처다만
보고 있던 투자가들은 반등을 한 후에야 당황하여 앞을 다투어
매매에 편승한다.

그러나 투자가들이 역금융장세라고 판단하였을 때에는 이미
주가가 큰 폭으로 하락한 뒤이다. 말하자면 역금융장세는 주가
가 큰 폭으로 떨어진 후에 확인되는 것이다.

47
역실적장세란

경기의 후퇴기,
불황기 때의 장세를 말한다.

역실적장세는 경기순환으로 말하면 경기의 후퇴기, 즉 불황기이다.

불황기에는 자금수요가 줄고 금리가 하락기미를 보임에도 불구하고, 경기는 더욱 냉각되며 기업수익은 대폭적인 감소가 예상된다. 이때 상장기업의 대형도산이 출현하기도 하는데, 대개 재무구조가 나쁘고 차입금이 많은 기업, 시장점유율이 낮은 한계공급적인 기업은 적자로 전락한다.

이와 같은 역실적장세의 주가는 통상적으로 바닥으로 떨어지게 된다. 일반 투자가들은 장래 전망을 한없이 비관하고 있기 때문에 어느 종목의 주가가 최고치의 3분의 1이 되어도 매각하게 되는 것이다.

'먼동이 트기 직전이 가장 어둡다.'라는 말처럼 주식시세도 앞길이 전혀 안 보이는 '시계 제로'의 그 순간이 바닥이므로

주가는 쉽게 오르면 쉽게 내린다
인기주 위주의 투자는 초보자에게 상당히 위험하다.

우량주를 매입할 수 있는 찬스이기도 하다.

　역실적장세는 어느 정도 지속되다가 금융장세를 부르게 된
다. 따라서 주식시장은 마치 봄·여름·가을·겨울이 반복되는 것
처럼 금융장세→실적장세→역금융장세→역실적장세→ 금융장
세로 반복되는 것이다.

48
어떤 회사가 이익을 주는가

◆

한마디로 말해서 정답은 없다.
증시는 유동이 심하기 때문에 시황에 따른
여러 가지 요인을
잘 분석해야 한다.

　처음으로 주식투자를 하는 사람이라면 우선 주식종목수의 많음에 놀라게 된다. 같은 회사라도 신주와 구주가 있고, 신주에도 발행일수가 다른 종류가 있어 더욱더 혼란스럽다. 또한 소개되는 회사의 이름도 처음 들어 보는 낯선 이름들이 상당수 있어서, 어느 회사의 주식을 사는 것이 가장 유리한지 분간하기가 어렵게 된다.

　"어느 회사 것을 살까요?"

　이 물음의 대답만큼 힘든 경우도 드물다. 사실 이 물음에 정확하게 대답할 수 있는 사람이 있다면, 남에게 알려 줄 필요없이 자기 스스로 투자를 하면 많은 돈을 벌 수 있을 것이다.

　그렇기 때문에 꾸준히 연구, 노력하여 자기 스스로 답을 찾아내는 것만이 주식투자의 왕도이다.

　어느 회사가 이익을 주는가? 이에 대한 답은 지내놓고 보기

전에는 정확히 예측할 수 없다. 다만 일반적으로 알아두면 도움이 될 가늠자가 있을 뿐이다.

어느 경영정보지는 좋은 실적을 보여 주고 있는 기업이 가진 특성으로서 다음과 같은 공통점을 들고 있다.

① 사장이 경영이념 실현을 위해 강력한 영도력을 발휘하고 있다.

② 고객중시의 자세로 일관되어 있으며 그것이 구체적인 시책으로 나타나고 있다.

③ 종업원이 '회사는 자신들의 노력을 정당하게 평가하고 있다'는 신뢰감을 가졌다.

④ 혁신적인 기술을 낳게 하는(또는 받아들이는) 환경을 만들고 있다.

⑤ 남이 모방할 수 없는 독자적인 분야를 가졌으며 그것이 기업활동의 핵을 이루고 있다.

⑥ 권한의 집중과 분산이 기능적으로 행해지고 있다.

⑦ 경영정보의 수집과 전달이 효과적으로 행해지고 있다.

⑧ 재무를 중시하고 계수관리(計數管理)를 경영에서 널리 살리고 있다.

49
거래량과 주가의 관계는

'한산시에 팔지 말라'라는 주식격언이 있다.
이 격언처럼 거래량과 주가는
깊은 관계가 있다.

거래량은 매매가 이루어진 주식의 수량을 말하는 것이다. 거래량이 1억주라면 1억주의 매수주문과 1억주의 매도주문이 각각 잘 맞아떨어져 거래가 성립되었음을 말한다. 거래량은 주식시장에 대한 투자가들의 인기를 나타내는 것이다.

주식시장이 상승세를 탈 때는 투자가들도 안심하고 사고 싶은 마음이 일게 되고, 따라서 투자종목을 찾게 되므로 거래량도 늘어난다. 반대로 하락세일 때는 투자가의 매기가 떨어져 거래량도 감소하게 된다. 거래량의 증감은 주가의 등락과 동시에, 또는 주가등락보다 조금 앞서 일어난다는 설이 있다.

상장되어 있는 주식이 1년에 몇회전했는가를 보기 위해서 만들어진 지표가 거래량회전률이다. 거래량회전률은 매일매일의 거래량과 연간 거래일수를 곱해 상장주식수로 나누어 계산한다.

50
국제수지와 주가의 관계는

주식투자에서 주목해야 할 경제지표의 하나이다.

국제수지는 주식투자에서 주목해야 할 경제지표의 하나이다. 국제수지라고 하면 어렵게 들리지만 우리의 가계구조에서 연상하면 이해하기가 쉬워진다.

우리의 가계에서는 수입이 지출을 웃돌면 돈이 남아돌고 저축으로 남게 된다. 이와 마찬가지로 무역에서도 수출금액이 수입금액을 웃돌면 차액의 외화가 축적되는데, 이를 외화보유액이라 한다.

외화보유액은 나라의 자산이라고 할 수 있다. 자산이 늘어나면 나라의 경제력에 대한 평가가 높아진다. 평가의 고조는 주가의 움직임에 반영되는 것이 오히려 자연스럽다고 할 수 있다.

일반적으로 외화준비고가 늘어나면 주가가 상승하고 외화보유액이 줄어들면 주가는 하락하는 것이 기본적인 패턴이다. 물론 예외도 있다.

사실 외화보유액이란 흑자나 적자만으로 증감되는 것은 아니다. 외화보유액은 무역수지만이 아니라 자본수지에 의해서도 증감한다.

우리 경제의 국제경쟁력이 강화됨에 따라 우리의 기업에 대한 외국으로부터의 투자가 증가하게 된다. 또한 우리의 기업도 설비투자금을 싼 금리로 외국에서 차입하는 경우도 많아질 것이다. 이와는 반대로 외국기업에 대한 투자나 대부, 또는 외국 증권을 구입하여 자산운용을 도모하는 사례도 늘어나게 될 것이다. 이와 같은 자금의 출납을 나타내는 것이 자본수지이다.

이처럼 국제수지는 무역수지와 자본수지의 두 가닥으로 이루어져 있다. 예를 들어 무역에서 흑자를 낳아도 대부금이나 투자라는 형태로 자금이 해외로 유출되면 자본수지는 적자로 돌아서게 된다. 그러면 국제수지 전체가 적자로 변하는 경우도 생길 수 있다. 물론 이와 정반대의 상황도 있다.

이것을 기업경영으로 비유한다면 전자는 실적이 좋아도 자금 운용이 좋지 않다는 상황이며, 후자는 자금의 운용은 좋지만 실적이 오르지 않는다는 상황이다. 단순히 국제수지의 흑자가 증가했기 때문에 주가가 상승한다는 그런 것이 아니라 그 내용을 충분히 검토할 필요가 있다.

51
거래단위에 미달되는 주는 어떻게 파는가

증권회사 창구에서 매매한다.

거래단위 10주에 못 미치는 주식을 단주라고 한다. 국민주나 공모주 등에서 단주가 생기는 경우가 많다.

단주의 경우는 증권시장을 통하지 않고 증권회사 창구에서 매매한다. 이때 매매수수료는 위탁 매매수수료와 같지만, 가격은 시장에서의 매매에 비해 떨어지는 경우가 많다.

52
물타기란 무엇인가

평균매입단가를 낮추고
평균매도단가를 올리기 위한 투자방법을
일컫는다.

주가가 오를 것으로 예상하고 주식을 샀는데 예상을 벗어나서 주가가 크게 하락했다. 그 상태에서 팔면 손실이 이만저만 큰 것이 아니다. 이때 매입수량을 더욱 늘려 나가는 것을 물타기라고 한다.

물타기를 하는 목적은, 주가가 회복되기 시작했을 때 가장 빠른 시일 안에 손실을 만회하고 나아가서 손실을 이익으로 바꾸어 놓을 수도 있기 때문에 물타기를 한다.

적극적인 투자방법이랄 수도 있는데, 매우 위험한 방법이기도 하다. 주가가 더욱 큰 폭으로 하락하면 처음 손실의 두 곱, 세 곱으로 늘어나 투자원금마저 날려 버릴 위험이 있다.

흔히들 주가가 크게 떨어지면 바닥이라고 생각하기 쉽지만, 바닥이라는 것이 그렇게 쉽게 오는 것은 아니다. '시세는 천리동풍'이라는 말이 있듯이 하락하기 시작한 주가는 끝없이 떨어

주가는 거래량의 그림자이다
거래량의 증감에 따라 그 종목의 강세 및 약세를 알 수 있다.

지기도 한다.

　투자가들이 상상도 할 수 없는 수준까지 하락한 경우도 있기 때문에 물타기는 경계해야 한다. 특히 신용거래에 의한 물타기는 스스로 무덤을 파는 결과를 빚을 수도 있다.

53
주식선택의 포인트는 무엇인가

♦

단기투자는 시장인기가 포인트이고
장기투자는 기업의 내재적 가치와 사업의 장래성이
포인트이다.

　단기투자는 누가 뭐라 해도 시장인기가 포인트이다. 아무리 질이 좋고 성장성이 있다 해도 시장이 주목해 주지 않으면 주가는 상승하지 않는다. 극단적으로 말하여 단기투자는, 회사의 실태는 아무래도 좋은 것이다. 꿈과 이상이 있기 때문에 시장인기를 모으고 있는 주식에 승부를 걸면 되는 것이다.

　여러 차례 강조하는 사항이지만 주식투자의 기본은 어디까지나 시장흐름에 편승하는 것이다. 흐름에 따라 장기적으로 주가가 상승추세일 때는 주식을 매입하고, 하락추세일 때는 주식을 매도하는 것이다.

　소심한 투자가들이 시장인기주 투자나 편승매매를 위험하다고 생각하는 것은, 너무 늦게 인기주에 뛰어들거나 적당한 선에서 투자를 끝내지 못하기 때문이다. 미숙한 투자가들은 주가등락이 심하니까 위험을 느끼지만 엄밀히 따져서 그것은 아니다. 인기주 투자가 위험한 것은 그것이 급등락을 거듭하기 때문이 아니고 적당한 때 도중하차를 못 하기 때문이다.

시장인기주나 시류주는 시세의 초기단계에만 뛰어들면 그 어떤 투자보다도 안전하며, 또 단기간에 큰 투자차익을 보장받을 수 있다.

장기투자의 포인트는 기업의 내재적 가치나 성장성 등에 중점을 두어야 한다. 내용이 좋은 주식은 언젠가는 높게 올라간다. 그러므로 그 주식의 가치보다 상대적으로 가격이 쌀 때 매입해 두면 안정성도 유지하면서 투자효과도 올릴 수 있다.

그러나 종목을 선택하는 데 있어서 지나치게 시장인기에만 따라다니는 것은 바람직한 방법이라고 할 수 없다. 또한 기업내용과 성장성에만 집착한 나머지 주식시장에서의 현실적인 주가흐름을 도외시하는 것도 옳지 않다. 기업의 내용분석과 동시에 주가동향도 함께 고려하여 종합적인 판단에서 종목을 선택하는 것이 바람직하다.

54
자전매매란

◆

증권회사가 동일한 종목을
동일한 가격과 수량으로 동시에 매도 또는
매수하는 것을 말한다.

증권회사가 동일한 종목을 동일한 가격과 수량으로 동시에 매도 또는 매수할 때가 있는데, 이를 자전매매라고 한다. 이것은 거래원인 증권회사가 고객들로부터 같은 수량의 매입과 매도주문을 받았을 때나 신용거래의 기한을 갱신할 때 등에 주로 이루어진다.

55
주가재료란

주가를 움직이게 하는
구체적인 사건과 정보를 말한다.

'주가는 재료 안에 있다'는 말처럼 재료에 따라 크게 영향을 받는다. 일반적으로 주가재료는 구체적인 사건이나 뉴스 등의 정보로 전달되는데, 그 중에서도 기업실적이 좋아질 듯한 정보가 주가에 있어서 가장 중요하다. 그래서 많은 투자가들이 주가재료를 얻기 위해 부단히 애쓰고 있다.

일반 투자가들이 주식투자에 불리한 원인의 하나는 정보를 입수하는 경로가 극히 한정되어 있기 때문이다. 기껏해야 시장 바닥에 나도는 이야기나 신문에 보도된 사실 등이 유일한 정보원이 되는 것이다. 이와같이 많은 사람들에게 알려진 재료는 주가재료로서는 별로 쓸모가 없는 것이 보통이다.

정보란 그것이 많은 사람에게 알려지기 전에 입수해야만 정보로서의 가치가 있다. 소수의 사람만이 정보를 알고 있을 때 주식을 사야 그 정보가 전파되면서 추가로 주식을 사는 사람이

늘어나고, 추가로 주식을 사는 사람이 많아야 주가가 상승하는
것이다.

　재료란 그것이 얼마나 크고 화려한가 하는 것보다도 그것이
얼마나 많은 사람에게 알려져 있느냐가 더욱 중요한 것이다.
다시 말해서 재료가 어느 정도 반영되어 있는가를 우선 판단하
여야 한다는 말이다.

　재료가 후일 다시 반복되는 경우도 있다. 하지만 일단 주가
에 어느 정도 반영되고 나면 일단은 쓸모없는 것이 되고 만다.
그러므로 재료를 이용할 때에는 그것이 은밀히 소문으로 전파
되고 있을 때 사야 하고, 그것이 뉴스를 통해 모든 사람에게 알
려지면 팔아야 하는 것이 현명한 투자가의 자세다.

56 정보는 어디서 얻는 것이 좋은가

정보의 창고는 바로 신문이다.

주식투자에 관심을 갖고 있거나 투자를 하고 있는 투자가들에게 정보의 중요성과 전문지식의 필요성을 강조함은 두말할 나위가 없다.

주식이란 다가오는 미래의 꿈과 타이밍을 사고 파는 보험적인 투자행위이기 때문에 그 결과가 불확실하다는 점이 첫째 특징이라 할 수 있다. 따라서 불확실성 속에서도 가장 좋은 결과를 얻기 위해서는 정보수집과 정확한 분석능력을 기르는 것이 투자가로서는 시급한 문제이다.

증권 투자가들이 가장 손쉽게 얻을 수 있는 것이 신문과 증권시장지, 그리고 각 증권회사에서 정기 또는 부정기적으로 발행하는 간행물이다. 이 간행물들에는 증권 권위자들의 의견이 많이 게재되어 있는 관계로 잘만 이용하면 좋은 투자판단 자료가 될 수 있다. 특히 경제신문은 정보의 보고라 할 수 있다. 보통의 일간 신문에도 경제란이 있지만, 그 정보의 양이 경제신문에 미치지 못한다. 경제신문에는 일반지에는 없는 회사란이 있는데, 여기를 잘 살펴보면 주가재료가 되는 기사가 가득 게재되어 있다.

예를 들면 기업실적에 관한 기사 및 증자나 전환사채 발행의 예측 등이 실려 있는 것이다. 주식투자를 하고 있는 사람은 거의 이 기사를 읽고 있기 때문에 기사의 채택방법이 커지면 커질수록 주가에는 큰 영향을 주게 된다.

57
대량매매주란

그날의 활기 넘치는 종목을 말하는 것으로써
어떤 종목이 활황인지를 보는데도
최적의 지표이다.

대량매매주란 그날의 주식시장에 있어서 가장 활기가 넘치는 종목을 말한다. 경제신문에는 매일 상위 종목을 게재하며 〈증권시장〉지에서는 한 주간의 거래량 급변종목을 싣고 있다.

그러므로 주간 거래량의 상위 10위와 일일 거래량 상위 10위를 놓고 파악해 보면 그 종목의 지속성과 및 실적, 시세의 성격 등을 한층 선명하게 파악할 수 있다.

▶ 경제신문의 거래량 상위종목 실례

순위	종 목 명	가격	등락	거래량	전일대비	거래비중
1	조흥 은행	10600	+ 400	296410	-754770	0.05
2	동신 주택	14100	+ 600	276510	- 32110	0.05
3	서울신탁은행	8020	+ 320	245700	-440330	0.04
4	상업 은행	7570	+ 250	200480	-581050	0.03
5	세일 중공업	6650	+ 200	159230	-345990	0.02
6	한일 은행	10300	+ 320	148840	-232650	0.02

· 자료 : 내외경제신문(1994. 6. 27.)

58
신치주란

◆

신치주란 지금까지의 고가 또는
저가를 기록한 종목을 말한다.

▶ 경제신문의 신치주 실례

신고가종목
신저가종목

52주기준 고가	52주기준 저가	PER	종목	전일 종가	시가	고가	저가	종가	등락	거래량	25일 등락
26600	19700	22.8	계 양 전 기	23000	23200	23300	22600	22600 ▽	400	1073	+300
22600	17000		1우	19500				X 19300 ▽	200		+1800
20000	10800	79.4	대 우 중 공	13400	13500	14000	13400	13900 ▲	500	76570	+400
19200	10000		1우	12000	12200	12600	12000	12500 ▲	500	11456	+100
13400	10500		1신	13000	13000	13600	12700	13500 ▲	500	4018	+700
39800	15700	19.8	대 한 중 석	31500	31500	31700	31400	31600 ▲	100	2235	+400
30200	27200		1신	28900	28200	28900	28200	28900		98	
36800	18300	26.1	동 양 기 전	33200	31900	33000	31900	32000 ▽	1200	548	+5900
18700	11000	39.4	삼 익 공 업	17200	17300	17500	17300	17400 ▲	200	175	+2500
33900	18400	20.3	삼 화 왕 관	33900	35200	35200	33200	34600 ▲	700	5246	+13100
30500	19400	27.8	세 진	21200	21500	22000	21200	22200 ▲	800	4715	+1000
19000	6600	31.4	신 일 산 업	10400	10400	10600	10400	10400		1415	−700
68000	22800	111.7	동 신 제 약	41900	42100	42900	41500	42100 ▲	200	2631	−6300
60700	20000		1우	35200	33900	35200	33900	34500 ▽	700	283	−6500
65000	38500		1신	38500	39000	39000	37500	38000 ▽	500	258	−5800
24600	15500	204.9	동 아 제 약	21200	21200	21400	21000	21300 ▲	100	2879	+1700

· 자료 : 서울경제신문(1994. 6. 14.)

신치주란 그날의 매매에 있어서 지금까지의 고가 혹은 저가
를 갱신한 종목을 말한다. 통상 연초의 고가 또는 저가를 갱신

한 경우를 보면 1~3월 동안에 대해서는 전년의 고가, 저가를 기준으로 한다. 그런 관계로 4월에 들어가면 신치주는 증가하는 경향이 있다.

경제신문에 게재되는 신치주를 보고 시세의 흐름과 인기종목, 인기업종을 판단하는 것이 가능하다. 개별종목이 신치주의 고가로 진입했다는 것은 시장인기가 높아져서 시세움직임이 매우 강해지고 있는 것을 시사하고 있다. 반대로 신저가주는 인기가 떨어졌다는 것을 의미한다.

이것을 잘 파악하여 주식의 매수와 매도시기를 선택하는 것도 하나의 현명한 방법이다.

59
주식은 어떤 기준으로 선정해야 하는가

◆

단기투자와 장기투자의
목적별로 분류해야 하며, 비교적 값이 싼 종목을
고르는 것이 기본이다.

주식투자는 투자자금의 크기와 투자목적에 따라 투자방법 및
종목선정도 달라진다. 또 주식시장의 흐름에 따라서 저가주에
대한 투자가 유리한 국면과 고가주에 투자하는 쪽이 더 유리한
국면이 많은 것 등으로 변수가 많다.

대부분의 투자가들은 시장에 나도는 소문이나, 시장분위기에
따른 단기투자를 선호하고 장기적인 시장흐름에는 별로 신경을
쓰지 않는 경향이 있다. 왜냐하면 주식투자 수익이란 어떤 의
미에서는 위험부담이 따르기 때문에 생기는 수익이라고 할 수
있기 때문이다.

불확실한 미래에 대한 기대가 적중했을 때 큰 투자차익을 남
길 수 있는 것이 주식투자 본래의 특성이며, 확정이자를 목적
으로 하는 채권투자와 다른 점도 여기에 있다. 다시 말해서 배
당이나 받겠다는 생각으로 안정성에만 치중할 바에는 차라리

시세의 냉혹함을 알아라
주식은 한순간 큰 폭으로 오르기도 하지만,
매매타이밍을 놓치면 큰 손해를 볼 수도 있다.

채권투자가 훨씬 큰 투자수익을 보장하는 것이다.

그러나 아무리 단기투자라 하더라도 장기적인 주가추세에 바탕을 두지 않으면 결국은 큰 낭패를 보게 된다. 사공이 강물 위의 잔물결만 보고 노를 젓는다면 나중에는 자기도 모르는 사이에 강물의 흐름에 밀려서 원치도 않는 곳으로 떠밀려 가 버리는 것과 같은 이치가 된다.

주식투자를 할 때는 이러한 요소들을 꼼꼼히 생각한 후에 유연하게 투자접근을 해야 한다.

60
납회란

◆

거래소에서 실시하는 최종 입회일을 일컫는다.

증권거래소에서 주식매매가 이루어지고 있는 기간을 입회라고 하며, 납회는 매일 또는 매월 마지막으로 입회하는 것을 말한다. 그해의 마지막 입회를(12월 28일) 대납회라고 한다.

61
장기투자와 단기투자는

◆

장기투자와 단기투자에는 각각 일장 일단이 있다.
대체로 여유자금이 있으면 바닥권을 포착하여 기다리는 장기투자가
효율적이고 단기투자는 매수, 매도의 기회포착에
민첩해야 한다.

종목을 잘 선택한다 해도 매매타이밍이 나쁘면 실패하기 쉽다. 시세전체가 하락하여 증시가 침체되어 있을 때가 있다. 이런 기회에 유망주를 현물로 사서 차분히 가격이 상승할 때까지 기다리는 장기투자법이 고수익을 올리게 되는 경우가 많다.

많은 투자가들이 침체된 증시에 지치고 환멸을 느껴 바닥에서 투매를 하는 경향이 있다. 이때 매입하면 더 이상 하락할 위험성은 적다.

특히 역실적장세에서 금융장세로 돌아설 무렵에는 바닥권의 주식이 많다. 이때는 초대형우량주라 하더라도 '주가가 높은 수준에 있다'라는 이유 하나만으로 하락한다. 말하자면 옥석 구분없이 모든 주식이 투자가로부터 버림받고 있는 것이다.

여유자금이 있는 투자라면 이때 유망주를 매입한 후에 그 사실을 한동안 잊고 사는 것이 좋다. 그때부터는 인내력의 싸움

이기 때문에 관심을 끊음으로써 작은 물결로 인한 동요를 피하
자는 것이다.

경기는 계절처럼 순환하는 것이다. 불경기가 있으면 반드시
호황기도 있다. 호황기에 들어서 주식시장이 전체적으로 상승
하고 있다고 생각되면, 목표치를 정해서 매매차익을 확실히 확
보하는 것이 장기투자의 전략이다.

단기투자는 어떤 의미에서 단기투기라 봐도 좋다. 단기투기
는 매수, 매도 모두 기회포착에 민첩하지 않으면 안 된다. 투
기가 성공하기 위해서는 그 회사연구뿐만 아니라 시장요인에
대한 주가의 움직임도 연구해야 한다.

일반적으로 회사의 실체와 장래성에 중점을 둔 장기투자를
권유하지만, 자금효율을 중시하는 사람에게는 단기투자도 권유
한다. 단기투자는 도박과 달라서 연구 여하에 따라 자금효율을
높일 수 있기 때문이다.

62
언제 사면 가장 이익이 되는가

시세는 상승과 하락을 반복한다.
흔히 천정과 바닥이라고 하는데, 비교적 하락했을 때가 기회다.
그러나 인기주로 안이하게 쫓는 것은 위험하다.
욕심을 버리고 적정선에서 만족하는 자세가
무엇보다 중요하다.

주가는 투자심리에 큰 영향을 받으면서 올랐다가 내리고, 내렸다가 다시 오르면서 어느 한 방향을 향하여 강물처럼 도도하게 흐르는 것이 보통이다. 이와 같은 경우를 주식시세의 리듬이라고 부르며, 투자수익을 높이기 위해서는 시세의 리듬을 타야만 된다고 한다. 시세의 리듬을 탈 때 가장 근본적인 것은 가장 싼 값에 사서 가장 비싼 값으로 파는 일이다.

그러나 어느 시점이 가장 싼 바닥권이고, 어느 시점이 가장 비싼 상투시점이냐고 묻는다면 할 말이 없어진다. 왜냐하면 그것만은 정녕 모르기 때문이다.

그러나 바닥과 상투에는 몇 가지 단세포적인 징조가 있다. 이것은 마치 비가 오려면 자연현상에 몇 가지 징조가 나타나는 것과 흡사하다.

먼저 상투권의 예고는 매스컴에서 나타난다. 특히 경제신문

사지 못하겠으면 팔고, 팔지 못하겠으면 사라
어떤 주식을 도저히 사지 못하겠으면 현재 그 주식의 가격이
천정일 경우가 많다. 팔지 못하겠으면 바닥일 경우가 많다.

이 아닌 일반신문에서 갑자기 증권기사를 크게 취급하고 있으
면, 경험있는 많은 투자가들은 그걸 위험신호로 받아들인다.
그리하여 한꺼번에 매물이 쏟아져 나와 주가를 반락시켜 버리
는 경우가 많다.

또 하나는 주가변동 주기다. 우리나라의 주가 사이클은 2년
에서 2년 반 정도 상승한 후 2년 정도 하락하는 추세를 보이고
있다. 이러한 징조는 대개의 경우 맞는 확률이 높기 때문에 투
자가들의 관심을 모으고 있다.

그러나 일반 투자가들이 상투시점을 알아내어 그곳에서 보유
주식을 처분할 수 있는 기회란 사실상 불가능하다. 다만 욕심
을 부리지 않고 상식적인 선에서 정석투자를 한다면 상투시점
까진 못 가도 그 근처에서 팔 수 있는 기회는 잡을 수 있다. 따
라서 우리가 늘상 듣고 있고, 또 그렇게 하려고 하는 최저가 매
입에 최고가 판매라는 틀에서 과감하게 벗어날 필요가 있다.

"주식은 최저가 근처에서 매입하고, 최고가 근처에서 팔아라!"

"주식의 매도는 8부능선에서 하라!"

"10% 오르면 사고, 10% 내리면 팔아라!"

이상의 격언에서 알 수 있는 것처럼 어느 것이나 욕심을 버리고 적정선에서 만족하는 자세를 강조하고 있다.

원래 주가의 상투시점은 누구도 모른다. 하긴 그런 이유 때문에 주식투자가 지속되고 있는 것이다. 따라서 상투와 바닥시점을 알아내려고 애쓸 필요는 없다. 그저 그 근처에서 매수, 매도할 수 있는 것으로 만족하고, 그 시점을 찾아내는 방법이야말로 가장 건전하고 확실한 투자방법이 될 것이다.

간혹 상투 근처에서 보유주식을 팔아 버렸는데, 때아닌 기세로 주가에 가속도가 붙어 위로 치솟는 경우가 생긴다. 그러면 대개의 경우는 팔아 버린 것을 후회하고 이내 다시 사들이는 경향을 보이는데, 이거야말로 위험천만이다.

원래 놓친 고기가 커 보이는 것이다. 일단 처분하였으면 다시 사들이는 무모한 짓은 하지 말고, 다음 기회를 대비하는 자세를 가져야 한다.

주식투자에서 또 하나 경계해야 할 것은 자기의 감정대로 행하는 것이다. 자기의 감정대로 어느 특정주식을 편애하거나 싫어할 경우에는 해당주식의 상투시점 포착이 어려워진다.

실제로 주식을 짝사랑하게 되면 더 오를 가망이 전혀 없는데도 더 오르리라는 기대를 갖음으로 상투 끝을 잡는 경우가 생길 것이고, 싫어하는 경우는 더 오를 가능성이 눈에 보이는데도 불구하고 미리 팔아치워 버리는 바람에 상투 근처엔 가 보지도 못하고 말 수 있다.

전문가들은 주식시세의 상투와 바닥시점에 대해 너무 예민한 반응을 보이지 않는 것이 좋다고 충고하고 있다. 이 말은 전문적인 투자기술도 없으면서 그저 막연하게 최저가에서 사서 최고가에서만 팔겠다는 생각을 갖지 말라는 말이다.

처음 주식을 살 때, 어느 정도에서 팔겠다고 미리 결정하고 사는 것도 좋은 방법이다. 예정가에 이르면 조금도 아까운 생각을 갖지 말고 과감하게 매도주문을 내는 용기가 필요하다.

63
집중투자와 분산투자란

◆

집중투자는 위험을 감수하고서라도
성공했을 때 가장 큰 투자수익을 올리려는 것이고,
분산투자는 위험의 분산을 말한다.

투자가들 중에는 거액을 한 종목에 집중 투자하는 사람이 많다. 보유자금을 집중 투자해야 성공했을 때 가장 큰 투자수익을 올릴 수 있기 때문이다.

그러나 가장 큰 투자수익에 상대되는 개념으로 가장 큰 투자손실을 볼 수 있다는 의미도 포함되어 있다.

투자에 있어서 위험이란 투자행위에 수반하여 일어날지도 모를 미래사실의 불확실성을 말하며, 장래의 기대수익이 높으면 높을수록 투자위험도 커지는 것은 당연한 논리다. 주식투자는 위험이 크게 따르는 투자수단이기 때문에 투자위험을 어떻게 하면 최소화하느냐가 중요하다. 그러므로 기관 투자가들의 투자원칙도 철저하게 분산투자에 의한 포트폴리오를 구성하고 있다는 사실을 염두에 두면 좋을 것이다.

분산투자의 목적은 기대하는 수익을 실현하면서 가능한 한 위험

수준을 줄이고자 하는 데 있다. 누구나 알고 있는 소위 자산의 3분법―소유자산을 부동산, 예금, 유가증권의 3부분으로 나누는 방법―도 결국은 각 개별자산에 내재되어 있는 위험이 각기 다름으로, 이를 최소한으로 줄이고자 하는 데 있다.

특히 주식투자에 있어서는 불확실한 요소가 더욱 많이 게재되어 있으므로 여러 종목에 나누어 투자하는 것이 바람직하다고 말하는 것이다. 이는 '한 바구니에 모든 달걀을 담지 않는다.'라는 투자격언대로 만일의 피해시에 대비하여 미리 분산하여 둠으로써 위험을 줄이고자 하는 소박한 분산방법이라고 할 수 있다.

그러나 분산투자가 좋다고 해서 종목을 너무 많이 분산해도 좋지 않다. 종목분산을 많이 하면 그만큼 위험이 크게 분산되어 안전하기는 하지만, 오르는 종목과 내리는 종목이 서로 상쇄되어 큰 투자수익을 기대하기 어렵게 된다. 또한 보유종목이 너무 많으면 관리가 어렵다는 약점도 있다.

가장 이상적인 투자종목수는 3개 정도로 투자의 3분법을 기준으로 하는 것이 좋을 것이다. 경우에 따라서는 4분법이나 5분법도 괜찮고 소액자금일 경우에는 2분법도 좋다고 본다.

64
주가의 순환성이란 무엇인가

◆

금융장세→실적장세→역금융장세→역실적장세가
주기적으로 순환하는 가운데, 일류 우량주 매기의 고조→
이류주, 삼류주의 뒤따른 매수→매수 인기가 다시 우량주로 옮겨간다는
순환의 되풀이를 말한다.

주가의 계절적인 습성, 곧 주가의 계절적인 순환은 1년내내 찾아볼 수가 있다.

겨울에는 석유주와 연탄관련주가 움직이게 되고, 정월 초순이나 3월의 신학기에는 새 출발이라는 뜻에서 주가상승을 기대할 수 있다. 또한 추석 등의 명절에는 유통산업의 주가 움직인다. 이와 같은 주가의 계절적 습성을 이용하자면, 그 습성이 나타나는 계절에 접어들고 나서 주식을 산다면 묘미가 반감되는 셈이 되므로 아직은 비수요기일 때 주식을 사 두어야 한다.

주식시장 전체의 동향을 장기적으로 살펴보면 그 동향에 현저한 경향과 습성이 있음을 알게 된다. 앞에서도 언급했지만, 주가가 하락을 계속하여 저가권으로 접어들고 나서 상승으로 전향할 때는 신용거래의 매도주수가 매입주수보다 많은 인기주부터 시작되는 경우가 많다.

그럴 때는 불경기로 산업계의 자금수요가 쇠퇴해 자금이 남아돌고 금융이 완화된 상태이다. 그러므로 자금을 주식으로 운용하려는 기업이나 개인이 늘어나는 것인데, 이와같이 금융완화를 배경으로 한 주가상승을 금융장세라 한다.

주가가 상승기로 접어들면 실적의 향상이 기대되는 주식이 기세 좋게 상승을 시작한다. 대체적으로 먼저 일류 우량주가 매수되고 다음에 이류주, 삼류주의 차례로 매수되어 간다. 이와 같은 실적향상을 배경으로 한 주가상승을 실적장세라고 한다.

그리하여 경기의 상승이 계속되는 한,

일류 우량주의 매기가 고조된다→이류주, 삼류주가 뒤따라 매수된다→매수인기가 일류 우량주로 옮겨간다.

이러한 순환이 몇 차례 되풀이된다.

이렇게 되풀이되는 동안에 주식시장은 과열상태로 접어들어 주가가 싼 실적부진주가 매입되기에 이른다. 그런 시기가 주가 상승기의 절정으로 발전하게 되면 주가하락기로 접어든다.

65
저가주는 무조건 매입해야 하는가

막연한 기대감으로 대량매입을 하는 것은
위험한 투자형태이다.

저가주를 대량으로 확보해 두었다가 상승을 노려 고가주로
팔면 많은 수익을 얻을 수 있다. 그런 이유로 많은 수익을 올리
려면 대량의 저가주를 가지고 있다가 오르는 길목을 지키고 있
어야 한다는 것은 상식에 속한다.

그럼에도 불구하고 기관 투자가나 전문 투자가들은 의외로
저가주 보유량이 많지 않고, 오히려 일반 투자가들이 많이 보
유하고 있는 경향을 보인다.

그 이유는 무엇일까?

고도의 투자기술과 엄청난 양질의 정보를 대량으로 가지고
있는 전문가들은 왜 저가주를 많이 가지고 있지 않을까? 전문
가들이 저가주를 확보하지 않는다는 것은, 거기에는 틀림없이
이유가 있기 때문이다.

일반 투자가들이 많은 저가주를 가지고 있는 이유는 대체로

주식을 사지 말고 때를 사라
종목보다는 매매시점을 잘 선택하는 것이 중요하다.

다음과 같다.

① 보유주식에 대한 수량의 매력을 느낀다.

② 저가주란 최저바닥시세라서 더 이상 떨어질래야 떨어질 곳이 없다는 생각을 하고 있다.

③ 저가주는 밑져 봐야 별것 아니라는 생각 때문이다.

이상과 같은 이유 때문에 일반 투자가들이 저가주를 많이 보유하고 있는 것이다.

그러나 조금만 비껴 생각하면 왜 전문 투자가나 기관 투자가들이 저가주를 보유하고 있지 않은가에 대한 해답이 나온다.

일반적으로 주식 투자가들은 자기가 가지고 있는 주식에 대하여는 언제나 필요 이상으로 민감하다. 신문의 증권면을 보아도 자기가 가진 주식란만 살펴보고 계산해 보는 것이 거의 습관처럼 굳어 있다. 그렇다면 자신의 저가주에 대하여 다음과 같은 질문을 해야만 한다.

●이 주식은 왜 저가주일까?

●이 주식은 왜 가격상승이 되지 않고 뒤로 처져 있을까?

이 물음에 대하여 답을 구하기 위해서는 자기의 보유주식 말고 다른 주식에 대해서도 깊은 관찰이 있어야만 한다. 예를 들어 지금 현재(1994년 6월 7일) 연초대비 주식시세를 고가와 저가를 몇 종 구분하여 살펴보면 다음과 같다.

194

▶ 연초대비 주식시세

구분	연중최고가	연중최저가	종목명	연초가	현재가	등락
고	102,000	67,900	롯데제과	76,500	86,900	▲10,400
가	67,000	38,300	일신방직	38,500	67,000	▲28,500
주	45,000	16,800	동성화학	21,200	41,800	▲20,600
	92,000	56,800	삼성전자	56,800	87,000	▲30,200
저	280	20	서진식품	280	20	▽ 260
가	11,700	8,900	고려합섬	10,200	10,300	▲ 100
주	11,000	6,950	한양화학	9,650	9,700	▲ 50
	9,100	5,500	광림전자	8,600	7,600	▽ 1,000

앞의 표와 같이 같은 업종이라도 주가가 높고 낮은 것은 그만한 이유가 있는 것이다.

가령 당신이 연초에 음식료품업의 주식을 샀다고 가정해 보자. 롯데제과는 고가주에 속하고 서진식품은 저가주에 속한다. 롯데제과 10주를 사기 위해서는 765,000원+3,825(수수료)=768,825원이 든다. 이 금액이면 서진식품 2,732주를 살 수 있다.

현재에 와서 투자수익률을 계산해 보자.

 * 투자액 765,000원
 ● 롯데제과(10주)-1주당, 상승 10,400×10=104,000
 ● 서진식품(2,732주)-1주당, 하락 260×2,732=710,320

고가주 10주(롯데제과)를 가지고 104,000원의 수익을 올린 것에 반하여 저가주(서진식품)는 710,320원의 손해를 보고 있다는 것이 확연하게 드러난다.

그러므로 자기의 저가주에 대하여 냉정한 판단을 하여 보유의 가부를 결정해야만 할 것이다. 물론 저가주를 잘만 골라 가지고 있다면, 그것이 고가주로 방향을 틀었을 때, 일확천금의 찬스를 잡게 된다.

"워낙 많은 양이라서 10원만 올라도 큰 돈이 됩니다."

귀가 솔깃해지는 말이다. 10원 오르기란 식은 죽 먹기라고 생각하게 되는 것이 오히려 당연하다. 그러나 여기에도 함정은 있게 마련이다. 주식투자에 어느 정도 경험이 있다면 고가주의 1,000원 오르기보다 바닥권 저가주의 10원 오르기가 어렵다는 사실을 알고 있을 것이다.

저가주를 전문 투자가도 아닌 일반 투자가들이 대량으로 소지한다는 것은 너무도 위험부담이 큰 투자형태이다. 따라서 확실한 전망이 보이지 않는 때에, 그저 막연한 기대감으로 몇천 주, 몇만 주 가졌다는 수량의 마술에서 벗어나 우량주를 몇십 주 가지고 있는 것이 훨씬 더 바람직한 투자자세라고 보는 것이 옳을 것이다.

66
실패하지 않는 주문의 기법이란

◆

거래량이 많지 않은 주식을
매입할 경우, 자신의 주문이 시선을 끌지 않도록
2~3일에 걸쳐 나누어 주문한다.

주식투자의 성공과 실패는 매매시기가 적당한가 아닌가에 90 %
가 달려 있다고 해도 과언이 아니다. 실적부진의 회사일지라
도 매매시기가 적절하면 이익을 얻을 수 있다. '싼 값에 사서
비싸게 팔고, 다시 싸게 사들인다'는 것이 그 요지이다.

이 기본을 훌륭하게 실현시켜 가기 위해서는 고도의 투자기
술이 필요하다. 지금까지 많은 사람들이 '언제 사고 언제 파는
가'를 판단하기 위하여 여러 가지로 연구해 왔으나 이렇다 할
방법은 나타나지 않았다.

그리고 주식투자의 승패의 10 % 정도는 주문방법의 여하에
달려 있다. 물론 매매시기가 적당하면 어느 정도의 성과는 틀
림없이 얻을 수 있다. 그렇지만 매매주문의 제출방법이 좋지
않으면 얻을 수 있었던 이익도 놓쳐 버리는 경우가 많다.

일반 투자가들에게 매매주문의 제출방법 중에서 중요한 것은

흑묘백묘
우량주이든 부실주이든 오르는 종목이 좋은 주식이다.

다음과 같은 사항들이다.

● 지정가로 사야 하는가, 시세로 사야 하는가.

● 예정된 자금을 한꺼번에 투자할 것인가, 몇 차례로 나누어
서 투자할 것인가.

● 거래량이 많은 주식에 투자할 것인가, 거래량이 적은 주식
에 투자할 것인가.

● 고가주에 투자할 것인가, 저가주에 투자할 것인가.

매매주문을 낼 때 매매가격을 지정하는 '지정가주문'을 택하
느냐, 아니면 가격을 지정하지 않고 매매의 성립을 우선시키는
'시세주문'을 택하느냐는 그때의 정세를 봐서 판단한다.

누구를 막론하고 가능한 한 싸게 사서 비싸게 팔고 싶은 것
이 사람의 마음이므로 지정가로 임하는 것이 상례이다. 그렇지
만 시세보다 10~20원 정도 낮은 가격으로 주문을 한 결과 끝내
는 살 수가 없어 찬스를 놓쳐 버리는 일이 흔히 있다.

그러나 거래량이 많지 않은 주식에 비교적 많은 양의 매매주
문을 내게 되면, 자신의 매입주문으로 시세를 끌어올려 자신이
사는 값을 비싸게 해 버리는 결과를 빚는다. 이와는 반대로 자
신의 매도주문으로 시세를 하락시켜 자신의 매도가를 싸게 해
버리는 경우도 있다.

하루의 평균 매매량이 1만주에 미달하는 상장주식을 한꺼번
에 1만주의 매매주문을 제출하면 앞서와 같은 결과를 가져오기
마련이다.

 이런 경우에는 5,000주씩 2일간에 걸쳐 주문을 한다든가 세 번으로 나누어 주문하는 편이 현명하다. 그러나 나누어서 주문을 하면 한꺼번에 주문하는 것에 비해 매매수수료가 비싸게 먹힌다.

 그렇기 때문에 가격변동이나 매매량의 상황 등을 충분히 연구하여 어느 편이 득인가를 판단할 필요가 있다. 일반적으로 말하면 매입할 경우 시세에다 200~300원 정도를 얹은 값을 지정가로 하고, 파는 경우에는 시세보다 200~300원 밑도는 값을 지정가로 하는 것이 무난할 것이다.

67
단기투자에서 성공하는 방법은 무엇인가

◆

시장의 흐름에
민첩하고 결단성 있게 대처하는 것이
성공의 제일보이다.

단기투자는 고도의 투자기술을 요구한다. 그냥 간단하게 보아 쌀 때 사서 비쌀 때 파는 것이라고 할 수는 없다. 이럴 때 생각나는 것이 미국의 유명한 은행가인 모오건의 말이다.

"주가에 대하여 자신있게 말할 수 있는 건 단 하나뿐이다. 그것은 주가가 변동하고 있다는 사실이다."

주가가 변동하고 있다는 사실 이외는 믿을 게 없다는 것은, 주식투자의 불확실성을 더욱 간단하게 보여 주는 말이다. 고정된 상품이 아닌 움직이고 있는 상품에 투자한다는 것은 그래서 일종의 모험이고, 투기라고까지 하는 것이다.

단기투자에서 성공하려면 무엇보다도 먼저 앞날의 시세를 알아내야 한다. 이를 위해서는 많은 정보가 우선되어야 함은 물론이다. 또한 투자는 자기 혼자만 하는 것이 아니고 항상 상대가 있다는 것을 의식해야 할 것이다. 때문에 자기의 욕심을

버리고 8부능선 정도에서 과감하게 정리할 줄 아는 결단력이
있어야 한다.

단기 투자가는 장기 투자가에 비해서 넉넉한 자금과 함께 예
리한 판단력에 전력투구하는 적극적 자세가 꼭 있어야 한다.
또한 일단 종목을 정하면 두려움 없이 과감하게 밀어붙이는 배
짱이 있어야만 한다.

다음에 나열하는 것이 단기투자를 위한 전술이다.

① 기관 투자가들의 동태를 파악하여 편승한다.

② 투자심리선을 이용한다.

③ 욕심과 미련을 버린다.

④ '주가는 귀신도 모른다'는 사실을 항상 상기한다. 곧 남
   의 말을 절대적으로 믿어서는 안 된다.

⑤ 춤추는 주가에 일희일비하지 않는다.

⑥ 산 값은 잊어버린다.

⑦ 소문에 사고 뉴스에 판다.

⑧ 회사분석에 너무 치중하지 않는다.

⑨ 시장의 주도이론을 찾는다.

⑩ 아쉬울 때 판다.

68
장기투자에서 성공하는 방법은 무엇인가

◆

장기투자에 성공하려면
자기확신에 대한 신념을 가지고 끝까지 고독한 인내를
감수할 수 있어야 한다.

장기투자를 하는 사람의 말을 빌리자면, 주식투자는 뭐니뭐
니해도 장기투자가 제일이라고 한다. 장기투자로 재미를 톡톡
히 본 K씨는 말한다.

"장기투자에서는 종목선정이 중요합니다. 성장가능성이 있고
재무구조가 좋은 회사의 우량주를 쌀 때 매입하지요. 그러면
우선 위험성이 적어 좋고, 배당금을 받아서 좋고, 유·무상증자
를 받아서 더욱 좋고, 가만히 있어도 주가가 전체적으로 오르
기 때문에 좋습니다. 그런데 뭐하려고 잦은 매매를 하느라 신
경을 쓰겠습니까? 느긋하게 마음 편하게 먹고 기다리면 되는
것입니다."

주식투자로 성공한 사람들을 눈여겨보면 나름대로 다 고개를
끄덕일 만한 이유가 있다. 그것은 모두의 개인차에 따라 그 사
유가 달라질 수 있지만, 다음과 같은 공통점을 가지고 있다.

1. 돈은 쓰지 않아야 번다는 투철한 신념이 있다.

주식시장만큼 전문가가 많은 곳도 드물다. 주식투자를 오래 해 본 투자가들은 말할 것도 없고 증권회사의 직원, 심지어는 증권관련 기관에서 근무하는 사람까지도 스스로를 주식전문가라고 생각한다. '증권시장 3년이면 벙어리도 말을 한다'는 말이 있듯이 모두가 주식에 관한 한 박사들이다.

그러면 그런 수많은 투자의 박사(?)들은 모두 성공적인 투자를 하고 있을까?

투자성과는 별개의 문제다. 어쩌다 운이 좋아 큰 시세차익을 남긴 단기투자의 승부사는 조만간 그 시세차익에 이자까지 보태서 갖다 주는 경우가 많다. 너무 약삭빠르고 눈앞의 이익만을 생각하기 때문에 이미 계획된 함정에 빠져드는 것이다.

그러나 장기투자를 하는 사람들은 느긋한 마음으로 객관적인 시장의 흐름을 살필 수 있다는 장점이 있다. 주가의 급락으로 많은 투자가들이 안절부절 못하여 옥석을 가리지 않고 투매를 할 때 그들은 우량주를 손쉽게 줍는 것이다.

2. 주식을 한 번 사면 팔 줄 모른다.

주식을 부동산과 같은 선상에 놓고 투자하는 사람들에게서 히 나타나는 양상이다. 그들은 매입한 주식을 여간해서 내놓지를 않고, 장기투자 자세로 돌입한다. 그들은 주식이란 오래 가지고 있어야만 수익이 생긴다고 철석같이 믿고 있다.

장기투자가 B씨는 말한다.

"단기 시세차익을 얻는다고 암만 재주를 부려도 오르내리는 주가를 따라잡을 수가 없지요. 매매가 잦으면 이래저래 수수료만 뜯기고 성과는 별볼일 없는 겁니다. 가만히 기다리면 자연히 전체주가는 상승하는 것입니다."

B 씨는 1988년 백양 1,380주를 21,600원에 샀다. 그리고 한동안 주식투자를 하지 않고 있다가 1992년 1월에 동신제약 3,220주를 6,200원에 사서 현재까지 보유하고 있다.

백양의 주는 유·무상증자를 통해 850주가 늘어 2,230주가 되었고, 동신제약은 3,950주로 불어났다.

현시가로 계산하여 B 씨는 얼마만큼의 투자성과를 이루었을까? 계산해 보면 다음과 같다.

● 백양 현시가―96,500원(1주)×2,230주=215,195,000원
● 동신제약 현시가―44,500원(1주)×3,950주=175,775,000원

B 씨가 백양에 투자한 금액은 수수료를 포함해서 3,000만원에 약간 못 미친 금액이었고, 동신제약은 2,000만원 정도였다. 곧 5,000만원을 투자하여 현재는 약 4억에 육박하는 투자성과를 거두고 있는 것이다.

물론 B 씨의 경우는 특별한 사례라고 할 수 있겠지만, B 씨에게는 투철한 투자철학이 있다.

"주식투자를 하려면 작은 물결에 휩쓸리지 않아야 성공할 가능성이 큽니다. 한 번 산 주식은 적어도 2년 정도는 가지고 있어야 됩니다. 주가가 조금 올랐다고 좋아하고 조금 떨어졌다고 울상을 짓는 사람은 장기투자에 부적격인 사람이지요."

3. 팔지 않으면 손해가 아니라는 생각을 갖는다.

장기 투자가들은 주가변동에 별로 놀라지 않으며, 동요하지도 않는다. 주가가 큰 폭으로 하락해도 끄떡하지 않는다.

"떨어진 주가는 반드시 오른다."

그들은 자신들이 선택한 주에 대한 철석 같은 믿음이 있다. 우리나라를 대표하는 기업에서 발행하는 우량주를 보유하고 있기 때문이다. 하락세란 아무리 길어도 2~3년 이상은 가지 않는다는 경험을 믿는다.

주식투자로 크게 성공한 사람들 중에는 장기 투자가가 많다. 선진국에서도 주식투자로 백만장자가 된 전설적인 이야기들이 많지만, 그 주인공들의 공통된 성공비결은 일반 투자가들이 내다 버린 우량주를 헐값에 사 놓았다가 몇 년 후에 주가가 폭등할 때 유유히 웃으면서 팔아넘기는 방법을 구사한 데 있다.

장기투자에 성공하려면 자기확신에 대한 신념을 가지고 끝까지 고독한 인내를 감내할 수 있어야 한다. 다른 업종은 연일 상한가로 폭등하고 종합주가가 신고가를 계속 갱신하는데, 오르지 못하는 주식을 장기간 붙잡고 기다린다는 것은 투자가로서는 여간 어려운 일이 아니다. 그러나 주식투자는 일반 투자가들이 해낼 수 없는 외로운 신념을 관철시킬 수 있는 자만이 가장 큰 성공을 거둘 수 있는 것이다.

69
초보자, 소액 투자가가 성공하는 법은

실전투자를 통해 주식에 대한
지식을 늘려 나가면서 자금을 탄력적으로
운용해야 한다.

소액 투자가들이 주식투자로 돈을 벌 수 있을까? 있다. 효율적인 투자를 한다면.

소액 투자가들은 기관 투자가들이나 전문 투자가들에 비해 자금면에서 열세인 것만은 틀림없다. 그러나 소액 투자가들에게는 저들에게 없는 강점이 있다. 이 강점을 활용함으로써 얼마든지 짭짤한 투자수익을 올릴 수 있다.

소액 투자가라는 용어의 기준이 정해져 있는 것은 아니다. 다만 상대적으로 적은 자금을 가지고 있다는 주관적인 판단이 있을 뿐이다. 경우에 따라서는 50만원에서 100만원 정도로 주식투자를 시작하려는 사람도 있을 것이다.

일반적으로 소액 투자가의 특징은 다음과 같다.

●초보자로서 자본금이 적다.

●전문적 투자지식이 없다.

- 경험이 적어 주가변동에 대처할 힘이 부족하다.
- 주식투자를 직업으로 여기지 않는다.
- 소문에 매우 약하다.

이상의 것에 여러 가지를 덧붙일 수도 있을 것이다.

소액 투자가들이 여러 가지 면에서 불리한 조건들이 많은 것은 사실이다. 시장의 흐름에 어둡고 자금력이 약하기 때문에 기관 투자가나 전문 투자가 같은 투자기법이 통할 리 없고, 또 그렇게 할 수도 없다.

투자정석에는 위험을 분산하는 것을 강조하지만, 소액 투자가들에게도 해당되는 말일까? 50만원에서 100만원을 가지고 1주당 3만원 정도의 주식을 몇 주나 살 수 있다고 분산투자를 한단 말인가!

소액 투자가는 전문 투자가들이 갖지 못한 강점을 살려서 자금을 탄력적으로 운용하는 것이 필요하다.

다음에 소개하는 것은 소액 투자가들이 사용할 수 있는 투자 전술의 일부이다.

1. 집중투자를 하는 것이 좋다.

주식시장의 흐름을 유심히 살피고 있다가 결정적인 기회가 왔을 때 한 종목에 몽땅 투자하는 것이 필요하다. 물론 이때도 전문가들의 조언과 자신의 판단능력을 최대한 살려야 한다.

2. 단기투자가 유리하다.

자금이 넉넉하지 못한 소액 투자가에게 장기투자는 사실상 문제점이 많다. 따라서 매매회전수를 많이 가짐으로써 우선 시세차익을 자주 얻는 게 좋다.

소액 투자가가 단기투자를 하는 경우, 매매거래되는 주식의 양이 적기 때문에 오히려 탄력적으로 옮겨다닐 수 있는 것이 강점이 된다.

3. '햇치의 10 % 방식'을 따른다.

'햇치의 10 % 방식'이란 미국의 사이런스 햇치가 고안한 방법으로 천정권에서 10 % 내린 시점에서 팔고, 바닥에서 10 % 오른 시점에서 산다는 것이다.

소액 투자가들은 초보자들이 많기 때문에 주가의 최고가와 최저가를 알아내어 매매시점을 잡는다는 것은 거의 불가능하다. 따라서 어떤 기계적인 틀을 만들어 놓고, 그때가 되면 앞뒤 잴 것도 없이 무조건 사고 또 파는 것이다. 예를 들어 주가가 하락했다고 판단되어 15,000원에 주식을 매입했다고 하면, 상하 10 % 선에서 파는 것이다.

이렇게 실전을 통해 주식에 대한 지식을 늘려 나가다 보면 주식투자의 묘미를 만끽할 수 있을 것이다. 또한 소액 투자가들은 공모주청약예금 등을 활용하는 방법도 효과적이다.

70
쉬는 주와 잠든 주의 차이는 무엇인가

◆

일정한 조정국면을 거친 후에
상승하는 경우는 쉬는 주이고, 조정국면이
장기간 계속되거나
하락하는 경우는 잠든 주이다.

　주식의 종류를 말할 때 활화산, 휴화산, 사화산으로 분류하기도 한다.

　활화산이란 현재 주가의 상승세가 계속되면서 활발하게 거래되고 있는 주식을 말하고, 휴화산이란 맹렬한 화산활동을 끝내고 잠시 쉬면서 다음 단계의 활약을 대비하는 주식이다. 이에 반하여 사화산은 상당한 호재가 시장에 유입되었는데도 꿈쩍도 하지 않거나, 오히려 더 떨어져 버리는 주식을 말한다.

　우측 그림은 주가변화 패턴의 모형도이다. (1)은 하락한 주가가 A지점에서 조정국면을 거친 다음, 다시 상승세로 돌아선 전형적인 주가패턴이다. 그러나 (2)의 경우는 A₁지점의 조정기간을 거치고도 오르지 못하고 오히려 더 내려가 버린 경우를 나타낸 것이다.

　주가가 다음 단계의 상승을 위하여 A지점에서 조정국면을

▶ 주가변화의 패턴

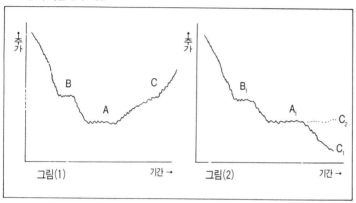

그림(1)　　　　기간 →　　그림(2)　　　　기간 →

거치는 동안 활동을 쉬고 있는 경우를 쉬는 주라 한다. 쉬는 주
는 지금 현재는 낮은 주가이지만 어느 시점에서는 반드시 고가
권으로 재진입하여 투자가들을 기쁘게 해 준다. 따라서 쉬는
주에 항상 관심을 가지고 지켜 보는 것이 중요하다.

(2)의 경우는 (1)과는 다른 진행을 보인다. 그림 (2)의 A_1
지점은 (1)의 A 지점과 조정국면이라는 점에선 동일하다. 하지
만 그 다음의 주가변동선이 전혀 다른 양상으로 나타나는 데서
문제가 생긴다.

A_1 지점이 바닥시세인 것만은 확실하다. 따라서 이론상으로
는 이 시점에서 주식을 매입해야 한다. 그런데도 조정국면이
마냥 길어지거나 아니면 빠져 버리고 마는 것이다. 이와 같은
주식은 장기보유할 수밖에 없는 상황이 벌어지는데, 이를 잠든
주라고 한다.

잠든 주는 바닥권에서만 나타나는 현상이 아니고, 고가권에
서 형성될 수도 있다.

사화산이 되어 버린 주식이 다시 깨어나길 기다리는 건 무리

주가는 인기로 오른다
주가는 재료에 의해 올라가며,
여기에 인기가 붙으면 상승폭은 더욱 커진다.

다. 또한 잠든 주를 억지로 깨어나게 하기란 더욱 힘든 일이
다.

잠든 주의 발생요인을 보면 다음과 같다.

● 증자 등의 호재료가 발생되어 천정을 치고 폭락한 다음에
  그 후유증이 예상보다 길게 계속되는 경우.

● 시장전체가 상승 분위기인데도 불구하고, 개별기업 내의
  특수사정 등으로 인하여 상승세를 타지 못하는 경우.

● 주가상승에 작용할 시장 내의 재료가 모두 소진되어 마땅
  한 재료가 등장하지 못하고 있을 때.

● 때아닌 강력한 악재료가 등장한 다음, 그 후유증이 가실
  줄을 모르고 장기간 계속될 때.

주가는 단순하다. 오르고 내리는 것밖에는 모른다. 그런데도
쉬는 주와 잠드는 주가 생기는 것은 이해하기 힘든 일이다.

대부분의 투자가들은 2~3개월에 한 번 정도로 자금회전을
시키려는 것이 보통이다. 따라서 쉬는 주를 가진다 해도 2~3
개월뿐이다. 그러나 2~3개월이 지나도록 움직이지 않았다면,
그것은 쉬는 주가 아니라 잠든 주로 판단하는 것이 옳다.

71
어떤 때가 바닥세인가

◆

모든 투자가들이 떨어지는 주가에 넋을 잃고
극도로 불안해하며, 일종의 공포심을 가질 때가
바닥시세이다.

주가의 하향세를 좋아하는 투자가들은 거의 없다. 왜냐하면
투자가 자신의 수익이 낮아질 뿐만 아니라, 아차하는 경우에는
매입가를 밑도는 바람에 많은 손해를 안겨 주기 때문이다. 그
런데도 주가는 오르내리고 있다. 어떤 때는 희열을, 또 어떤
경우엔 고통을 주면서.

주가의 바닥시세를 알기 위해서는 주가하락 현상을 꼭 살펴
볼 필요가 있다.

상승하는 주가가 상투 근처에 다다르면 엄청난 매도물량이
쏟아져 나와 장세를 하향으로 꺾고 만다. 이때는 일반 투자가
들의 이탈현상까지 생기게 되며, 얼마 후 이 단계가 지나면 약
간의 오름세 기미를 나타내지만 곧이어 사그라지고 만다. 그것
은 약간의 오름세에도 수많은 매도물량이 쏟아져 나옴으로써
주가의 하락을 멈추게 할 매입세력, 말하자면 지지세력의 힘을

무너뜨리기 때문이다.

　이러한 현상은 무엇을 의미하는가！

　바로 얼마 전까지 오르는 주가에 맞추어 많은 물량을 매집한 세력이 매도에만 관심을 두고 있다는 의미를 내포하고 있는 것이다. 따라서 주가는 다시금 떨어지기 시작하고, 이제는 전종목에 걸쳐 많은 폭으로 급락하는 현상을 보이는 것이 주가하락의 전형적인 현상이다. 주가하락이 계속될 때의 시장 내에는 팔자는 세력만 가득하고, 사자는 매수세는 거의 없는 형편이다. 더구나 주가가 조금만 올라도 팔자는 잠재 매도세까지 합세하여 시장은 온통 팔자주의뿐이다.

　사실 하락추세의 장세에선 하루라도 빨리 파는 것이 최상의 방법이다. 그것을 알면서도 시장 내의 거래량이 별로 많지 않은 중소형 회사의 주식은 팔 기회를 놓치고, 결국은 바닥시세를 경험한 후에 반등세까지 기다려야 되는 고민이 생길 수도 있다.

　“주가는 쌀 때도 있고 비쌀 때도 있다.”

　“주가는 급락하고 나면 급등하는 경우가 많다.”

　상식적인 말이다. 미친 듯이 춤추다가도 언젠가는 제자리를 찾아가는 것이 주식시세이다. 이 말은 언젠가는 오를 테니까 기다리면 된다는 의미이다. 이론적으로는 백번 맞는 말이다.

　주식투자만큼 인내를 필요로 하는 경우도 드물다. 여기서 말하는 인내란 그저 참고 기다리라는 뜻은 결코 아니다. 열심히 연구하고 철저하게 분석하면서 참고 기다려야 한다는 뜻이다. 또한 인내가 제 값을 발휘하기 위해서는, 어느 순간에 가서는 인내하는 것 자체를 무너뜨려야 하는 과감한 투지까지 갖춘 진정한 인내를 의미한다는 점에서, 주식투자의 인내는 정말 어려

주식은 천정에서 가장 싸게, 바닥에서 가장 비싸게 보인다
대중 투자가들의 투자심리에 뇌동하는 것은 실패의 지름길이다.

운 것이다.

주가가 바닥권에 도달했다고 판단되면, 지금까지 참고 기다린 자세를 과감하게 전환하여 주식을 매입해야만 한다.

절대적인 것은 아니지만, 대체로 바닥권 포착요령은 다음과 같다.

① 모든 투자가들이 떨어지는 주가에 넋을 잃고 극도로 불안해하며, 일종의 공포심을 갖고 있을 때.

② 경기불황으로 기업들이 심한 경영난을 겪게 되고, 정부의 금융완화정책으로 금리가 낮아질 때.

③ 신문, 방송에서 증권시장을 비관적으로 보고 있고, 몇몇 투자가들의 매집활동으로 거래량이 약간씩 움직일 때.

모든 투자가들이 바닥권 시세를 알고 싶어하는 것은 주식의 매입시기를 찾기 위함이다. 그러나 주가를 상식선에서 판단하여 바닥권 시세를 찾는다는 것은 매우 어려운 일이다. 그러나 철저하게 바닥권까지 가는 것이 아니라 그 근처에 도달하면 매입한다는 전략을 세운다면, 상식적인 조짐도 어느 정도는 투자판단에 도움이 될 것이다.

다음은 매입시기 포착요령이다.

① 도산하는 기업과 적자내는 기업의 수가 늘고 있을 때.

② 일반 투자가나 기관 투자가들이 대량의 보유주식을 팔 때.

③ 경기에 대한 비관적인 의견이 많을 때.

④ 거래량이 한산할 때.

⑤ 금리가 떨어질 때.

⑥ 실업률이 높을 때.

72
투자자문회사란

◆

투자자문회사는 자문을 의뢰하는
투자가들에게 유가증권에 대한 정보를 제공하는
업무를 전문으로 하는 회사이다.

　유가증권에 대한 투자는 높은 수익성이 있는 반면에 위험 또
한 내재해 있다. 그러므로 투자가들이 가급적 위험을 피하면서
효율적인 투자수익을 올릴 수 있도록 온갖 정보를 자문해 주고
자문수수료를 받는 회사가 투자자문회사이다.

　투자자문회사의 임직원은 경제에 대한 전문지식을 갖추었거
나 증권계에서 오랜 경험을 쌓은 전문가들로 구성되는 것이 일
반적인데, 일정한 자격요건을 갖춘 11명 이상의 전문인력을 갖
추어야 등록할 수 있다.

　투자자문회사는 증시 전체, 각종 산업 및 기업, 금융 등 경
제 전반에 대한 광범위한 정보 등을 바탕으로 자문을 하므로
대체적으로 시장평균 수익률보다 높은 수익률을 올릴 수 있을
것으로 기대한다.

73
매도시기는 언제인가

남들이 아까워서 못 팔 때
아쉬움을 남긴 채 파는 것도
한 방법이다.

투자가들 중에는 매입을 잘 해 놓고도 매도시기를 놓쳐서 투자에 실패하는 경우가 많다. 특히 주식투자에 경험이 적은 초보 투자가들 중에 이런 사람이 많지만, 오랜 경험을 가진 투자가들 중에도 매도기술이 미숙한 사람이 의외로 많다. 그것은 매입보다는 매도가 여러 가지 복합적인 요인으로 인하여 훨씬 어렵게 되기 때문이다.

주식시세는 투자가들의 마음과 눈을 홀리게 하는 마력을 지니고 있다. 주가가 천정 부근에 이를수록 주가는 잘 올라가고 투자가들에게는 주식과 재료가 다 좋게 보이는 것이다.

매도의 경우 우선 팔고 나서 주가가 오르면 어떻게 하느냐 하는 마음의 부담감 때문에 냉정하고 과감성 있는 투자결정을 내리기 어렵게 된다.

예를 들어 당신이 20,000원에 1,000주를 샀다고 하자. 처음에 당신은 22,000원이 되면 욕심부리지 않고 팔겠다고 생각했다. 주가가 10 % 만 상승해도 200만원의 시세차익을 남길 수 있다는 계산 때문이다.

그런데 주가는 며칠 만에 훌쩍 당신의 목표치를 뛰어넘어 계속 상승의 기미를 보이고 있다. 이때 과연 당신은 쉽게 매도할 수 있을까? 대부분의 투자가들은 막상 목표에 도달하게 되면 생각이 달라져서 더 높은 가격으로 목표를 변경하게 된다. '조금만 더 올라라, 조금만 더 올라라.' 하면서 주가에 가속도가 붙기를 염원하기 때문에 좀처럼 팔 시기를 찾지 못하게 된다.

이와는 반대로 매입한 주식이 평가손이 났을 때도 손절을 싫어하는 인간심리 때문에 적은 손해로서 투자를 끝낼 수 있는 기회를 놓치고 만다.

매도가 어려운 것은 이와 같은 인간적인 욕심이나 미련에 사로잡히는 것이 가장 큰 요인이다. 욕심에 사로잡히면 현실적인 주가흐름을 옳게 파악하지 못하고 적절한 투자결정을 내리지 못하게 되는 것이다.

매도를 잘하는 한 가지 방법은 더 보유하고 싶을 때 아쉬움을 갖고 팔아 버리는 것이다. 어느 모로 보나 주가가 떨어진다는 것은 상상도 못 하고 일반 투자가들에게 오로지 주가가 오를 수밖에 없는 것처럼 보일 때가 바로 천정인 경우가 많다.

74
초보 투자가가 꼭 명심해야 할 일은

서둘지 말고, 욕심부리지 말고,
차근차근 이모저모를 따져 보고 찬스를 기다리는
인내심이 절대 필요하다.

주식투자는 불확실성 속에서도 확실성을 찾아내야 하는 선택의 게임이다. 그리고 전문 투자가나 초보자나 할 것 없이 다가오는 주식시장의 변수를 모르기는 마찬가지이다. 또한 주식시장에서 돈을 버는 것은 반드시 경험에 비례하지도 않는다.

그렇다면 초보자와 경험자는 무엇이 다른가? 머리도 식힐 겸 문답식으로 알아보기로 하자.

초보자— 주식을 살 때는 어떻게 하는 것이 좋습니까?

경험자— 실전보다 좋은 스승은 없습니다.

초보자— 그래도 뭔가 알아야 살 것이 아닙니까?

경험자— 쉽게 생각하십시오. 주식이란 어차피 다가오는 내일의 꿈을 사는 것입니다. 그러므로 오늘보다는 내일의 주가가 더 오를 종목만 골라서 사면 됩니다. 예를 들어 봄에는 여름철에 매상이 늘어날 청량음료나 빙과류, 바캉스용품 회사를 선택하고, 여름에는 가을과 겨울에 매상액이 늘어날 회사를 선택하면 되는 겁니다. 또한 자본 자유화가 되면 금융업이 호황을 누릴 것이고, 주택경기가 살아날 징조가 보이면 이와 관련된 주식을 미리 사두면 틀림없이 성공할 수 있다고 생각해도 과히 틀리지는 않습니다.

초보자 — 매우 간단한 논리로군요. 주식투자가 그렇게 간단하다면 누군들 못 하겠습니까?

경험자 — 그렇습니다. 주식투자는 누구나 할 수 있습니다.

초보자 — 그렇다면 어떤 사람이 돈을 벌 수 있습니까?

경험자 — 상식적으로 투자하는 사람이 돈을 법니다.

초보자 — 정말 상투적인 말씀만 하시는군요. 좀더 이해하기 쉽도록 설명하여 주십시오.

경험자 — 초보자나 경험자를 가리지 않고 주식을 사거나 팔 때는 그저 상식적으로 맞는 투자수익이 생기는 법입니다.

초보자 — 상식적인 투자라니요? 너무도 막연한 것 같습니다.

경험자 — 쉽게 생각하십시오. A회사가 신제품 개발에 성공했다면 A회사 주식을 사면 될 것이고, 유가가 인상된다면 자원개발 관련 주식을 사면 되는 것입니다. 다시 말하자면 정치·경제·사회의 흐름을 읽고 상식적인 판단을 하여 투자를 하라는 말씀입니다.

초보자 — 그렇다면 어떤 종목을 선택하는 것이 좋습니까?

경험자 — 그것도 상식적으로 생각하십시오. 어느 회사가 지명도가 높은가, 신뢰도가 높은가, 성장성이 높은가를 생각하여 종목선정을 하면 됩니다.

수급은 모든 재료에 우선한다
시장을 드나드는 자금의 흐름을 정확히 이해해야
시장흐름을 올바르게 읽을 수 있다.

초보자 — 대기업이나 국영기업, 소위 우량주를 선정해야 한다는 말씀입니까?

경험자 — 상식적으로 판단하여 그렇게 생각된다면…….

초보자 — 그런 주식들은 안정성은 있어도 수익성이 낮다고 하는 말을 들었습니다.

경험자 — 물론, 그럴 수도 있습니다. 그러나 초보자들에겐 수익성보다는 안전성이 더 중요합니다.

초보자 — 그건 무슨 이유 때문입니까?

경험자 — 주식투자란 성공하면서 그 기법을 익히는 것이 좋기 때문입니다. 처음부터 실패할 가능성이 있는 일종의 투기성 투자기법을 초보자에게 권할 수는 없는 일입니다.

초보자 — 알고 보니까 주식투자란 정말 쉽군요. 도대체 주식투자를 어렵다고 말하는 사람들이 이상할 정도입니다.

경험자 — 쉽다니 다행입니다. 그렇다고 해서 가만히 앉아 있으란 말은 아닙니다. 부단히 주식의 성격과 시장의 흐름에 대한 공부를 해야 합니다.

초보자 — 이번에는 투자의 자세에 대하여 말씀해 주십시오.

경험자 — '소문 좋아하는 사람은 소문에 망한다.'라는 투자 격언이 있습니다. 자기의 신념도 없이 공연히 소문따라 이리저리 흔들리는 것은 위험합니다. 주식투자를 하되, 처음에는 한꺼번에 몽땅 사지 말고 처음에 조금 사 보고 그 다음에 또 조금 사 보는 식으로 점점 양과 질을 높여 가라고 권하고 싶습니다.

초보자 — 좋은 말씀입니다. 그렇다면 처음 주식을 살 때, 무엇 무엇을 살펴보고 결정해야 합니까?

경험자 — 참 좋은 질문을 하셨습니다. 주식을 살 때는 쌀 때까지 무조건 기다려야 합니다. 그러다가 살 기회를 놓쳤다면 다음 기회를 또 기다려야 합니다. 그저 욕심내지 말고, 서두르지 말고, 차근차근 조목조목 따져 보면서 찬스를 기다리는 자세가 절대적으로 필요합니다.

초보자 — 그럼, 마지막으로 묻겠습니다. 선생께서는 투자경력이 몇 년이나 되십니까? 그리고 주식투자를 하여 얼마만큼의 축재를 하셨습니까?

경험자 — 투자경력은 30년이 넘었습니다. 그런데……, 지금까지 당신에게 말씀드린 사항을 나 스스로는 지키지 못하여 적자를 면치 못하고 있습니다.

초보자 — 이해할 수가 없군요. 선생처럼 이론에 밝고 경험이 많으신 분이 실전투자에는 실패를 하시다니요?

경험자 — 사실 주식투자표에 관한 전문적인 이론가들이 실제 투자에선 손해를 보고 있는 경우가 많습니다. 또한 여러 십년을 증권시장에서 보낸 경험자들이 많은 손해를 보는 경우도 많습니다.

초보자 — 그 말씀을 듣고 보니 주식투자가 갑자기 어려워지는 것 같습니다.

경험자 — 어렵고도 쉬운 것이 주식투자입니다. 그러나 상식적인 선에서 지혜롭게 투자하면 그렇게 두려워하실 필요는 없습니다. 다음 사항을 참고로 하면 도움을 받을 것입니다.

▶주가예측 전의 분석항목

1. 해당주식의 지금까지의 최고가
2. 해당주식의 지금까지의 최저가
3. 신용매수잔고
4. 최근의 거래량
5. 예상매출액과 순이익

▶종목선정을 위한 분석항목

1. 국내외 정치, 경제, 사회 현상의 정보수집과 분석
2. 주가동향의 예측과 분석
3. 자본시장에 대한 조사와 분석
4. 해당기업의 경영전략과 기업신용도 조사와 분석
5. 성장업에 대한 조사와 분석

75
주식분석 방법이란

◆

주식투자를 위한 종목선택에는
기본적으로 2가지 방법이 있다. 하나는 기업의 본질적 가치와
현재의 시장 가치를 비교하는 기본적 분석방법이며,
다른 하나는 주가의 과거흐름을 검토하여
일정한 추세현상을 발견해내는
기술적 분석방법이다.

주식분석이란 투자가로 하여금 보다 유리한 투자를 할 수 있게 하기 위하여 투자대상 주식에 대한 수익성, 안정성, 시장성 등과 관련된 제요인을 분석하는 것을 말한다.

주식분석의 목적은 투자가에게 주식에 관한 중요한 사실을 충분히 이용할 수 있는 형태로 알리고, 어떤 주식의 안정성 및 투자매력에 관하여 사실과 적절한 기준에 의하여 신뢰할 수 있는 결론에 도달할 수 있도록 하는 데 있다.

따라서 주식분석은 주식선택의 수단으로 이용되는 방법이라 할 수 있으며, 주식선택은 주식의 투자가치 분석에 기초를 두어야 큰 무리가 없게 된다. 또한 투자가치 분석의 주축은 기업요인의 분석이며, 기업요인은 질적 요인과 양적 요인으로 크게 구별된다.

질적 요인은 수량으로 나타내기 힘든 요인으로서 상장회사의

사업내용, 해당업계 내에서의 지위, 업계의 경기동향, 기업의 장래성 및 경영능력 등이 이에 포함된다.

이에 반하여 양적 요인은 쉽게 수량으로 표현할 수 있는 요인인데, 일반적으로 대차대조표, 손익계산서, 잉여금계산서 등의 재무제표를 분석함으로써 파악된다(기본적 분석인 안정성과 수익성, 그리고 성장성에 관한 사항은 별도의 문항으로 다룬다).

기술적 분석은 과거주가의 흐름에서 미래의 주가변화를 예측하는 것으로서 기본적 분석의 보완적 의미를 가진다.

기술적 분석은 주식 가격이 주식의 수요와 공급에 의해 결정된다는 일반적으로 인정된 전제에 기초를 두고 있다. 다른 어떤 주식분석 방법보다 매매시점의 선택에 관심을 기울인 연구방법으로서의 기술적 분석은 시장에서의 변화방향과 가격변동범위 및 개개주식의 변화를 결정하기 위해 다른 형태의 자료를 제외하고 시장의 통계를 이용한다.

다양한 증권통계자료 중에서도 특히, 주식의 가격과 거래량을 이용하여 미래의 시장과 주가의 변화를 예측하려는 방법으로서 여러 가지 기법을 가지고 있다.

기술적 분석의 고전이라 말해지는 《주가의 기술적 분석》의 저자 존 매기(John Magee)는 기술적 분석의 기본가정을 다음과 같이 설명하고 있다.

① 주가는 수요와 공급의 상호작용에 의해서 결정된다.

② 수요와 공급은 합리적, 그리고 비합리적인 많은 요인들에 의해서 지배된다.

③ 시장에서의 미세한 파동을 무시한다면, 주가는 상당히 장기간 유지되는 동향을 따라 움직이려고 한다.

④ 추세의 변동은 수요와 공급의 변동 때문에 일어난다.

오르막길의 나쁜 주식은 사고
내리막길의 좋은 주식은 팔라
시세가 계속 치솟을 때는 나쁜 주식이라도 쉽게
하락되지 않는다.

⑤ 수요와 공급의 변동은 그것이 발생하는 이유가 무엇이든
간에 시장의 도표에 조만간 나타나게 된다.

⑥ 어떤 도표의 패턴들은 반복되는 경향이 있다.

기술적 분석을 흔히 도표분석이라고 한다(도표분석의 근원이
되는 다우이론 및 엘리어트 파동이론 등에 관한 사항은 별도의 문항에
서 설명한다).

▶기본적 분석과 기술적 분석의 차이

구 분	기본적 분석	기술적 분석
분석대상기간	장기간	단기간
투 자 정 책	매입 후 보유정책	단기변동에 따라 단기매매
분 석 대 상	기업의 실재가치변화	시장가격의 변화

76
안정성 비율이란

◆

기업의 안정성은
자본구성, 자본배분, 유동성 등의
지표로서 판단할 수 있다.

안정성이라 함은 기업의 유동성, 즉 지급능력과 재무구조의 균형여부를 가리키는 것이다. 단기적으로는 기업의 지급능력을 좌우하며 장기적으로는 기업의 수익력을 좌우하는 것이므로 투자가는 이를 중시해야 한다.

안정성의 분석에서는 재무상의 안정성, 즉 재무유동성과 자본구조의 균형여부는 물론, 투자가 입장에서 투자자본에 대한 배당의 안정성 등이 검토되어야 한다.

기업의 유동성과 자본구조의 균형여부를 측정하는 데 널리 사용되는 비율은 다음과 같다.

● 유동비율 $= \dfrac{유동자산}{유동부채} \times 100$ (표준비율 200 % 이상)

● 당좌비율 $= \dfrac{당좌자산}{유동부채} \times 100$ (표준비율 100 % 이상)

● 부채비율 $= \dfrac{\text{타인자본}}{\text{자기자본}} \times 100$ (표준비율 : 100% 이하)

● 고정비율 $= \dfrac{\text{고정자산}}{\text{자기자본}} \times 100$

● 고정장기적합률 $= \dfrac{\text{고정자산}}{\text{자기자본} + \text{고정부채}} \times 100$

유동비율과 당좌비율은 기업의 단기채무 지급능력을 측정하는 비율이다. 이들 비율이 불량하다는 것은 순운전자본의 유동부채에 대한 크기가 감소되었다는 것을 뜻한다. 따라서 순운전자본의 크기 또는 유동비율의 크기는 단기채권자의 안전한계를 표시한 것이라 말할 수 있다.

부채비율은 총자산 중에서 자기자본과 타인자본과의 관계를 나타낸 것으로 자본구성의 안정성을 측정한다. 기업의 채권자는 부채비율이 100% 이하가 되어야 한다고 주장한다. 여기서 100% 이하의 기준은 최소한 자기자본과 타인자본이 같거나 또는 타인자본보다 자기자본이 많아야 된다는 것을 뜻한다.

자기자본에 비하여 타인자본이 많으면 재무적 위험이 증가하여 기업의 지급능력이 약화되기 쉽다. 또한 기업의 해체시에 채권자의 완충기반이 낮아지므로 채권자는 되도록 낮은 부채비율을 선호하게 된다.

고정비율은 자본배분상태, 즉 자본의 고정화 정도를 표시하는 비율이다. 기업경영에 있어서는 자본조달 원천과 그의 운용형태간에는 적정한 대응관계가 유지되어야 한다. 때문에 고정비율은 이 관계를 자기자본과 고정자산에 의해서 측정하고자 하는 것이다.

즉 투자 금융적으로도 크며 또한 회수, 회전의 속도가 느린

소문난 잔치에 먹을 것 없다
관심이 집중된 주식은 크게 오르지 못한다.

고정자산의 투하자금은 변재기간이 없는 자기자본에 의하여 투입되어야 한다는 재무원칙에 입각하여 상호 대비하게 된 것이다.

그러나 중공업 등 거액의 설비투자가 소요되는 경우, 기업의 자본배분의 균형여부를 측정하기 위해서는 공정비율보다 장기자본적합률을 사용하는 것이 적합하다.

장기자본적합률의 일반적인 기준은 100% 이하이다.

77
수익성 비율이란

◆

기업의 높은 수익성은
안정성을 제고시켜 주는 원동력이 되며
기업의 건전한 재무상태는 수익을 촉진시킨다.
수익력의 판단은 손익계산서와 그 부속명세서를
중심으로 분석된다.

일반적으로 기업의 수익성이란 일정기간의 경영성과를 뜻하는 것인데, 기업의 경영정책과 의사결정의 종합적 결과로서 나타는 것이다.

기업의 수익성을 판단하는 데 널리 쓰이는 지표는 자본이익률인데, 이는 자본회전률과 매출액이익률로 결정된다.

● 총자본이익률 $= \dfrac{순이익}{총자산} \times 100$

● 자본이익률 $= \dfrac{순이익}{총자본} = \dfrac{순이익}{매출액} \times \dfrac{매출액}{자본}$(매출액 순이익률 $\times$ 총자본회전률)

● 자기자본이익률 $= \dfrac{순이익}{자기자본} \times 100$

총자본이익률의 비율은 납세 후의 순이익을 총자산으로 나눈 것이다. 이것은 기업이 자본을 조달하여 수익획득을 위해서 재화로 전환한 자산이 어느 정도 효과적으로 이용되고 있는가를 종합적으로 측정하는 척도라 할 수 있다. 이 비율은 높을수록 좋다.

총자본이익률의 증감은 매출액 순이익률과 총자본회전률의 증감에 의하게 된다. 그러므로 총자본이익률이 좋아지는 이유는 다음과 같은 경우에 의해서이며, 나빠지는 이유는 반대로 생각하면 된다.

① 매출액 순이익률이 높아지는 경우

② 총자본회전률이 높아지는 경우

③ 두 가지 다 같이 향상되는 경우

자기자본이익률은 납세 후의 순이익을 자기자본으로 나눈 것으로서 기업의 출자자가 사업에 투하한 자원의 수익성을 측정하는 척도이다. 이 비율은 기업의 목표가 기업소유주의 부의 극대화에 있다는 관점에서 보면 총자본이익률보다 더 중요하다. 특히 주식 투자가의 입장에서는 중요시 생각하는 것이 옳다.

그러나 수익성의 표준비율은 획일적으로 규정하기는 어렵다. 때문에 동업자 평균비율과 비교하여야 한다.

78
성장성 비율이란

기업이 일정기간 동안
얼마만큼 성장하고 있는가를
검토하는 것이다.

성장성 비율은 기업이 전기에 비해 당기에는 얼마만큼 성장하고 있는가의 여부를 표시한다. 즉 투자 대상기업의 매출액, 총자본, 자기자본, 고정자산, 순이익 등의 일정기간에 걸친 증가율을 측정하는 것이다. 따라서 성장성은 다음에 열거하는 증가율을 일정기간에 걸쳐 매기마다 계산하여 과거의 성장지표의 추이를 관찰하고 그의 동향을 예측함으로써 판단할 수 있을 것이다.

$$●매출액증가율 = \frac{당기매출액 - 기준년도\ 매출액}{기준년도\ 매출액} \times 100$$

$$●총자본증가율 = \frac{당기총자본 - 기준년도\ 총자본}{기준년도\ 총자본} \times 100$$

● 자기자본증가율

$$= \frac{\text{당기자기자본} - \text{기준년도 자기자본}}{\text{기준년도 자기자본}} \times 100$$

● 고정자산증가율

$$= \frac{\text{당기고정자산} - \text{기준년도 고정자산}}{\text{기준년도 고정자산}} \times 100$$

● 순이익증가율 $= \dfrac{\text{당기순이익} - \text{기준년도 순이익}}{\text{기준년도 순이익}} \times 100$

매출액증가율은 최소한 물가상승률보다 커야 하며, 총자본증가율은 매출액증가율보다는 적어야 한다.

자기자본증가율은 총자본증가율보다는 커야 하며, 고정자산증가율은 매출액증가율보다 적어야 한다.

그리고 순이익증가율은 매출액증가율, 총자본증가율, 자기자본증가율, 고정자산증가율보다 커야 한다.

79
다우이론이란 무엇인가

◆

다우이론은 기술적 분석의 대표적인 이론인데,
주식시장에 있어서 주추세의 변화를
예측하는 이론이다.

찰스 다우(Charles H. Dow)는 시장 전체를 대표할 수 있는 추세를 알아내기 위해 평균이라는 개념을 도입하였는데, 이것이 다우이론의 근간을 이루고 있다.

다우이론에 따르면 주가변화는 현재 또는 잠재적인 모든 주식참가자들의 총체적 판단과 감정이 반영된 것으로 보고 있다. 이 과정에서 주식 수급관계를 반영할 수 있는 모든 것들이 망라되어 있다고 본다.

다우이론의 순환은 강세시장과 약세시장으로 구분되어 설명되는데, 그림과 같은 순환과정을 반복한다.

1. 강세시장

① 매집단계 — 전반적으로 경기가 극도로 위축되어 장래에 대한 전망이 어둡다. 이때 일반 투자가들은 오랫동안 지속된

▶DOW이론의 순환

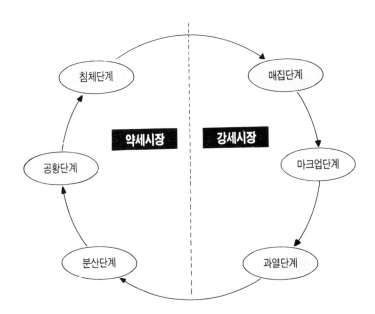

약세시장에 지쳐서 보유주식을 매도하게 된다. 이와는 반대로 전문 투자가들은 일반 투자가들의 매도물량을 흡수하여 매집하는 상황이 일어난다. 따라서 거래량이 약간씩 늘어나는 시장 내부의 변화를 보이게 된다.

　② 마크업(Mark - up)단계 — 전반적인 경제여건 및 기업의 영업수익이 호전되어 가는 단계이다. 투자분위기 호전과 함께 신규자금이 증권시장으로 유입되는 현상이 나타난다. 이 단계는 주가상승 속에 거래량도 활발하며 가장 큰 수익을 보장하는 단계이다.

　③ 과열단계 — 인플레이가 심각한 단계다. 대중들은 인플레

이션으로 인한 화폐가치 하락에 대비하여 현금 이외의 동산·부동산의 형태로 자금을 보유한다. 이 중의 상당부분이 증권시장에 흘러들어 무분별한 뇌동매매가 성행되어 거래량이 계속 늘어나는 양상을 보인다. 과열단계의 막바지에 뛰어든 투자가는 큰 손해를 보게 되는 국면이다.

2. 약세시장

④ 분산단계 — 과열단계의 막바지에 이르면 전문 투자가들은 투자수익을 취한 후 빠져 나간다. 이 단계에서는 주가가 조금만 하락하여도 거래량이 증가하는 양상을 보이지만, 추세선의 상승기울기는 점차 둔화된다.

⑤ 공황단계 — 전반적인 경기가 악화되고 기업의 수익도 눈에 띄게 둔화되는 단계다. 일반 투자가들은 마음이 불안하여 너도 나도 매도에 나서게 되지만, 매수세력이 상대적으로 크게 줄어들어 주가는 거의 수직적으로 하락한다. 이에 따라 거래량도 크게 줄어들어 상당히 긴 보합국면으로 돌입하게 된다.

⑥ 침체단계 — 대부분의 주가가 저가권에 있기 때문에 일시적인 매수세력이 등장하여 다소 주가는 회복되는 양상을 보인다. 그러나 공황단계에서 미처 처분하지 못한 일반 투자가들의 실망매물이 쏟아짐으로 해서 다시 바닥권으로 하락한다.

다우이론이 시장의 흐름을 이해하는 데 도움이 되는 것은 분명하다. 그러나 이 이론은 주추세의 방향과만 관계가 있으며, 최대 존속기간이나 크기에 관한 값은 추정하지 못하는 한계를 갖고 있다(다우이론과 추세선에 관한 사항은 별도의 문항으로 처리한다).

80
추세선이란

주가가 어느 기간 동안
일정한 방향으로 움직이는
경향을 일컫는다.

일반적으로 주가는 어느 기간 동안 일정한 방향으로 움직이는 경향이 있다. 이를 추세라 한다. 상승추세선은 상승하고 있는 주가의 바닥선을 잇는 것을 말하며, 하락추세선은 하락하고 있는 주가의 정점을 잇는 것을 말한다. 보통 강세시장에서의 추세선은 6~8주, 보합권에서는 수개월간 움직인다.

다우이론에 의하면 주식시장은 세 개의 움직임을 갖는다. 즉 주추세, 중기추세, 소추세가 그것이다.

주추세는 1년 미만으로부터 수년간 지속되는 경우도 있는데, 일반적으로 주추세선이 상승세에 있을 때는 강세시장, 하락세에 있을 때는 약세시장이라고 한다.

중기추세는 주추세 진행과정에서 추세의 진행방향을 조정하려는 주가의 반동작용에 의해서 나타나는 추세선인데, 보통 3주에서부터 수개월간 지속된다.

▶ **추세선의 유형**

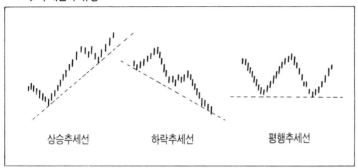

상승추세선   하락추세선   평행추세선

소추세는 일일변동 따위의 단기추세를 말한다. 단기적으로
보면 주가란 끊임없이 소폭의 등락을 거듭하기 때문에 일일변
동은 거의 불규칙하고 일관성이 결여되어 있다. 때문에 대부분
이 6일 이내에 끝나며 3주일 정도까지 지속되는 경우는 드물
다.

81
엘리어트 파동이론이란

◆

주가의 변동은
상승 5파와 하락 3파로 움직이면서 끊임없이
순환한다는 이론을 말한다.

▶ 엘리어트 파동

ABC—대파동
ⅠⅡⅢⅣⅤ—주순환파
①②③④⑤—중형파

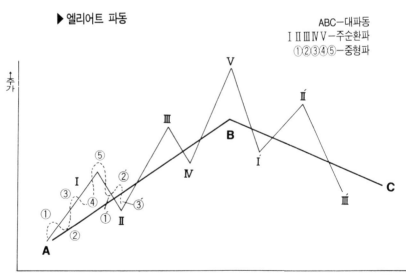

· 프라이머리 5파(Ⅰ·Ⅲ·Ⅴ는 방향파, Ⅱ·Ⅳ는 조정파)
· 프라이머리 3파(Í· Ⅲ́은 방향파, Ⅱ́는 조정파)

기간 →

주식은 남이 팔 때 사고 남이 살 때 팔라
느긋한 마음으로 사람의 심리를 역행하라.

주가의 파동이론으로서 가장 많이 사용되고 있는 것이 엘리어트 파동이론이다. 이 이론에 의하면, 주가의 변동은 상승 5파와 하락 3파가 계속 순환하는 것으로 대파동의 한 사이클(상승 1파, 하락1파)은 소파동의 상승 5파, 하락 3파로 구성되어 계속 반복한다는 것이다.

따라서 투자가들은 진행 중인 파동이 소파동의 어디에 해당되는가를 파악하는 것이 중요하다.

82
주가차트란

◆

과거의 주가와 거래량 추이,
즉 시세가 그리는 발자취를 일정한 형식에 의하여
기록한 것을 말한다.

차트는 주가와 거래량 등 시장의 움직임을 있는 그대로 일목 요연하게 기록한 것이기 때문에 주식시장의 과거의 역사가 모두 담겨 있다. 때문에 차트는 '남들이 무엇을 했는가'를 명확하게 알려 준다.

우리가 역사를 배우고 연구하는 것은 보다 나은 미래를 설계하기 위함이다. 역사는 반복된다. 흡사한 일들이 되풀이되고 있다는 것은 역사를 고찰해 보면 확연히 알 수 있다.

인간의 역사가 반복되는 것처럼 주식시장에서도 놀랄 정도로 역사가 반복되고 있다. 따라서 주식의 역사인 차트를 연구하는 목적도 바로 미래의 시장을 예측하기 위한 것이다.

83
차트의 종류는

◆

주가의 흐름을 나타내는 방법에 따라 크게
선도표, 봉도표, 점수도표로 구분된다.

기술적 분석을 흔히 도표분석이라고 한다. 왜냐하면 기술적
분석자들이 가장 많이 이용하는 것이 도표, 즉 차트이기 때문
이다.

1. 봉도표

동·서양을 막론하고 널리 이용되고 있다. 주가변동, 거래량
의 변화를 표시하는 데 매우 편리하다. 봉으로 주가변화를 표
시하는 경우에 있어서 1일간의 주가변화를 나타내면 일봉, 1주
간을 나타내면 주봉, 1개월간을 나타내면 월봉이라고 부른다.

봉으로 주가를 표시하는 방법은 미국식과 일본식이 있는데,
양자는 서로 다르다.

미국식은 주가변화 범위를 막대로 그리며 최고가와 최저가,
종가만을 표시하기 때문에 단순하다.

▶봉도표

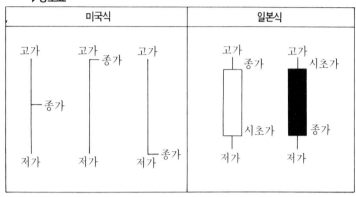

미국식	일본식

일본식은 음양법을 이용한다. 가격변동에 시초가와 종가를 표시하기 때문에 종가가 시초가에 비해 올랐을 경우에는 흰색 또는 적색, 종가가 시초가에 비해 내릴 경우에는 흑색으로 칠해 오르는 추세와 내리는 추세를 보다 명백하게 보여 준다.

2. 선도표

매일매일의 종가를 직선으로 나타내는 방식이다. 우측의 그림은 이동평균선을 선도표로 그리고, 주가변동과 거래량을 표시한 우리나라 증권시장의 도표이다.

봉도표나 선도표로 주가와 거래량을 그리는 이유는 기술적 분석자들이 주가의 변화를 예측할 수 있는 유형(Pattern)을 찾기 위해서이다(패턴분석에 관한 사항은 별도의 문항으로 다룬다).

3. 점수도표(P&F 차트)

점수도표는 1950년대 말과 1960년대 초에 개발되어 봉도표에 대한 중요한 대체안이 되었다. 점수도표가 강조하는 것은 주가

▶종합주가지수와 거래량 실례

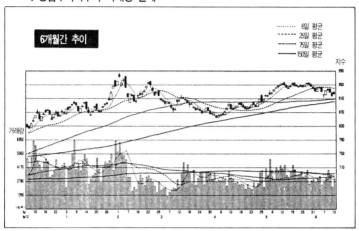

변화의 방향이므로 봉도표와 같이 시간의 변화에는 관심을 두지 않는다. 그리고 일반적인 봉도표가 시장전체 동향을 판정하는 데 대해 점수도표는 개별주식의 동향을 분석하는 데 이용된다.

점수도표의 작성방법은 일반적으로 주가가 상향하는 경우에는 ×표, 하향하는 경우에는 ○표를 써서 시간의 변화에는 관계없이 같은 방향이면 한 줄로 표시한다. 단지 각 방향의 변화가 있을 때마다 새로운 줄을 사용하기 때문에 한 줄 내에서는 갭(gap)이 없다.

이렇기 때문에 점수도표는 지지와 저항의 수준을 봉도표에서 보다 쉽게 찾을 수 있고 패턴분석과 추세분석이 동시에 가능하다. 그러므로 목표치를 계산할 수 있는 특별한 장점이 있다. 그러나 주가추이를 가격면에서만 파악하고 거래량을 무시하고 있기 때문에 매수나 매도의 신호가 주가의 움직임보다 늦다.

244

또한 거래량의 변화과정을 추적할 수 없어 매집이나 분산활동의 징후를 발견하기 어렵다는 단점이 있다.

목표치 계산은 수평계산과 수직계산 방법을 이용할 수 있다.

▶수평계산법

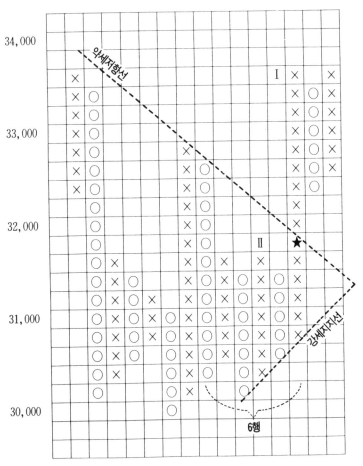

▶P&F 차트 작성법

＊주가가 상승할 때는 ×표, 하락할 때는 ○표로 구분하여 표시하고, 주가가 계속 상승할 때는 ×표만을, 주가가 계속 하락할 때는 ○표만을 표시한다.

＊주가가 상승에서 하락으로 반전할 때는 칸을 바꾸어 ×표에서 ○표를 한 칸 아래에서부터 표시한다. 이와 반대로 하락에서 상승으로 발전할 때는 ○표에서 ×표로 바꾸어 다음 행의 한 칸 위에서부터 표시한다.

＊1칸의 가격폭을 주가수준에 따라 사전에 결정한다. 고주가의 경우에는 1칸의 가격폭을 크게, 저주가는 작게 한다.

＊상승에서 하락, 하락에서 상승으로 전환될 때는 사전에 정해진 가격폭의 변화가 있어야 한다. 즉 1칸을 100원으로 잡았을 경우에 이전의 저점보다 1점도는 100원, 2점도는 200원, 3점도는 300원의 가격변화가 있어야 줄을 바꾸어 ×표, 또는 ○표를 할 수 있다. 예를 들어 1칸의 범위를 1,000원으로 하고 3칸 전환으로 하면 전환이 가능한 수치는 3,000원이 된다. 따라서 3,000원 이내의 주가 변동시는 표시를 하지 않는다.

1. 수평계산법

수평계산법은 기본적으로 주가의 평행국면이 길면 길수록 이 국면을 이탈하여 상승 또는 하락할 경우에 주가의 상승 또는 하락폭이 크다는 것에 근거를 둔다.

좌측 차트의 수평계산을 보면 로마자 Ⅰ과 Ⅱ를 연결 ×표가 하락추세선을 상향돌파함으로써 하락추세를 나타내는 주가가 상승추세로 전환되었다. 그러므로 여기에서 ★표시에 매입시점이 된다.

이 경우 수평계산의 방법은 매입신호 표시가 나타났던 행부터 이전의 상승행 전까지를 먼저 헤아리는데, 여기에서는 6행이다. 좌측 차트에서는 가격폭이 200원이고 3칸의 가격변화가 일어날 때 표시하는 3칸 전환도표이므로, 3×6행×200원＝3,600원이 된다. 따라서 매도 목표치는 평행국면 기간 동안의 최저치인 30,000원＋3,600＝33,600(Ⅰ점)이 된다.

▶수직계산법

2. 수직계산법

수직계산법은 대세전환 후의 최초의 상승폭이 앞으로의 주가 상승 목표치를 나타내 준다는 것에 근거를 두고 있다. 즉 수평계산은 잠정적 목표치를 산정하며, 수직계산은 상승국면의 최고점을 나타내는 것이다.

좌측의 수직계산 차트에서 보면 49,000원에서 매입신호를 보인 후 54,000원까지 상승했다가 이어서 51,000원까지 반락한 후에 다시 상승하고 있다.

수직계산에서 상승국면의 최고점을 계산해 보면 다음과 같다.

도표의 경우 매입신호를 나타낸 상승칸 수를 세면 39,000원에서 54,000원까지 16칸이 되므로 산출금액은 16칸×1,000원×3=48,000원이다.

상승국면의 최고점은 저점이 38,000원에서 산출금액 48,000원을 더한 86,000원이 된다.

여기서 1,000원은 1칸의 가격이고 3을 곱한 것은 점수도표가 3칸 전환이기 때문이다.

84
역시계곡선이란 무엇인가

역시계곡선이란
주가와 거래량의 상관곡선인데, 종축에 25일 이동평균주
가, 횡축에 25일 이동평균거래량을 나타내어
매일매일의 교차점을 선으로 연결한
곡선을 말한다.

일반적으로 시장인기가 높아 주가가 상승하고 있을 때는 거래량이 많아진다. 이와는 반대로 시황이 침체되면 거래량은 극도로 적어진다. 바꾸어 말하면 주가가 상승하기 전에 거래량이 먼저 증가하기 시작하고, 주가가 하락하기에 앞서서 거래량이 먼저 감소하기 시작한다는 말이다.

역시계곡선은 주가를 종축, 거래량을 횡축에 나타내고 주가의 25일 이동평균과 거래량의 25일 이동평균에 의한 매일매일의 교차점을 선으로 연결한다.

일반적으로 차트상에서 시계반대 방향으로 움직이는 좌회전곡선이 되는 경우가 많기 때문에 이 지표를 역시계곡선이라 한다.

▶ 역시계곡선

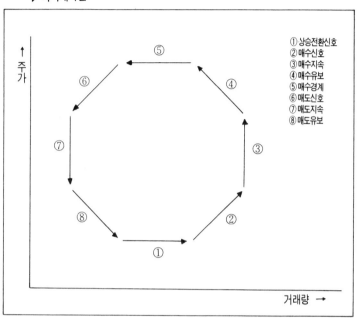

① 상승전환신호
② 매수신호
③ 매수지속
④ 매수유보
⑤ 매수경계
⑥ 매도신호
⑦ 매도지속
⑧ 매도유보

주가

거래량 →

85
투자심리선이란 무엇인가

◆

투자심리의 변화를 일정기간 동안 파악하여
과열인가, 침체상태인가를 알아보고자 하는
기법을 말한다.

주가는 경제적인 요인 이외에도 여러 가지 여건변화의 영향을 받는다. 특히 시장분위기에 의한 투자심리가 작용하면 주가의 향방을 더욱 예측할 수 없게 된다. 그러나 감정에 많이 좌우되는 인간의 심리는 시시때때로 변한다.

희망을 갖고 있다가도 절망할 때가 있고 절망하다가도 다시 희망을 갖는다. 이런 근원적이고도 원시적인 리듬을 일정기간 동안 파악하여 과열인가, 침체상태인가를 알아보고자 하는 기법이 투자심리선의 산출이다.

투자심리선은 최근 12일 동안 종가가 전날과 대비해서 상승한 일수와 하락한 일수를 계산하여 12일 중 상승일수가 며칠이었는가에 대한 비율로써 나타낸다.

여기에서 12일로 기간을 한정한 것은 인간의 심리변화에 12일이라는 원시적 리듬이 있다는 데 근거하고 있다.

● 투자심리선 $=\dfrac{12일간의\ 주가\ 상승일수}{12일} \times 100$

이때 매일매일의 계산에 있어서 13일 전의 주가는 제외되고 새로운 날의 주가를 첨가함으로써 새로운 12일간의 평균이 계산된다.

12일 중에서 상승일수가 9일, 하락한 날이 3일이면 투자심리선은 75%가 된다. 보통 과열장세는 75% 이상, 침체장세는 25% 이하라고 하며, 25%~75%를 중립지대라 지칭한다. 이것은 시장상황의 과열이나 침체를 나타내는 지표이며, 장기적인 매매시기 포착보다는 단기적인 매매시기 포착에 유리하다.

▶투자심리선

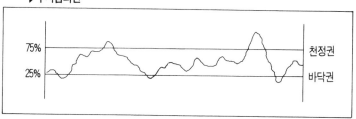

＊투자심리선 지수가 75% 이상일 때는 과열상태로 매도시점.
＊투자심리선 지수가 25% 이하일 때는 침체상태로 매입시점.

#
삼선전환도란 무엇인가

◆

삼선전환도는 주가가 상승에서 하락으로,
하락에서 상승으로 전환하는 시점을 포착하기 위해
개발된 지표이다.

　주식투자에 있어서 주가가 상승에서 하락으로, 또는 하락에서 상승으로 전환되는 시점을 보다 빨리 파악하는 것이 무엇보다도 중요하다. 바로 이러한 요인을 포착하기 위하여 일본에서 개발된 지표가 삼선전환도이다.

　삼선전환도는 주가상승이 이전의 하락선 3개를 전환하여 돌파하는 경우에 상승선을 그리고, 주가하락의 경우는 상승선 3개를 전환하여 돌파하는 경우에 하락선을 그려 각각 상승, 하락 신호로 본다.

　상승선이 그려질 때를 상승전환 또는 양전환이라 하고 하락선이 그려질 때는 하락전환 또는 음전환이라 한다. 위의 도표에서는 6일부터 10일까지 5일 연속 상승하여 양선 4개가 나왔다. 그 다음 음선이 출현하려면 이전 상승선 3개를 돌파한 14,000 이하로 하락해야 한다. 13일 13,000원까지 하락하여 음전환이

▶삼선전환도

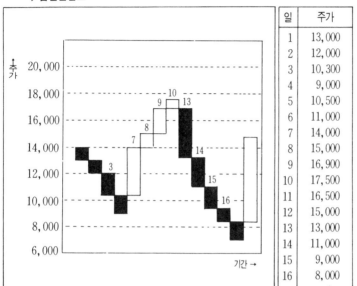

일	주가
1	13,000
2	12,000
3	10,300
4	9,000
5	10,500
6	11,000
7	14,000
8	15,000
9	16,900
10	17,500
11	16,500
12	15,000
13	13,000
14	11,000
15	9,000
16	8,000

이뤄지고 있다. 이 지표에서는 양전환 시점을 매입신호로, 음전환 시점을 매도신호로 본다.

삼선전환도의 한계는 증권시장 주변상황 불안정 등으로 단시일 내에 주가등락이 반복되는 경우와 주가가 지속적으로, 또는 하한가와 같이 큰 폭으로 변동하는 경우 적합하지 못하다. 도표의 8월 1일에서 3일 사이에 나타난 것과 같이 급작스런 급락(또는 급등)으로 음전환이 나타날 때 그릇된 판단을 유발시킬 가능성이 높다.

87
이동평균선이란

주가이동평균선이란 일정기간의 주가평균치의
흐름을 나타낸 것이다.

이동평균선은 기술적 지표 중에서 가장 신뢰할 수 있고 알기
쉬운 지표 중의 하나인데, 이는 일정기간 동안의 주가평균치의
진행방향을 확인하고, 그날의 주가가 이 진행방향과 어떤 관계
가 있는가를 분석함으로써 앞으로의 주가동향을 예측하고자 하
는 지표이다.

이동평균선은 일반적으로 단기선, 중기선, 장기선의 세 가지
로 나누어지는데 대략 다음과 같이 구분된다.

●단기선—6일, 25일.

●중기선—75일.

●장기선—150일, 200일, 300일
　　　　　（우리나라에서는 보통 150일을 사용함）.

주가이동평균선을 구하는 방법은 일정기간의 주가를 합하여
그 일수를 나누면 된다. 즉 25일 이동평균선을 구하려면 그날

▶ 이동평균선의 실례

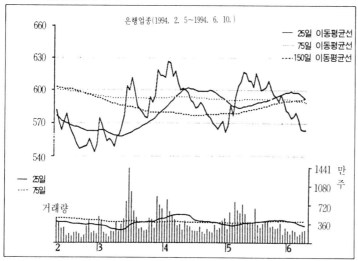

은행업종(1994. 2. 5~1994. 6. 10.)

• 은행업종 강한 하방경직

은행업종지수가 직전저점대에 도달, 강한 하방경직성을 보이고 있다. 기술적 반등 가능성과 함께 시장에너지 약화에 따른 물량부담감이 팽팽히 맞서고 있다.

의 종가를 포함해서 지난 25일간의 합계를 25로 나누면 된다.

이동평균선은 주가의 추세를 보는 것이지만 주가를 예측하는 수단으로 사용되기도 한다. 이때 '이격도'가 활용되는데, 이격도란 당일의 주가와 이동평균선과의 벌어진 정도를 백분비율로 표시한 것이다.

$$● 75일 \ 이격도(\%)= \frac{당일의 \ 주가}{75일 \ 이동평균치} \times 100$$

75일 이격도가 100 % 이상일 때는 당일의 주가가 75일 이동평균선 위에 있음을 뜻하고, 100 % 이하는 주가가 이동평균선

아래에 있다는 의미가 된다.

　상승국면과 하락국면에서 동일하게 적용하기는 어려우나 보통 중기선을 기준으로 플러스이격 20%에서 경계, 마이너스이격 15%에서 매수시점으로 이용하고 있다. 개별종목은 보통 플러스최대이격 30%, 마이너스최대이격 25%를 이용한다.

　주가이동평균선을 보는 방법 중에서 가장 대중적인 것은 골든크로스와 데드크로스이다.

▶골든크로스와 데드크로스

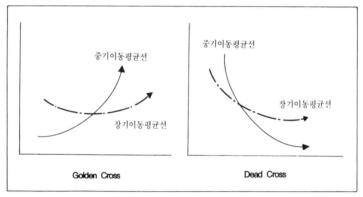

중기이동평균선

장기이동평균선

Golden Cross

중기이동평균선

장기이동평균선

Dead Cross

1. 골든크로스(Golden Cross)

　중기이동평균선이 장기이동평균선을 밑에서 위로 상향돌파하는 것을 말하는데, 이것은 상승추세선이다.

2. 데드크로스(Dead Cross)

　중기이동평균선이 장기이동평균선을 위로부터 밑으로 하향돌파하는 것을 말하는데, 주가의 하락조짐을 나타낸다고 알려져 있다.

88
OBV 란 무엇인가

◆

매집과 분산단계를 구별하기 위해
활용되는 지표이다.

OBV 지표는 그랜빌에 의해 고안되었는데, On Balance Volume 의 약자이다.

투자가들은 다가올 강세시장에 대비하여 매집하고, 주가가 가열되어 있을 때는 도래할 약세시장에 대비하여 매도하려는 마음을 가지고 있다.

이와 같은 매집과 분산활동에 관한 정보를 얻기 위해서 활용되는 것이 OBV 지표이다. 이 지표는 주가가 상승한 날의 거래량에서 주가가 하락한 날의 거래량을 차감하여 이를 매일 누계적으로 집계, 도표화함으로써 나타난다.

특히 OBV 지표는 전체시장이 큰 변동없이 정체되어 있을 때, 거래량 동향에 의하여 향후주가의 향방을 예측하는 데 유용하게 활용된다.

산출방법은 주가의 종가가 전일에 비해서 상승한 날의 거래량은 전일의 OBV에 가산하고, 종가가 하락한 날의 거래량은 전일의 OBV에서 차감한다. 그리고 종가의 변동이 없는 날은 무시한다.

강세시장에서는 주가가 상승하면 거래량이 증가하는 것이 일반적이므로 OBV선도 상승세를 유지한다. 반대로 약세시장에서는 주가가 하락하면 거래량이 감소하는 것이 일반적으므로 OBV선도 하락세를 유지한다. 따라서 강세시장에서는 OBV선의 고점이 이전의 고점보다 높게 형성되며, 약세시장에서는 OBV선의 저점이 이전의 저점보다 낮게 형성된다.

OBV선이 직전의 고점을 상회하여 올라가는 경우에는 U마크(UP)로 표시하고 직직전 저점을 하회하여 떨어지는 경우는 D마크(DOWN)로 표시한다. U마크는 단기적인 매입신호를, D마크는 단기적인 매도신호를 나타내는데, U마크 다음에 D마크가 나타나거나 D마크 다음에 U마크가 나타나면 종합주가지수는 장기적으로 반전할 가능성이 있다.

이러한 원리를 토대로 OBV선은 다음과 같이 해석된다.

① 종합주가지수의 하락에도 불구하고 OBV선이 이전의 저점수준 이하로 떨어지지 않고 있을 때는 시장 내부에서 매집활동이 진행되고 있다는 것을 의미한다. 따라서 머지 않아 상향으로 전환될 것으로 예측된다.

② 종합주가지수의 상승에도 불구하고 OBV선의 고점이 이전의 고점에 이르지 못하고 하락하고 있다면, 시장 내부에서 분산활동이 진행되고 있다는 의미이다. 따라서 조만간 하락전환을 예시한다.

③ 종합주가지수가 보합권에서 파동운동을 반복하고 있을 때에 OBV선의 고점이 계속 상승하고 있다면 향후의 강세

▶ OBV선

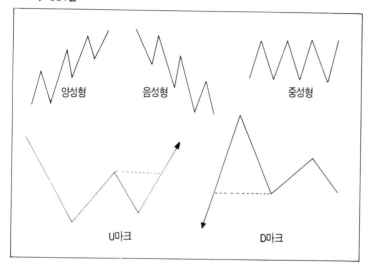

를 예고하는 것이고, OBV 선의 고점이 하락하면 향후의 약세를 예고하는 것으로 판단할 수 있다.

OBV 선상의 고점이 계속해서 높아져 가는 형태를 양성형, 반대로 저점이 계속해서 이전 고점보다 낮아져 가는 형태를 음성형이라 한다. 또한 고점이나 저점이 각각 일정한 영역 내에서 반복적으로 움직이는 형태를 중성형이라 한다.

장기추세가 양성형인 경우 도중에 D 마크가 나타나면 매입신호로 보고, 음성형인 경우 도중에서 U 마크가 나타나면 매도신호를 예시하고 있다.

89
VR 이란 무엇인가

VR 이란 일정기간 동안의
주가상승일의 거래량과 주가하락일의 거래량과의
비율을 말한다.

VR 은 Volume Ratio 약자이다.

OBV 선은 누적차 수이기 때문에 기준일을 설정하는 방법에
따라 수치에 큰 차이가 생길 수 있다. 그래서 이를 보완하기 위
하여 누적차가 아닌 비율로 분석하는 방법이 VR 이다.

VR 은 일정기간 동안의 주가상승일의 거래량과 주가하락일
의 거래량을 산출하는데, 공식은 다음과 같다.

● $VR(\%) = \dfrac{\text{주가상승일 거래량합계} + \text{변동없는날 거래량합계} \times 0.5}{\text{주가하락일 거래량합계} + \text{변동없는날 거래량합계} \times 0.5} \times 100$

보통 주가상승일의 거래량은 주가하락일의 거래량보다 많은
것이 일반적인 추세이다. 수치가 높을수록 강세장을, 낮을수록
약세장을 나타낸다.

팔부능선에서 팔아라
팔기에는 아까운 때가 매각의
적정시점일 경우가 많다.

VR의 보통치수는 150% 내외인데, 450%를 초과시 천정권을 나타내는 경계신호이며, 70% 이하는 바닥권을 나타내는 것을 뜻한다.

90
ADL 이란 무엇인가

◆

시장의 내부세력을 측정하는 지표 중의 하나이다.

ADL 은 Advance Decline Line 약자로서 등락종목수 선을 말한다. 이는 시중의 자금이 어느 정도 증시에 유출입되고 있는 것을 판단한다. 즉 시장의 내부세력을 측정하는 중요한 장세분석 지표 중의 하나로서 주가가 전체적으로 보아 상승추세에 있는가 아니면 하락추세에 있는가를 판단한다.

종합주가지수가 상승세를 보이고 있다 할지라도 상승종목수가 감소한다면 지표의 상승에도 불구하고 시장 내부세력이 약화되고 있음을 뜻한다. 이와는 반대로 종합주가지수가 하락세를 보이고 있더라도 상승종목수가 오히려 증가한다면 시장 내부세력이 강화되고 있음을 의미한다.

이 지표의 작성방법은, 산출하기 시작하는 일정기준일 이후부터 당일의 주가가 상승한 종목수와 하락한 종목수를 집계하여 상승종목수는 가산하고, 하락종목수는 차감하여 계산된 수

▶ ADL과 ADR의 실례

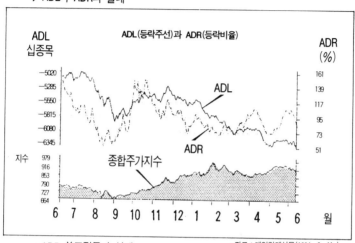

• ADR 前고점돌파 실패 　　　　　　· 자료 : 매일경제신문(1994. 6. 11.)

등락비율(ADR)이 4월 초의 전고점돌파에 실패, 하락 반전하고
있다. ADR의 하락은 개별종목장세가 한계에 도달했을 가능성이
높음을 시사한다.

치를 차트에 그려 넣는다.

　일반적으로 ADL 은 장세흐름의 변화를 다른 어떤 지표보다
빠르게 나타내기 때문에 주가의 선행지표로서 활용된다.

　그랜빌은 ADL 과 주가와의 움직임에는 다음과 같은 관계가
있다고 설명하고 있다.

　① 종합주가가 상승하고 있는 중이라도 ADL 이 하락하고 있
　　다면 시장은 곧 하락세로 전환하게 된다.

　② 종합주가가 하락하고 있을지라도 ADL 이 상승하고 있다
　　면 시장은 곧 상승세로 전환하게 된다.

　③ 종합주가지수가 상승 또는 하락으로 반전할 경우의 상승,

하락폭과 기간은 종합주가지수와 반대방향으로 움직이고 있는 ADL 의 폭과 기간에 의해 결정된다.

④ 단순히 ADL 하나만으로는 반등 또는 반락이 예상되는 시점을 정확히 파악해낼수 없다. 단지 가까운 장래의반등 또는 반락이 있을 것을 예상할 수 있을 뿐이다.

⑤ 종합주가지수가 이전의 저점에 접근하고 있는데, ADL 이 그 당시의 수준보다 아래에 있을 때에는, 종합주가지수가 이전의 저점을 관통하여 더욱 하락할 가능성이 높다는 것을 의미한다.

⑥ 종합주가지수가 이전의 고점에 접근하고 있는데 ADL 이 그 당시의 수준보다 높아져 있을 경우에는, 종합주가지수가 이전의 고점을 상회하는 새로운 고점수준까지 상승할 가능성이 높다. 종합주가지수는 이전의 고점에 접근하고 있는데 ADL 이 그 당시의 수준보다 낮은 경우에는, 시장이 약세국면에 있음을 의미한다.

⑦ 종합주가지수가 이전의 지점에 접근하고 있는데 ADL 이 그 당시의 수준보다 높은 수준에 있을 때는, 시장은 강세국면에 있음을 뜻한다.

91
추세분석은 어떻게 하나

◆

주가는 일정한 리듬을 가지고 올랐다내렸다 하면서
어느 한 방향으로 움직이는 경향이 있다. 이러한 주가의 성질을
이용하여 주가를 분석하는 것이 추세분석이다.

주식시세는 흐름인 동시에 리듬이라 할 수 있다. 주식시세의
리듬은 투자가들의 심리에 주로 연관되어 있다고 한다.

주가의 움직임을 차트를 통해 보면 무수히 많은 고점과 저점
을 발견하게 된다. 이들 선 중에서 의미있는 두 고점, 또는 저
점을 연결한 것이 바로 추세선이다. 상승추세형, 하락추세형,
평행추세선으로 구분되는데, 요약해서 설명하면 다음과 같다.

1. 상승추세형

상승추세형은 크게 상승이익형, 상승나란히형, 상승한계 깃
발형으로 나눌 수 있다.

① 상승이익형 — 처음보다 바닥시세가 점차 높아지고 천정시
　　세가 점진적으로 상향화되면서 상승폭이 확대되는 유형이
　　다(그림①). 최고의 투자수익을 올릴 수 있다.

▶패턴의 종류

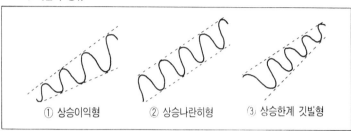

① 상승이익형　② 상승나란히형　③ 상승한계 깃발형

② 상승나란히형 — 주가가 일정한 상승폭과 하락폭을 반복하면서 상향화되고 있다(그림 ②). 상승이익형 다음 가는 투자수익을 기대할 수 있다.

③ 상승한계 깃발형 — 상승주가의 상승폭이 점차 둔화되면서 바닥과 천정이 접근하는 유형이다(그림 ③).　거래량 감소시 매도가 바람직하다.

▶패턴의 종류

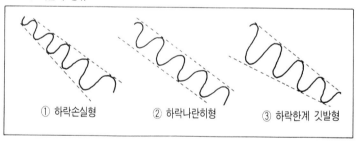

① 하락손실형　② 하락나란히형　③ 하락한계 깃발형

2. 하락추세형

하락추세형은 크게 하락손실형, 하락나란히형, 하락한계 깃발형으로 나눌 수 있다.

① 하락손실형 — 하락폭이 점차 확대되어 주가 바닥권을 예

측할 수 없는 유형이다(그림 ①).

② 하락나란히형 — 천정과 바닥이 균일한 모양으로 바닥세가 점차 하향하는 주가형태로 하락폭이 규칙적이다(그림 ②).

③ 하락한계 깃발형 — 주가가 점진적으로 하락하고 있으나 하락폭이 점차 줄어들고 있다(그림 ③). 하락한계 깃발형 에서는 조만간 상승이 기대될 수 있다.

92 패턴분석은 어떻게 하나

◆

주가는 여러 가지 형태의 패턴을 보인다.
어떤 특정한 주가변화의 양상을 찾아내어 주가의 미래를
예측하려는 것이 패턴분석이다.

1. 3중모형

3중모형은 주가의 전환을 의미하는 각종 모형 가운데 가장 널리 알려진 모형으로서 삼봉형이라 부르기도 한다. 아래의 그림과 같이 상승과 하락이 세 번 반복하여 일어나며 두 번째 정상이 좌우보다 높은 것이 일반적이다. 두 번째 정상을 머리라 하고, 왼쪽을 왼쪽어깨, 오른쪽은 오른쪽어깨라고 한다.

① 왼쪽어깨—3봉천정형의 제1국면으로 강한 매입세력이 나타나 가격이 상승하고 거래량도 증가한다. 천정을 친 다음에는 주가가 하락하며 거래량도 감소한다.

② 머리—다시 강한 매입세력이 등장하여 왼쪽어깨의 최고점보다 주가가 상승하였다가 점차 왼쪽어깨의 최고점 밑으로 하락한다.

③ 오른쪽어깨—오른쪽어깨가 형성될 때의 거래량은 왼쪽어

주식투자에는 배짱도 필요하다
위험을 두려워한 나머지 항상 소극적으로만 있으면
투자수익을 올릴 수 없다.

▶ 3중 천정형

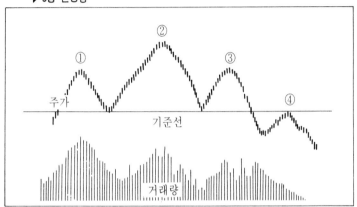

깨와 머리에 비하여 상대적으로 적은 거래량을 수반한다.
머리(제2국면)의 고점까지 올라가지 못하고 하향으로 전환
한다.

④ 되돌림운동─오른쪽어깨의 고점에 있던 주가가 하락하여
기준선을 하향돌파한 후 다시 기준선 수준까지 상승하는
국면이다. 이 국면을 '속임수 국면'이라고도 하는데, 일
반적으로 기준선을 고점으로 하여 점차 하락하기 시작한
다.

상승추세에서 하락추세로 전환하는 삼봉천정형과는 반대로
삼봉바닥은 하락추세에서 상승추세로 전환되는 전형적인 패턴
이다.

▶ **2중 천정형**

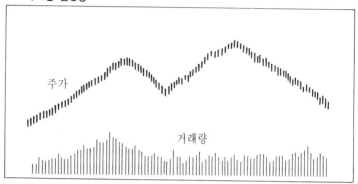

2. 2중모형

2중모형은 주가가 거의 비슷한 가격에서 두 개의 고점 또는 저점이 형성됨으로써 완성되는 모형이다.

주가가 대량의 거래량 수반과 함께 상승하여 첫번째 천정을 친다. 그후 거래량 감소와 함께 단기반락한 다음 다시 반등하여 첫번째 고점과 거의 비슷한 수준에서 정점을 이룬 후 거래량 감소와 함께 주가의 하락이 이어진다.

이중천정형과 상대되는 개념을 갖는 이중바닥형은 두 개의 저점을 형성한 후 상승으로 이어지는 패턴이다.

3. 원형모형

원형모형은 3중모형 중에서도 다중모형이 발전되어 나타나는 모형이다.

원형천정모형이 진행되는 초기단계에서는 왕성한 매수세 속에 거래량이 증가한다. 그러나 어느 한계점 이상에서는 매수세가 상대적으로 줄어들어 거래량이 감소하고 주가도 하락추세를

▶ 원형천정형

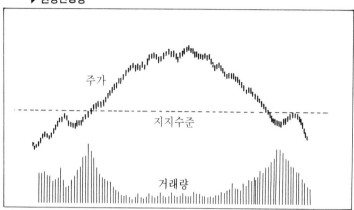

보인다.

원형바닥모형은 매도매수의 균형 속에 주가는 한동안 변화가 없는 휴면상태를 보인다. 그후 매수세가 매도세보다 커짐에 따라 거래량이 늘어나면서 주가는 점차 상승추세로 이어진다.

4. 삼각모형

삼각모형은 주가변동의 폭이 점차 축소되어 마침내 한 점에 모이는 유형을 말한다. 삼각모형에는 대칭삼각형, 직각삼각형, 쐐기형의 세 가지 기본형이 있다.

① 대칭삼각형—상향추세선과 하향추세선의 상향 또는 하향 기울기의 절대크기가 비슷한 경우도 이등변삼각형의 형태를 나타낸다. 교차점에서 거래량이 증가하면 상승세, 거래량이 감소하면 향후 하락세로 된다.

② 직각삼각형—상향형 직각삼각형형은 주가의 고점이 일정한 수준을 유지하기 때문에 상한선은 평형의 기울기를 갖고 하한선은 상향기울기를 갖는다. 상한선과 하한선이 만

▶ 삼각모형

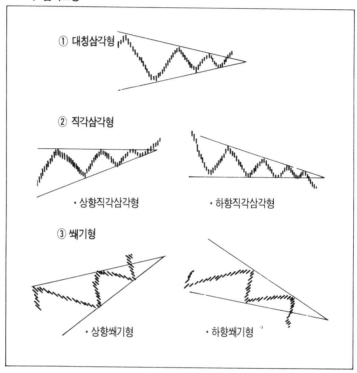

① 대칭삼각형

② 직각삼각형

· 상향직각삼각형   · 하향직각삼각형

③ 쐐기형

· 상향쐐기형   · 하향쐐기형

나는 꼭지점 부근에 이르면 거래량 수반 속에 지수는 큰
폭의 상승을 시현하게 된다.

하향형 직각삼각형형은 상한선은 하향의 기울기를 가지
며, 하한선은 평행의 기울기를 갖는다. 저점이 형성되고,
고점은 점점 낮아지는 가운데 거래량은 감소되고 주가는
하향추세를 보인다.

③ 쐐기형─상향 쐐기형은 주가변동의 상한선과 하한선이
　우상향의 기울기 속에 서로 교차하여 오른쪽 한 점으로

수렴해 가는 형태로 마치 쐐기와 같은 모형을 보인다. 주
가는 점차 상승폭이 둔화되어 가는 가운데 투자심리는 약
화되고 거래량이 줄어들면서 주가는 하락한다.

하향 쐐기형은 하한선의 기울기가 상한선의 기울기보다
완만하며 한 점으로 수렴하여 간다. 주가의 하락국면시에
일단 하향 쐐기모형이 형성된 후에 축적되어 온 잠재적인
매입세력이 형성되어 거래량이 증가하면서 주가도 반등
하게 된다.

▶ 깃대형

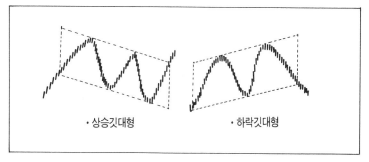

· 상승깃대형   · 하락깃대형

5. 깃대형

깃대형은 직사각형으로 형성되는 과정에서 나타나는 깃대와
유사한 모형이다.

① 상승깃대형 — 주가의 지속적인 약보합세로 주가의 상하한
선 모두 우하향하는 평행관계의 모습을 보인다. 일반적으
로 거래량이 계속 감소하다가 일단 이 모양이 형성된 후
거래량의 급증 속에 주가도 급반등하는 양상을 띤다.

② 하락깃대형 — 주가의 상하한선 모두 나란히 우상향하는

재료없는 시세가 큰 시세이다
대체로 금융장세에서는 자금이 물밀 듯이 주식시장으로 유입된다.
자금이 유입되니 주가의 연쇄 상승효과를 나타낸다.

기울기를 가진다. 최후에 형성된 지점에서 반등하지 않고
거래량 감소속에 주가는 하락하게 된다.

93
자본자유화란

◆

외국인이 국내증권을 취득할 수 있게 되고,
국내인이 해외증권을 취득할 수 있게 되는 것을
의미한다.

우리 경제의 국제화 추세에 따라 주식시장도 1992년부터 외
국 투자가들에게 개방되어 우리 시장에서 직접 매매할 수 있게
되었다.

이렇게 세계가 한 무대인 현재의 기업환경에서는 기업의 재
무상태나 기술·마케팅 능력 등 모든 면에서 국제적인 비교를
중요시하게 되었다. 특히 우루과이라운드(UR) 협정 타결로
국제 경쟁력 있는 기업은 성장성이 무궁무진하지만, 경쟁력이
없으면 하루아침에 도태될 수밖에 없다.

주식시장이 개방된 이후 외국 투자가들이 우리나라 주식시장
에 투자한 금액을 보면, 1992년 순유입액 20억 달러에 비해
1993년에는 57억 달러로 급격히 늘었다. 현재 종목당 10 %, 개
인당 3 % 로 되어 있는 외국인 투자한도 확대에 미국이나 유럽
등 해외 투자가들은 한도확대를 강력히 주장하고 있는 실정이

다. 만약 그들의 요구대로 추가한도가 확대된다면 최대 6조원 정도가 추가로 유입될 것이다.

자본자유화에 따라 정부는 투신·보험 등 기관 투자가들의 해외투자 한도를 철폐했고, 개인 투자가들도 2만 달러 이내에서 투자할 수 있도록 허용했다.

자본자유화에 대한 일반 투자가들의 관심은 결국 자본자유화가 주가에 어떤 영향을 미칠 것인가에 초점이 모아진다.

국제간에 자본이동이 자유로운 상태에서 자본은 높은 수익을 올릴 수 있는 쪽으로 옮겨가게 마련이다. 이는 물이 높은 곳에서 낮은 곳으로 흐르는 것과 같은 이치라고 할 수 있다.

아무튼 자본자유화는 금리, 환율 등 다양한 요인들에 의하여 국내증시에 영향을 미치게 되며, 외국자본의 대량유입으로 아직 취약한 상태에 있는 우리나라 증시의 교란요인이 될 수도 있다.

94
코리아펀드와 코리아유러펀드란 어떤 회사인가

코리아펀드와 코리아유러펀드는
외국인이 국내증권에의 투자를 목적으로 하는
전문적인 투자회사이다.

코리아펀드(Korea Fund)와 코리아유럽펀드(Korea Europe
Fund)의 주식은 각각 뉴욕과 런던증권거래소에 상장되어 있
다. 따라서 우리나라 증권에 투자하고자 하는 외국인은 코리아
펀드나 코리아유럽펀드의 주식을 매입함으로써 가능하다.

해외 투자가의 등록현황을 보면 투자회사가 1,070여 개사이
고, 기금 240, 은행 114, 증권회사 96, 보험회사 56개사가 우리
나라 증권시장에 투자하고 있다.

95
쇼크재료란 무엇인가

예상하지 못했던 대형호재 또는 악재를 말한다.

간혹 예상하지 못했던 대형악재가 갑자기 출현할 때가 있다. 이를테면 정치적인 극한 상황이나 석유파동, 대형 금융사고 등을 말하는데, 하나같이 과거에 우리 주식시장을 강타했던 경험이 있는 대형 악재들이다.

악성 쇼크재료가 출현하면 일반적으로 주가는 폭락한다. 왜냐하면 불안한 투자가들이 군중심리에 휩쓸려 뇌동투매를 자행하기 때문이다.

그러나 시간이 지나면서 투자가들은 차츰 냉정을 되찾게 되어 다시 주식을 사게 된다. 따라서 주가는 급속히 회복되고 대세가 기조적으로 크게 약세장이 아닌 이상 단기간에 폭락 전 수준으로 되돌아오는 것이 보통이다.

돌발적인 악재로 주가가 급락하는 것과 마찬가지로 예상하지 못했던 큰 호재가 갑자기 출현해서 주가가 급등하는 경우도 있

이유에 해당되더라도 시세는 빗나간다
주가를 형성하는 요인은 복잡하다.
이론적으로 완벽하다 할지라도 시세에 있어서는 시세가
가는 길이 진리이다.

다. 보통 쇼크에 의한 하락은 매수, 상승은 매도찬스로 여기고
있다.

96
증권저축의 장점은 무엇인가

적은 돈으로도 주식투자가 가능하며
공모주청약 우선권도 부여된다.

증권저축은 증권에 투자하기 위한 목돈을 마련하고자 하는
저축방법인데, 정액적립식과 임의적립식이 있다. 매월 또는 수
시로 매회 최저 5,000원 이상의 저축금을 납입해서 증권을 사
모으는 제도이다.

증권저축은 매매단위 이하의 적은 돈으로도 주식투자가 가능
하여 샐러리맨 등에게 유리하며 공모주청약 우선권도 부여된
다. 또한 투자 위험부담이 적고 증권회사가 모든 투자업무를
대신해 주므로 관리가 편리한 장점이 있다.

97
국민주란

국민주란 일반국민이 은행에 저금하듯이
재산증식의 수단으로 부담없이 소유할 수 있는
대중성을 띤 주식을 말한다.

일반적으로 국민주는 공익성과 수익성이 있는 대기업의 주식이 대상이 되는데, 우리나라의 경우 포항제철을 비롯하여 한국전력, 국민은행, 외환은행 등의 주식이 이에 속한다.

국민주는 다수의 국민에게 주식을 분산시켜 기업에 참여케 함으로써 기업의식을 고취시킨다. 이와 함께 기업소득의 분배를 통한 대중의 소득향상을 도모하여 국민경제 발전에 기여한다는 목적으로 정책적으로 보급한 주식을 말한다.

98
국민주를 배정받을 수 있는 절차는

일반 청약자는
현행 공모주청약예금과 증권저축 취급기관의
증명서를 제출하면 된다.

우리사주 조합원의 경우는 해당기업에 결성된 우리사주 조합
에 의해 확인되므로 특별한 절차가 필요없다.

근로자는 근로자 재형저축 가입대상자임을 증명하는 서류를
사업주 또는 근로자 단체로부터 발급받아야 한다.

농어민은 이장, 동장, 어촌계장, 축산계장 등으로부터 농어
가 목돈마련저축 가입대상자임을 증명하는 서류를 발급받아 제
출하고, 개인영업자나 기타 영세민은 소득납세 증명이나 또는
이장, 동장 확인서를 제출하면 된다.

99
공모주청약예금이란

예금에 가입한 후 3개월이
경과하면 기업공개시 공모주청약에
우선권을 주는 예금이다.

재무부가 증시안정화를 위해 1993년 9월 새로 인가한 상품이 바로 공모주청약예금이다. 예금에 가입한 후 3개월이 경과하면 기업공개시 공모주청약에 우선권을 주는데, 다음과 같은 특징이 있다.

- 공모주 우선비율 확대 : 종전 5 % →50 %
- 높은 수익성 : 예금이자(연 5 %)＋공모주 투자수익
- 가입한도 : 제한없음
- 입·출금 : 제한없음
- 가입대상 : 실명의 개인
- 이율 : 1년 미만→2 % (세전)
  1년 이상→5 % (세전)

▶ 공모주 우선배정 비율

청약구분	우리사주	I 그룹	II 그룹	III 그룹
		근로자증권저축 근로자장기증권저축 근로자장기수익증권 저축 농어가목돈마련저축 공모주세금우대저축	은행공모주 청약예금	공모주 청약예금
배정비율	20%	20%	10%	50%

100
근로자 장기증권저축이란

모든 근로자가 가입할 수 있는 증권저축으로
주식형과 채권형이 있다.

저소득 봉급생활자(월 급여 60만원 이하 근로자 및 일당 24,000원 이하의 일용근로자)의 재산증식을 위해 저축금액의 10.75%를 근로소득세에서 공제해 주고 이자와 배당소득에 대해서도 비과세해 주는 저축이 '근로자 증권저축'이다.

근로자 증권저축은 가입 대상자가 한정되어 있는 데 반해 '근로자 장기증권저축'은 모든 근로자가 가입할 수 있다. 연간 600만원(월 50만원)까지 가입 가능하고 주식형과 채권형이 있는데, 공모주청약 우선권이 있다.

근로자 장기증권저축의 이자, 배당소득에 대해서는 전액 과세가 되지 않기 때문에 일반 채권투자(21.5% 과세)나, 세금우대 소액채권(5% 과세)보다 세제상 유리하다.

● 가입대상 : 모든 근로자
● 가입한도 : 월 급여 범위 내에서 최고 50만원(연 600만원)

- ●저축기간 : 3년 이상 5년 이내(만기 전에 저축기간을 연장시킬
  수 있다)
- ●종류 : 주식형, 채권형, 혼합형
- ●납입방법 : 정액적립식, 임의적립식

제3부

실전주식투자

인간은 사회적 동물이기 때문에 알게 모르게
다른 사람의 영향을 받는다. 같은 부류의 타인과
비슷한 행태(行態)를 취하지 않으면 스스로 소외된 듯한
느낌을 견디질 못한다. 그래서 유행이 퍼진다.
이와 마찬가지로 투자에도 다분히 군중심리적인 요소가 있다.
그것은 대부분의 사람들이 움직이는 대로
움직이지 않으면 스스로 불안해지는
요소가 있기 때문이다.

―본문 중에서 발췌―

제3부
••••
실전주식투자
─ 주식시장 흐름 읽는 법 ─

제1장

주식투자 실천, 기술적 분석과 기본적 분석

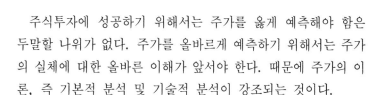

주식투자에 성공하기 위해서는 주가를 옳게 예측해야 함은 두말할 나위가 없다. 주가를 올바르게 예측하기 위해서는 주가의 실체에 대한 올바른 이해가 앞서야 한다. 때문에 주가의 이론, 즉 기본적 분석 및 기술적 분석이 강조되는 것이다.

주가는 크게 다음과 같은 두 가지 중요한 요인에 의해서 변동한다.

① 현재 또는 장차 기대할 수 있는 수익과 배당금의 변동에 의하여

② 주식의 일반적인 시세, 또는 어느 개별종목에 대한 낙관적(비관적)인 예측으로 인한 투자가의 심리변화에 의하여

①의 경우는 기본적인 분석가들이 기업의 실제가치를 분석하여 주가가 낮은 주식을 구입하고 보유하려는 방안이고, ②는 증권시장의 전환점을 예측하여 투자수익을 극대화하려

는 기술적인 분석가들의 방안이다.

기술적 분석

앞에서 이미 기술한 사항이지만 기술적인 분석이라 함은
흔히 도표분석을 의미한다. 기술적 분석을 신뢰하는 투자
가들은 도표분석이 투자가에게 어떤 주식의 매매시점이나
계속 보유여부에 대해서 의사 결정을 하는 데 큰 도움을
줄 수 있다고 주장한다. 이에 반해 기술적 분석의 도구인
차트는 어설프게 이해한다면, 그로 인해 오히려 투자판단
을 잘못하는 수가 많기 때문에 차트 무용론자들도 많은 것
이 사실이다.

그러나 현재 우리나라의 많은 증권회사와 투자가들이 기
술적인 분석기법을 이용하고 있으며, 경제신문이나 〈증권
시장〉지에서도 기술적 분석용어와 도표를 싣고 있다. 다우
이론을 개발한 미국은 물론, 다우이론을 일본식으로 변형
시킨 일본도 장세설명의 편의성 때문에 기술적인 분석기법
을 발전시키고 있다.

특히 일본에서는 사께다 5법이 호응을 받고 있다. 사께
다 5법은 3山, 3川, 3空, 3兵, 3法으로 구성되어 있다. 시
세흐름의 기본패턴을 비교적 정확하게 파악하고 있으므로,
장세의 기조에 따른 투자전략의 확립에 있어 유용하게 활
용되고 있다.

또한 기술적 분석을 투자의 척도로 삼는 투자가들은 코
폭지수와 타이밍 인디케이터(T · I)지표를 활용하기도 한
다.

코폭의 매입지표

미국의 증권분석가 코폭(E. S. Coppock)은 '시세는 시세에 물어라'라는 투자격언에 의거하여 독자적인 '코폭의 매입지표'라는 것을 만들었다.

쉽게 말해서, '현재의 주가수준 자체가 주식의 수급에 영향을 미치고, 이렇게 형성된 수급관계가 새로운 주가수준을 형성하게 된다'는 것이 이론적 배경이다.

사실 주가를 예측하는 데 있어서 주가를 결정하는 요인 분석으로 시작하는 연역법보다는 먼저 현실적인 주가흐름을 토대로 하여 그 이유를 분석하는, 즉 귀납적인 접근방법이 훨씬 주가예측의 적중률을 높일 수 있는 것이다.

주식시세는 반드시 산술공식대로 움직이는 것은 아니다. 아무리 뛰어난 분석력과 정보체계를 갖춘 전문가라 하더라도, 인간의 능력으로서는 도저히 상상도 못 하던 요인들에 의하여 주가가 결정되는 일이 많은 것이다.

예를 들어 주가수준이 상대적으로 높아지게 되면 시세차익 찬스를 기다리고 있던 투자가들은 '더 상승하지 않을까?'라고 생각하여 매도를 주저한다. 또한 시세차익을 챙긴 투자가들도 매도 후에 주가상승이 계속되면 장세에 빨려들어 재투자를 하게 되고, 매입기회를 놓친 투자가들도 여기에 편승한다. 이렇게 해서 장세의 상승세는 새로운 매입수요를 창출한다. 주가가 하락추세에 있을 때도 같은 심리가 작용한다.

코폭은 이러한 생각을 배경으로 시황의 중기동향을 예측하려고 이 지표를 개발해냈다.

▶ **코폭 매입지표의 산출**

- C_t = 코포크매입지표
- R_t = 월 평균지수

$$C_t = \frac{1}{10} \sum_{n=0}^{9} \left\{ R_{t-n}^{(10n)} \right\}$$

▶ **코폭지수**

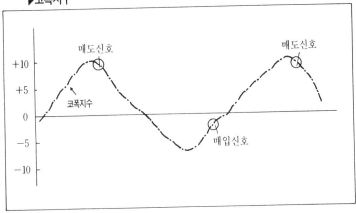

코폭 매입지표는 주가의 등락에 따라 제로라인(zero line)을 중심으로 상승과 하락을 반복하게 된다. 이 지표의 분석방법은 다음과 같다.

① 0라인 이하에서 오름세로 전환하여 상승하면 0라인을 크게 상회할 때까지 그 경향이 계속되는 경우가 많다. 따라서 1류주를 몇 종목 사면 투자수익을 올릴 수 있다.

② 지수가 플러스 국면에서 하락세로 돌아서면 0라인을 밑돌
  때까지 하락세를 지속하는 경우가 많다. 따라서 지표가
  하향으로 전환되었을 때는 매도신호로 보는 것이 좋다.
 이 지표의 특성은 지수가 마이너스 존에 머물고 있는 기간보
다는 플러스 존에 머물고 있는 기간이 길다는 것이다. 그러므
로 이 지표는 단기적인 매매시점 포착에는 한계가 있는데, 제
로라인 이하의 수준에서 위쪽으로 전환한 경우의 신뢰도는 높
다고 말할 수 있다.

T. I 매입신호

 코폭 매입지표의 산출방법은 일반 투자가에게는 약간 복잡하
다. 그래서 전년 동월대비 주가등락률과 그 12개월 이동평균선
을 도표로 만들어서 전년 동월대비 등락지표가 마이너스 존에
서 12개월 이동평균선을 밑에서 위로 돌파하는 크로스 시점을
찾는다.
 이 크로스 시점이 바로 매입신호로서, 실제 주가동향에 적용
시킨 것이 '타이밍 인디케이터(T. I)'이다. 이 경우에도 주가
는 장기적으로 우상향으로 상승하고 있기 때문에 지수의 플러
스 존에서는 일시적인 굴곡이 너무 많아 매도신호로서는 도움
이 되지 못한다. 그러나 매입신호로서는 비교적 정확도가 높기
때문에 기술적 분석가들에게 신뢰를 받고 있다.
 기술적 분석의 고전이라 일컬어지는《주가의 기술적 분석》의
저자 존 매기(John Magee)는 기술적 분석에 대하여 이렇게 말
하고 있다.
 "기술적 분석가는 대량의 기초적인 조사자료가 아니라 어떤

▶ T.I 의 매입신호

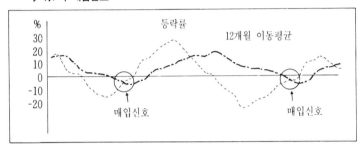

추출된 자료, 즉 시장의 자료만을 조사한다. 물론 그들은 이것이 전부가 아니라는 것을 충분히 알고 있다. 또한 그들이 보고 있는 것은 상당히 추출된 분야이며 그 배후에 복잡한 세계가 있는 것도 알고 있다. 그러나 기술적 분석은 주가에 무엇이 일어날까를 단순하고도 내용이 풍부한 예측을 부여해 준다. 다시 말하면 기술적 분석은 주가의 전체의 반영이라고 하는 그림자와 같은 것이다."

주가에는 대단히 복잡한 경제적, 심리적 요인이 포함되어 있기 때문에 누구도 그 모든 것을 정확하게 이해하고 측정하는 것은 어렵다. 그래서 많은 기술적 분석가는 경제와 기업관련정보 등이 투자의 시계를 혼란시키는 것으로 생각한다. 예를 들면 존 매기는 기본적인 조사정보에 영향을 받지 않기 위해 주가 이외의 시장요인에 대해서는 눈과 귀를 막고 지낼 정도였다.

기술적 분석가에게 유일하게 중요한 정보는 가격과 거래량의 통계치로부터 얻는 도표이다. 그들은 시장의 작은 변화를 무시하고 상당한 기간 동안 계속되는 명확한 추세를 살피는 것이 보통이다. 이 추세는 확실히 방향전환하는 정보가 유입될 때까지 계속되는 것으로 본다. 주가변동의 방향은 주가의 진폭과 같은 정도로 중요하기 때문에 분석가는 여러 수법을 이용하여 추세의 변화를 파악하려고 한다.

기술적 분석의 개념

존 매기는 기술적 분석의 기본 가정을 다음과 같이 설명하고 있다.

① 주가는 수요와 공급의 상호작용에 의해서 결정된다.

② 수요와 공급은 합리적, 그리고 비합리적인 많은 요인들에 의해서 지배된다.

③ 시장에서의 미세한 파동을 무시한다면, 주가는 상당히 장기간 유지되는 동향에 따라 움직이려고 한다.

④ 추세의 변동은 수요와 공급의 변동 때문에 일어난다.

⑤ 수요와 공급의 변동은 그것이 발생하는 이유가 무엇이든 간에 시장의 도표에 조만간 나타나게 된다.

⑥ 어떤 도표의 패턴들은 반복되는 경향이 있다.

기술적 분석가들이 기업의 실질가치보다 주가의 변화에 중점을 두는 이유는 다음과 같다.

첫째, 주식가격의 변화에 영향을 미치는 요인이 많다. 계량적, 비계량적인 요인 외에 심리적인 요인까지 겹쳐서 매우 복잡하다.

둘째, 이러한 요인은 결과적으로 증권시장에 수요와 공급요인으로 작용한다.

셋째, 이러한 요인이 전부 통합된 후 도표화되어 최종적으로 거래할 수 있는 증권가격으로 표현되는 것이다.

미래의 주가를 예측하는 데 있어서 차트가 잘 맞지 않는 경우가 많은 것은 차트의 예측능력의 한계 때문이다. 차트가 미래의 예측능력을 갖는 것은 주가를 규정하는 과거의 각종 여건이 그대로 미래에도 지속된다는 전제하에서 뿐이다. 만약 과거의 상황이 급변하면 당연히 차트는 예측능력을 상실하는 것이다.

주식시장에서 만능인 차트는 과거에도 현재에도 없었다. 또한 미래에도 없을 것이다. 그러나 실전투자에 있어서 기술적 분석을 도외시하는 것은 위험하다.

차트는 비록 예외가 많고 또 경우에 따라서 읽는 방법이 다른 점 등 불완전한 면이 있긴 하지만, 시세를 이해하고 예측하는 데 있어서 아직은 차트 외에 다른 방법은 없다. 흔히들 재료를 가지고 주가를 예측한다고 하지만 재료란 투자심리나 수급상황에 따라 어떻게든 달라지는 것이다.

차트는 이와같이 주가를 결정하는 모든 요인들이 있는 그대로 반영되는 것이다. 또한 그것이 곧바로 미래로 연결되기 때문에 가장 현실적인 주가 예측법이라 할 수 있다.

기본적 분석

기본적 분석은 유가증권의 진가를 결정하려는 기법이다. 기업의 경쟁력, 업계동향, 경제환경, 재무내용, 설비투자계획, 회계방법, 매출, 이익, 배당의 기록 등을 주의깊게 조사하여 이익·배당의 성장률을 정확히 파악하려고 노력한다.

이익·배당의 예측과 그 실현가능성에 대한 판단이 기본적 분석의 중심이다. 그렇기 때문에 그 예측수치와 주가를 대비하는 것에 의해 현재의 주가가 고평가 또는 저평가되어 있나를 판단한다. 저평가되어 있으면 매수를, 고평가되어 있으면 매도를 하는 것이 기본적 분석가의 투자방침이다.

기본적 분석은 기업의 현황 또는 장래에 영향을 미치는 업무의 정보입수에 전념한다. 기본적 분석을 신뢰하는 많은 사람들은 시세라고 하는 것은 자칫하면 기업의 평가를 그르치는 것이라고 생각한다.

또한 모든 기본적 분석가는 어떤 주식의 진가, 즉 내재가치 또는 적정가치의 근사치는 결정할 수 있다고 생각하는 한편, 주가는 꼭 그 적정가치로 매매된다는 의미는 아니라고 생각하고 있다. 그렇기 때문에 가치와 가격이 크게 차이가 나는 기업의 주식을 매매하면 시장평균을 상회하는 투자성과를 거둘 수 있다고 생각한다.

그러나 기본적 분석을 투자의 척도로 삼는다 하여도 매수의 최종결정 단계에서는 차트를 보는 것이 보통이다. 다시 말해서 많은 투자가들은 기본적 분석을 통하여 증권시장에서 저평가되고 있는 주식을 발견하고, 이 주식의 주가변동을 기술적 분석으로 검토하여 매매시점을 포착하고 있는 것이다.

제2장

투자타이밍 포착의 여러 가지 기법

주식투자는 타이밍의 게임

주식투자의 핵은 매매시점을 찾아내는 일이다. 그러나 주가란 살아 있는 생물과 같아서 시시각각으로 변하게 마련이므로 매매시점의 파악은 아무리 전문가라 해도 쉬운 일이 아니다. 그리고 많은 전문가들이 지금까지 증권시세의 정확한 예측치를 얻기 위하여 많은 노력을 경주하여 왔으나, 완전한 성공은 달성하지 못했다.

흔히 주식투자는 '타이밍 게임'이라고 한다. 맞는 말이다. 이 타이밍에 의하여 투자의 승패가 갈라진다. 매도나 매입의 기회가 지나가기 전에 재빨리 기회를 낚아채는 기민성이 무엇보다도 중요한 것이다.

노벨상을 수상한 경제학자 사무엘슨은 이런 말을 했다.

"의학도와 같이 상장주를 주의깊게 살피고 당신이 위대한 투기사와 같은 냉철한 신경과 천리안에 가까운 육감, 그리고 사자의 용기 같은 걸 갖추고 있으면 당신은 미미하지만 성공할 전망이 있다.”

세계 최고의 권위를 자랑하는 노벨상을 수상한 경제학자가 평한 주식시장이다. 다시 말해서 이만큼 주식투자로 인하여 돈벌이를 한다는 것이 어렵다는 말이다.

주식투자에 있어서 가장 중요한 세 가지가 있다.

①언제 파느냐

②언제 사느냐

③어떤 종목을 사느냐

위의 번호순서는 역순으로 되어 있다. 주식투자에 있어서 모두가 중요하지만, 굳이 비중을 구별한다면 번호순대로 된다는 말이다. 즉 무엇을 사느냐도 중요하지만 그보다 더 중요한 것은 언제 사느냐이고, 언제 사느냐보다 더 중요한 것은 언제 파느냐이다. 주식투자가 타이밍의 게임이라고 일컬어지는 이유도 여기에 있다.

처음으로 주식투자를 하는 사람들이 실패하기 쉬운 이유는 위에서 제시한 3요소를 잘 파악하지 못하기 때문인데, 특히 투자시기를 잘못 선택했다는 것에서 원인을 찾을 수 있다.

초보 투자가가 주식투자에 강한 호기심을 갖게 되는 것은 일반적으로 주변의 영향 때문이다. 친구나 친척, 이웃 등이 주식투자로 큰 재미를 보았다든가 매스컴 등에서 연일 주가가 상승했다고 보도하여 화제를 일으킬 때이다.

여기서 우스개 삽화를 하나 들어 보자.

지능이 약간 떨어지는 두 친구가 우연히 거리에서 만났다.

A : 반갑다, 어디 갔다 오니?

팔아 놓고 생각하고, 생각하고 사라
살 때는 충분히 생각한 후에 사고,
팔 때는 우물쭈물 시기를 놓치지 말라.

B : 모모 극장에서 영화를 보고 오는 길인데, 그 영화 정말 재미있더라. 내가 지금까지 본 영화 중에서 가장 재미있는 영화였어.

A : 그렇다면 나도 봐야겠구나.

B : 하지만 이젠 재미가 없을 거야.

A : 왜?

B : 마지막 장면에서 주인공이 죽어 버렸거든. 주인공 없는 영화가 재미있겠어?

A : 그렇군. 어휴, 난 참 아까운 기회를 놓쳤군!

이 우스개 삽화를 주식투자에 대비하여 보자.

친구 두 사람이 거리에서 만났다.

A : 무슨 좋은 일이 있었어? 얼굴에 웃음꽃이 만발해 있는 것을 보니 좋은 일이 있었음이 분명해.

B : 그래, 잘 봤어. 근래에 좋은 일이 있었지. 주식투자로 큰 돈을 벌었으니까 말야.

A : 얼마나 벌었는데……?

B : 내 봉급의 세 배 정도를 벌었지.

A : 우와, 굉장하구나! 그렇다면 나도 당장 주식투자를 해야겠는걸. 대체 어느 회사의 주식을 산 거지?

B : 하지만 이젠 돈벌기는 힘들 거야.

A : 왜?

B : 많은 투자가들이 돈을 잃지는 않고 벌어 가기만 해 버렸
　　거든. 돈을 잃는 사람이 있어야 버는 사람도 생기는데,
　　잃지는 않고 따갔으니 네가 따올 돈이 남아 있겠어?

A : 그렇구나!

　우스개 삽화에 대비한 주식투자의 삽화 속에 놀라운 교훈이
들어 있다. '잃는 사람이 있어야 따는 사람이 있다'라는 명확
한 사실이 바로 그 교훈이다. 그래서 주식투자를 '타이밍의 게
임', '바보게임', '머니게임'이란 말로 부르는 것이다.

　많은 사람들이 주식투자로 큰 돈을 벌었을 때는 이미 주가가
오를 만큼 올라 있을 때가 대부분이다. 결국 최고가를 형성할
때 손을 댄 초심자는 약삭빠른 전문 투자가에게 덜미를 잡혀
이러지도 못하고 저러지도 못하는 꼴이 되기 마련이다.

　대체적으로 경험이 적은 일반 투자가들은 손절(損切)을 잘 못
한다. '이식은 천국이요, 손절은 지옥'이라는 투자격언처럼 인
간은 누구나 손해를 보고 주식을 팔기는 싫은 것이다. 그래서
얼른 결단을 내리지 못하고, 차일피일 미루다가 마침내는 주가
가 크게 떨어져서 더욱 팔기가 어려워지는 것이다.

　물에 빠진 사람은 지푸라기에라도 매달리는 법이고, 기대에
크게 어긋났을 때는 자포자기하는 심정이 되는 것이 일반적이
다. 어느 모로 보나 앞으로 주가가 돌아서기보다는 계속 하락
할 가능성이 많다고 판단이 되는데도, 손해를 보고 주식을 팔
기는 싫으니까 주가가 돌아설 수 있다는 실낱 같은 희망에 매
달리는 것이다.

또한 고집이 좀 센 투자가는 주가가 떨어지면 얼마나 떨어지는지 한번 보자는 식으로 오기로 버티기 작전을 하는 사람도 있다. 이와같이 고집이나 미련 때문에 제때에 주식을 팔지 못하는 사람은 주식투자에서 결국 큰 실패를 보고 마는 것이다.

주식투자에 있어서 프로와 아마의 차이

주식시장이 장기간의 침체를 벗어나 처음 주가가 상승하기 시작할 때에는 시대적 재료를 가졌거나 투자가들의 호응도가 높은 최고가의 우량주부터 오르는 것이 보통이다. 이들 선도주 집단의 주가가 상당수준까지 오르고 나서야 조금씩 여타종목으로 매기가 확산된다. 그후 시장열기가 점점 가열되면서 전업종에 걸쳐 매기가 확산되고 마침내는 3류주인 부실 저가주에까지 매집되기에 이른다.

주가 회복기의 투자가들은 어떻게 움직이는가에 대한 문제는 실전투자에 있어서 매우 중요하다. 그것을 투자계층별로 살펴보면 다음과 같을 것이다.

주식이 바닥권으로 떨어져 장기간 침체되어 있을 때 누군가가 매입을 하지 않으면 주가는 계속 바닥권에 머물게 된다. 그러나 누군가가 꾸준히 매입하면 주가는 조금씩 상승하기 시작한다. 이때—주가가 조금 올랐으므로—장기간 바닥권에서 고생한 주식들이 기회를 놓칠세라 매물을 내놓는다. 그리하여 다시 주가는 바닥권 수준으로 하락한다.

그렇지만 그 누군가는 계속 바닥권의 주식을 수렴해 가면서 지루한 시간을 보낸다.

더 이상 매도물량이 없어졌을 때에 이르러서야 주가는 조금씩 상승한다. 이때는 상승속도가 지루하고 극히 완만하게 움직이는 것이 보통이다.

바닥권의 물량을 수렴해 가는 그 누군가는 대개가 투자의 프로들이다. 역설적으로 말하여 기관 투자가와 노련한 경험자들이 주가상승의 발판을 마련한다는 말로 설명된다.

이러한 과정을 거쳐 주식시세가 상승추세를 보이면, 다소 경험이 있는 투자가들이 시장에 참여함으로써 주가는 비로소 상승추세를 타기 시작한다. 매기가 확산되는 본격시세 단계에서는, 평소 주식투자에 관심이 없던 시장 밖의 대중 투자가들이 광범위하게 참여하게 된다.

이 단계에서 기관 투자가 및 노련한 경험자는 슬그머니 빠져나온다. 대중 투자가들이 주가가 계속 상승할 것이라는 희망적 낙관을 가지고 시장에 참여하는 시점에서, 투자의 프로들이 슬그머니 빠지는 이유는 무엇일까?

이에 대한 답을 산출해 내면 주식투자에 있어서 매매시점을 좀더 쉽게 포착할 수 있다.

투자의 프로들은 굉장히 합리적이고도 과학적인 사고를 한다. 기본적+기술적 분석을 바탕으로 하여 매매의 타이밍을 잡는다. 그들은 주가의 최고가 수준과 최저가 수준을 거의 정확하게 파악하고 있는 한편 적정가를 알고 있다.

그들은 일반 투자가들과는 달리 좀처럼 감정에 지배되지 않는다. 주식을 살 때는 철저하게 싸게 사지만 천정에서 팔 생각은 애초부터 갖고 있지 않다. 그들은 적정가에서 정해진 어느 선까지 상승(하락)했을 때 거의 기계적으로 매매한다. 그렇기 때문에 한창 주가에 가속도가 붙어 계속 상승을 예고하는 시점에서도 갈등하지 않고 매도한다.

투자의 프로들은 위험한 곡예(천정을 잡겠다는)를 즐기지 않는다. 큰 욕심을 부리지 않는다. 그 대신 어떻게 하면 리스크(위험)를 피할 수 있을 것인가에 절치부심한다. 바로 이런 점이 일반 투자가들과 프로의 차이점이다.

주식투자에 성공하기 위해서는 프로의 투자자세와 철칙을 눈여겨보는 것이 여러 모로 유리하다.

주가를 움직이는 재료

주가에 영향을 미치는 요인들을 주식시장에서는 재료라고 한다. 경기동향, 금리변동과 통화량, 자금의 흐름 같은 주식시장 전반에 관한 것에서부터 증자나 신제품 개발 같은 개별종목에 관한 것들이 모두 재료에 포함된다.

근본적으로 주가는 재료에 의해 상승한다. 여기에 인기가 붙으면 상승폭이 더욱 커진다. 그러나 재료가 아무리 좋아도 투자가들이 그 재료를 냉정하게 분석하고 합리적으로 행동하는 한 주가는 큰 폭으로 변동하지 않는다.

투자가들이 모두 합리적일 때, 그 투자가들의 투자행위가 집단화하지 않는 한 주가는 큰 폭으로 오르거나 내리지 않는다. 투자가들이 시장분위기에 선동되어, 이성보다는 감성에 의해서 집단적으로 행동할 때 비로소 주가상승에 가속도가 붙게 된다.

주가가 급등하면 그 주식이 투자가들에게 좋게 보이고, 재료 또한 실제 이상으로 과대평가된다. 재료가 좋아 보이니까 매수세가 늘어나고, 매수세가 늘어나니 주가가 더욱 상승하는 연쇄 상승효과를 보인다. 이것이 바로 주식의 인기화 과정이다.

사실 아무리 좋은 재료를 가진 주식이라 하더라도 인기가 붙

시세는 돌변한다
시세는 언제 어느 국면에서 돌변할지 모른다.
어떤 경우에도 이상하지 않은 것이 시세이다.

지 않으면 주가는 크게 오르지 않는다. 이와는 반대로 아무리 기업내용이 좋지 않은 주식이라도 인기만 붙으면 크게 상승할 수 있게 된다. '인기 7할, 재료 3할'이란 말이 주식시장에 떠도는 것은 모두 이러한 이유에서이다.

주식시장에서는 이렇게 비합리적인 요소가 작용되기 때문에 섣불리 예측할 수가 없는 것이다.

합리성과 비합리성이 교묘하게 결합된 주식시장에서 투자의 시점을 결정하거나 리스크를 점치기 위해서는 무엇보다도 시장 내의 갖가지 여건변화에 민감해야 한다.

정치·사회 여건의 변화는 대개 예측을 벗어나거나 돌발적인 때가 많으나 경제여건은 비교적 증시에 미치는 영향이 크고 깊다. 그러므로 경제여건에 대한 안목을 갖는 것이 특별히 중요하다.

거의 모든 주식은 자본시장에서의 상승과 하락에 따라 영향을 받는다. 따라서 시장의 전환점을 가장 정확하게 예측할 수 있는 사람은, 투자대상의 매입 및 매도시점을 알게 되어 이익을 많이 올릴 수 있다.

말하자면 가장 단순한 원칙으로서, 시장가격이 비교적 낮을 때에 매입하고 비교적 높을 때에 매도해야 하는 것을 말한다.

그러나 아무도 아직 완전히 신뢰할 만한 주가시세 동향의 예측방법을 발견해 내지는 못했다. 그럼에도 불구하고 투자가들은 그 완전하지 못한 이론을 알아야 하고 그 강점과 허점을 알아야만 한다. 그렇게 함으로써 보다 현명한 투자를 할 수 있기 때문이다.

투자타이밍을 포착하기 위해서는 먼저 시장예측을 해야 하는데, 그 예측방법으로는 다음의 네 가지로 분류할 수 있다.

① 경제적 분석
② 기본적 분석
③ 기술적 분석
④ 포뮬러 플랜

경제적 분석

증권시장은 모든 사회적 여건을 반영하는 곳이다. 특히 경제적 여건변화에 따라 물결치듯 움직이는 곳이 증권시장이다.

경제적 분석은 크게 경제적 활동지표와 통화량지표로 나눌 수 있다.

●경제적 활동지표

장기적으로 볼 때 상장회사의 주가는 기업의 수익력과 관련되어 있다. 높은 수익력은 높은 주가로, 낮은 수익력은 낮은 주가로 반영된다. 기업의 활동도 제각각이어서 호경기때 불황을 느끼는 경우도 있고, 오히려 불경기에 호황을 누리는 기업도 있다.

어떤 기업은 높은 경제활동 기간에 평균적인 기업보다 더욱 급속히 수익력을 증가시킬 수 있을 것이며, 다른 기업은 평균치를 밑돌 수도 있을 것이다.

그러나 일반적으로 산업생산지수로 나타난 전체기업 활동과 종합주가지수로 나타나는 주가와는 상당히 밀접한 연관성이 있다. 그러나 이들 지수 사이의 연관성은 하나의 지수가 다른 지수에 어떻게 변동하는가를 정확히 예측할 만큼 신뢰성이 있지는 않다.

보통 주가는 산업생산지수에 앞서서 낮아지게 마련인데, 사려깊은 투자가들은 기업활동이 줄어들게 되면, 이를 예상하여 보유주식을 매도하게 된다.

●통화량 지표

주가는 통화량 증가추이와도 밀접한 관계를 갖고 있다. 주식도 일반상품과 마찬가지로 자금이 있어야 매입할 수 있다.

그러나 주식은 생활필수품이 아니므로 자금에 여유가 있어야 매입하고, 자금이 필요해지면 처분하게 되는 한계를 갖고 있다. 특히 법인은 일시적 유휴자금이 있을 때, 환금성이 좋은 주식에 투자하였다가 자금용도가 생겨나면 매각하게 된다. 이러한 여유자금과 모든 자금의 원천인 통화량 추이가 주가에 큰 영향을 미치는 것이다.

전문가들의 연구결과에 따르면, 주가는 그 주식을 매입할 수 있는 화폐수량, 곧 통화량에 크게 영향을 받는 것으로 나타나 있다. 주식시장의 신용도, 통화공급량, 장기 및 단기이자율, 기업의 유동성 등은 통화량을 측정하는 데 널리 쓰이는 방법이다.

통화량 분석의 가장 단순한 방법은, 주가지수와 화폐공급량의 변동과 대비하는 것이다. 따라서 화폐공급량이 늘면 주가도 이에 따라 상승한다. 이러한 통화량은 금융정책, 거래사항, 유

팔기 쉬운 장은 오르고 사기 쉬운 장은 내린다.
시세는 대중의 마음을 피해서 다닌다.

동성, 은행유동성 등과도 관계가 있다.

기본적 분석

기본적 분석에 대하여서는 이미 앞에서 설명한 바 있다. 대차대조표와 손익계산서상의 자료를 이용하여 투자대상기업의 수익성, 안정성, 성장성을 분석하는 방법이 기본적 분석이다.

그러나 기본적 분석을 할 때 특정한 일개의 회계년도의 재무제표에 국한해서 계산, 분석해서는 주식의 투자가치를 평가하는 데 유용한 도움을 주지 못한다.

과거 수년에 걸쳐 이들 재무비율이 어떠한 추세를 가지고 변화해 오고 있는가를 관찰하여 미래를 예측할 수 있어야 증권분석으로서의 재무제표 분석이 의미를 가질 수 있는 것이다.

투자가는 투자에 앞서 전국적인 경제적 예측뿐 아니라 산업에 대한 기본적 분석을 토대로 하여 투자종목과 시점을 포착해야 한다. 이렇게 함으로써 불합리적인 요인에서 발생하는 위험을 최소한 방지할 수 있다. 회사의 상세한 데이터를 모은 결산보고서는 증권관계 기관에서 열람할 수 있다.

기술적 분석

기술적 분석은 증권가격이 증권의 수요와 공급에 의해 결정된다는 것을 앞에서 설명했다. 이 장에서는 '단주거래지수'와 '공매지수'에 대하여 설명한다.

●단주거래지수

증권시장을 예측할 때 단주거래통계를 이용하기도 한다. 그 까닭은 보편적인 대중 투자가의 행동양상이 단주통계로서 나타나기 때문이다.

단주의 매입과 매도는 100주 미만의 경우를 들 수 있다. 주가가 오르면 이 투자가는 주의를 기울이게 되고, 잔여분을 매도하게 된다. 그러나 주가에 가속도가 붙어 천정권에 이르게 되면 욕심이 생겨 적극적으로 매입하게 된다. 반면에 주가가 크게 하락하게 되면 두려움이 생겨 다시 매도를 시작한다. 따라서 단주거래통계는 전환점을 검증하는 중요한 자료로 활용된다.

▶ **단주 투자가의 증후**

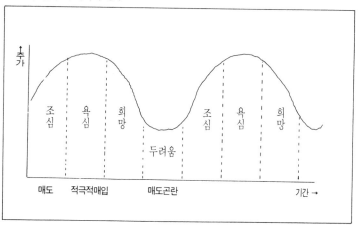

●공매지수

신용거래제도에 의하면, 투자가는 대금을 모두 지불하지 않아도 일정한 위탁보증금만 적립하면 주식을 매입할 수 있다.

머리와 꼬리는 남에게 주어라
가장 밑바닥에서 사서 최고의 천정에서
팔고자 하는 욕심을 버려야 한다.

곧 자금을 빌려서 현물을 사는 것이다. 이는 주식을 취득하는 것이 목적이 아니고, 반대매매로써 시세차익을 얻는 것이 목적이기 때문에 공매라고 한다.

투자가는 주가가 하락될 것으로 기대되면 공매를 하게 된다. 이들 공매는 주식을 재매입함으로써 가능하게 되므로, 주식에 대한 미래의 수요를 구성하게 된다. 주가의 하락을 예상하여 공매한 주식의 총수는 결국 더욱 낮은 미래수요를 예측하도록 하는 것이다.

공매지수 자료는 1일 평균주식거래량에 대한 공매비율로써 나타내게 되는데, 매일경제신문에 게재하고 있다. 이 비율이 상승하면 주식에 대한 거래수요가 증대되는 것을 뜻하는 것이다.

포뮬러 플랜

예측하기 힘든 주식시장에서 냉정하고도 객관적으로 매수시기, 매도시기를 판단하는 방법으로 이용되고 있는 것이 포뮬러 플랜(formula plan)이다.

'싼 값으로 사서 비싼 값으로 판다'는 것은 주식투자의 가장 바람직한 형태이지만, 이것은 아무리 지혜를 다한다고 해도 매우 어려운 일이다. 그래서 이상적인 형태로 다가서는 방법이 여러 가지로 연구되어 왔는데, 그 하나가 포뮬러 플랜이다. 포뮬러는 방식(方式)이라는 뜻을 가졌으므로 공식에 입각하여 행해지는 투자라는 뜻이 된다.

포뮬러 플랜은 예측이란 수단을 사용하지 않고 일정한 공식하에 주식을 매매하는 투자법으로 정액법, 정률법, 변률법의 세 가지 방법이 있다.

포뮬러 플랜 정액법

정액법은 주식투자에 돌리는 금액을 일정하게 해 두는 방법으로 주가가 상승하면 상승한 분만큼의 이율을 떼내고, 싸지면 그만큼 주를 사서 늘리는 방법이다.

예를 들면 투자액을 1,000만원이라고 정하고 자신이 정한 기간마다 투자액을 시가로 평가한다. 그때의 평가액이 만약 1,000만원을 초과했으면 초과분에 해당하는 주수를 팔아 현금화시켜둔다. 당연히 소유주는 줄어든다. 반대로 1,000만원 이하라면 부족한 분에 해당하는 주수를 매수해 두는 것이다. 당연히 투자자금을 다시 추가하게 되는 것이다.

이렇게 해 나가면 자신도 모르는 사이에 주가상승시에 이율을 바라고 싼 값으로 주를 사서 보태는 결과가 되어 고가로 사서 싼 값으로 파는 실패는 방지되는 것이다.

포뮬러 플랜 정률법

정액법에 대해서는 앞 대목에서 설명한 바와 같이 많은 효과를 기대할 수 있다. 그러나 정액법에도 결점은 있다. 왜냐하면 아무리 투자성과가 있다고는 하지만 투자액이 고정화되어 있기 때문에 불편한 일이 일어나기 때문이다.

예를 들어 투자한 주식이 성장력이 강한 우량주이며 가격상 승을 계속한 경우 매매액은 축적되어 가지만, 주수는 자꾸만 감소되어 가는 것이다. 반대로 투자한 주식에 대한 일반의 인 기가 떨어져 가격하락을 계속했을 경우 추가자금이 언제나 필 요하게 되며 매력이 적은 주식만이 자꾸만 축적되어 가는 셈이 다.

따라서 포뮬러 플랜 정액법에서는 투자하는 주식의 선정법이 매우 중요하며, 그때 그때의 정세에 따라 주식의 교체도 필요 하게 된다. 여기에 비해 포뮬러 플랜의 정률법은 투자주식이 고정되어 있지 않고, 자금을 일정한 비율로 공격부문과 방어부 문의 둘로 나누어 투자하는 탄력적인 투자법이다.

공격부문과 방어부문을 구별하는 분명한 기준은 없다. 확률 의 높고 낮음에 의해 결정되는 것이다. 예를 들어 공격부문을 주식으로 한다면 방어부문은 예금, 저금, 신탁, 채권 등이며 모든 자금을 주식에 투자하는 경우는 공격부문은 투기성이 강 한 주식에의 투자, 방어부문은 안정성이 강한 주식에의 투자라 고 하겠다.

여기서 중요한 것은 공격부문과 방어부문의 비율을 일정하게 한다는 것이다. 5대 5라든가 6대 4 등으로 비율을 결정했으면 매달 말일이나 3개월 미만의 일정한 간격으로 시가평가를 한 다. 만약에 이 비율이 달라졌다면 주식을 매각하거나 매수하여 원래의 비율로 돌려놓는다.

예를 들어 1,000만원의 자금을 6대 4의 비율로 나누어 600만 원을 주식에 투자하고 400만원을 채권에 투자했다고 가정해 보 자. 3개월 후에 시가평가를 했더니 주식부문이 700만원이 되 고, 채권은 400만원 그대로(이율상승은 감안하지 않는다)였다면

알고 행하지 않는 것은 모르는 것과 같다
부뚜막의 소금도 집어 넣어야 짜다.
아무리 손쉬운 일이라도 실행하지 않으면 가치가 없다.

시가평가의 총액은 1,100만원이 되므로 주식비율이 6할을 초과한다.

여기에서 주식부문 중의 60만원 상당액을 매각하여 채권을 40만원 늘리면 비율은 다시 6대 4의 비율로 돌아간다.

반대로 주식이 500만원으로 하락했을 경우는 채권을 40만원분 매각하고 주식을 40만원어치 매입하면 주식이 540만원, 채권이 360만원이 되어 원래의 6대 4의 비율로 돌아간다.

포뮬러 플랜 변률법

포뮬러 플랜 정률법은 자금을 공격부문과 방어부문으로 나누어 투자하고, 또한 그 금액의 비율을 일정하게 해둠으로써 확실한 가격상승에서 오는 이익을 노리는 방법이다.

이 경우 공격부문과 방어부문의 비율을 어느 정도로 정하면 좋은가, 어떤 효과를 기대할 수 있는가가 문제이다.

일반적으로 5대 5의 비율이 바람직하나 주가가 상승하고 있을 때는 7대 3의 비율이 좋고 주가가 하향세에 있을 때는 3대 7의 비율이 좋다.

그런데 정액법이건 정률법이건 주가의 변화는 반영되어 있으나 주식시장의 흐름을 반영하지 못한다는 결점이 있다.

주식시장이 상승기조에 있을 때는 주식의 비율을 높이고, 하강기조일 때는 주식의 비율을 줄이는 편이 좋은 결과를 가져오는 것은 당연한 일이다.

　여기에서 등장하는 것이 포뮬러 변률법이며 그 대표적인 것
이 키스톤 플랜(Keystone plan)이다.

　키스톤 플랜에서는 반대수도표(反對數圖表)에 주가의 움직임
을 맞추어 고가와 저가 사이에 여섯 개의 평행직선을 긋는다.
그렇게 되면 고가선 위에 하나의 영역, 저가선 사이에 다섯 개
의 영역, 저가선 아래에 하나의 영역이 생긴다. 합계 일곱 개
의 영역 그 어디에 주가가 자리잡고 있는가에 따라 주식부문(공
격부문)과 방어부문의 비율을 바꾸어 가는 것이다.

제3장

리스크를 피하기 위한 투자기법

　스포츠 또는 장기나 바둑의 세계에서는 프로와 아마의 실력 차는 확연하다. 그러나 주식투자의 세계에서는 그 차이가 그다지 확실하지 않다. 이따금 전문가가 어긋나고 아마추어가 크게 적중한 사례가 생긴다. 그래서 투자격언에도 '전문가는 작은 시세에 강하고 아마추어는 큰 시세에 강하다'는 말이 있다.

　이러한 현상은 왜 생기는 것일까? 왜 전문가는 실패하고 아마추어가 성공하는가? 주식투자에 경험이 적은 젊은 계층의 투자나 시세의 경험이 전혀 없는 초보 투자가들은 멋모르고 과감히 투자하여 성공을 한 것에 불과하다.

　그들은 주식투자의 어려움이나 패배의 쓰라린 고통을 겪어 보지 못했기 때문에 공격적이고 과감한 투자를 할 수 있으며, 그것이 큰 시세에서 적중한 것이다.

　주식투자를 하는 사람 중에는 주식투자로 돈벌이를 하는 방법이 아니라 손해를 보는 방법을 연구하고 있는 전문 투자가도 있다. 어떤 경우에 손해를 보는가를 알고 있으며, 그것을 피하는 방법으로 투자를 하면 성공할 것이 아닌가 하는 역발상에서 나온 방법이다.

전문 투자가 K 씨는 주식투자에서 반드시 손해를 보는 조건으로 다음 10개항을 제시한다.

① 생명과 같은 돈을 몽땅 주식에 투자한다.
② 유행은 무작정 좋아한다.
③ 적당한 주식을 남의 권유로 산다.
④ 시장이 한창 과열되었을 때 고가로 투자한다.
⑤ 매각의 시기를 가리지 않는다.
⑥ 자금력을 믿고 닥치는 대로 주식을 사들인다.
⑦ 신용거래로 일확천금을 꿈꾼다.
⑧ 이론무장은 완벽하게 한다.
⑨ 매수, 매입의 속도를 빨리한다.
⑩ 목표치를 수시로 바꾼다.

K 씨는 근시적인 안목으로 이익만을 추구하거나, 무턱대고 유행만 좇으면 틀림없이 손해를 본다고 지적하고 있다.

투자시점의 탐색

주식투자의 궁극적인 목적은 돈을 벌기 위해서이다. 그러나 주식투자는 한탕주의를 원칙으로 하는 도박이 아니다. 주식투자는 과학적인 분석을 바탕으로 하는 확률게임이다. 그것도 그 자리에서 어떤 승부가 결정되는 도박과는 달리 장래의 성장기업을 찾아내어 투자하는 바람직한 투자형태를 취하고 있다.

여기서 바람직한 투자라는 말을 사용하는 것은, 앞으로 다가올 미래의 밝은 때를 위하여 밑천을 대주고 기다리는 형태를 취하고 있음을 말한다.

주식투자에는 체계적인 주가분석 능력과 성장산업을 찾아내어 유망기업을 선정하는 종합적인 예측능력, 그리고 투자된 자금이 기업에게 유용한 산업자금으로 쓰여지고 있다는 점에서 도박과는 근본적으로 다름을 알 수 있다.

주식투자 입문서에는 주식투자는 단기 시세차익을 노려서는 안 된다고 지적하고 있다. 물론 정해진 금리에 따라 수익성이 보장되는 예금이나 채권투자가 아닌 바에야 어느 정도의 자금 회전률에 따른 단기 시세차익을 노려야만 한다. 그러나 여기서도 장기와 단기를 혼합한 자금의 효율적인 배분관계가 성립되어야 한다고 강조하고 있음을 본다.

주식투자는 어떤 의미에서 주식투기의 성격을 강하게 수반한다. 투자에 원금이 감소되는 위험부담을 반드시 안아야 하기 때문에 투기심리의 메커니즘이 작용되는 것이다. 사실 주식투자에 어느 정도의 투기성이 끼여들지 않는다면 자본시장이 자유경쟁에 의하여 자연발생적으로 성립된다는 논리에 맞지 않을 뿐만 아니라 증권시장이 원활하게 돌아갈 수도 없다.

아무튼 주식투자의 목적이 보다 나은 수익성에 있는만큼 투자가는 이에 대한 현명한 대책이 절대 필요하다.

성공적인 투자가가 되려면 우선 투자기회를 찾아야 한다. 비교적 주식투자에 성공을 거둔 사람들은 거의 이 투자시점 포착에 강하다는 사실을 알아둘 필요가 있다.

투자가가 현명한 투자결정을 하기 전에 충분한 정보를 가져야 한다. 무릇 주식의 등락에는 그에 상응하는 충분한 요인이

있게 마련이고, 그 상장회사의 기업정보를 충분히 파악할 수
있다면 등락요인도 어느 정도 추정할 수 있게 되는 것이다.

매입의 기본은 비교적 낮은 가격에서 매입하는 것이 가장 안
전한 선택이라고 할 수 있다. 일반적으로 최고가에서 3할 이상
하락했다면 매수를 고려해 보는 것이 좋다.

또한 오랫동안 인기권 내에 들어 있던 주식이 일단 움직이기
시작할 때면 매입시기로 봐도 좋다. 왜냐하면 그런 주식은 통
계적으로 약 3개월은 하락할 염려가 없으며, 때로는 6개월에서
1년간 상승을 계속하는 종목도 있기 때문이다.

주식을 사기 위해서는 여러 가지 판단자료를 놓고 분석을 하
게 되지만, 막상 어느 시점이 가장 낮은 가격인지 확실하게 아
는 방법은 없다. 다만 가장 싼 시세로 사야 한다는 욕심을 버리
고, 투자정석에 맞추어 아쉽지만 싼 값 근처에서 사겠다는 자
세를 갖는 것이 현명하다.

▶ 주가의 변화 모형도

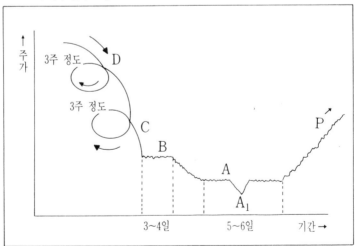

좌측 그림은 주가의 변화되는 과정을 나타낸 모형도이다. 때문에 반드시 그림처럼 진행된다는 뜻이 아님을 미리 밝혀둔다.

주가가 일단 하향국면으로 접어들면 D지점에서 타원을 그리게 된다. 이것은 주가가 계속하여 그대로 빠지는 것이 아니라 빠지다가 다시 상승한 후, 다시 원래의 D지점으로 되돌아오는 반복운동을 하게 된다. 그 기간이 대개 3주 정도이기 때문에 '소회전 3주간'이라는 말로 설명되고 있다.

이러한 소회전은 C지점에서 한 번 더 반복하고 나서야 B에 도착, 3~4일간의 조정기간을 거친 다음 바닥권 A에 도달한다. 물론 바닥시세 A에서 더 깊게 빠지는 A_1 골짜기가 있지만, 이건 정말로 순간적이라서 이 점을 포착하기란 거의 불가능하다.

그러므로 보통은 A지점에서 사는 것이 정석이다.

투자전략의 검토

인기변화를 검토하라

주식투자에 성공을 하려면 종목에 대한 인기변화를 간파하는 것이 중요하다. 전혀 다른 종목군에서 어느 곳으로 인기가 옮겨갈 것인가를 검토할 필요가 있다.

'천정 3일, 바닥 100일'이라는 투자격언이 있다. 주식시장은 상승하는 날보다는 하락하거나 쉬는 날이 더 많다는 말이다.

장세가 조정기에 접어들면 매수측과 매도측이 모두 관망세로 접어들어 거래가 급감하게 된다. 또 당장 주가가 상승할 기미를 보이지 않기 때문에 주식시장으로 자금유입도 끊어지고, 오히려 고객예탁금이 감소하는 경향이 있다.

대량거래가 지속되면 천정의 징후이다.
주가가 오를수록 투자심리는 고무되어 거래량이 크게 늘어난다.
주가가 무한정으로 오를 것처럼 느껴지는 때가 위험하다.

이와같이 전체장세가 조정 중일 때거나 하락시세가 되었을 때, 증권회사의 움직임을 유의하는 것도 좋은 매입시점이 된다. 왜냐하면 증권회사는 그러한 경우에도 약정을 위한 매매를 해야 하기 때문이다. 이때 증권회사는 영업의 활성화를 위하여 무언가 인기주를 만들게 되는데, 물량부담이 가벼운 소형우량주에 치중하는 것이 일반적인 현상이다.

회사분석에 너무 치중하지 말라

주가의 기본원리는 기업내용이 좋고 경영상태가 양호한 기업일수록 그 주식의 가치가 높고, 기업의 재무상태가 나쁘고 영업이 부진한 회사일수록 주식의 가치는 낮다고 할 수 있다. 실제 주식시장에서도 가치가 높은 주식은 주가가 높게 형성되어 있고, 가치가 낮은 종목은 주가가 낮게 형성되어 있는 것이 일반적이다.

주가는 결국 그 기업이 가지고 있는 내재적 가치로 회귀하는 성향이 있으며, 좋은 주식은 언젠가는 오르고, 나쁜 주식은 언젠가는 떨어질 수밖에 없는 것이 사실이다.

그러나 주식으로 표현되는 회사와 주가와의 사이에는 상호연관성이 없는 경우가 흔히 있다. 이는 투자가들이 그 주식에 매력을 갖는가 혹은 잃어버리는가에 따라 달라지게 된다.

그러므로 주식투자에 있어서 지나치게 기업내용에만 집착하고 현실적인 주가흐름을 무시하면 성공하기 어렵게 된다. 어디까지나 우연한 투자접근을 시도하는 것이 바람직하다.

시장의 흐름에 따른 투자전략이 필요하다.

앞에서 설명했지만, 주식시장에는 4계절의 순환과 같은 보편적인 움직임이 있다. 금융장세→실적장세→역금융장세→역실적장세가 그 흐름인데, 이 흐름은 어떠한 경우에도 순번이 바뀌는 경우가 없다.

▶ **각 장세에 따른 지표의 움직임**

구 분	금 리	실 적	주 가
금 융 장 세	↓	↘	↑
실 적 장 세	↗	↑	↗
역금융 장세	↑	↗	↓
역실적 장세	↘	↓	↘

▶ **각 장세에 따른 리드업종**

금융장세		• 은행·증권 등의 금융관련주 • 공공서비스 관련주 • 재정투융자 관련주 • 부동산 관련주
실적장세	전반	• 소재산업 관련주(섬유·제지·화학·유리·시멘트 등)
	후반	• 가공산업 관련주 • 소비관련 고수익의 성장성이 높은 종목
역금융장세		• 소형우량기업이 상승
역실적장세		• 우량주의 매입찬스 • 금융 관련주와 재정투융자 관련주

투자가 심리와 뇌동매매 성향을 파악해야 한다

투자의 세계에서는 객관적인 정보는 한정되어 있고, 장래는 불투명하다. 그런 이유 때문에 항상 어수선하다.

주식시장에 참가하고 있는 사람들의 의견도 항상 변화하고 있다. 투자가가 갑자기 생각을 바꿔도 아무도 비난하지 않는 곳이 투자의 세계다.

  단적으로 말하면 시장은 대단히 주관적이고 심리적인 것이기 때문에 복종이나 집단사고에 빠지기 쉽다. 그러므로 투자의 결정시 심리적인 압박감을 이해하는 것이야말로 주식시장에 잘 대처하는 방법이라 할 수 있다.

  약세시장에서 강세시장에로의 전환이나 그 반대방향으로의 전환은 경제요건에서 오는 것이 아니라, 투자가의 심리상태가 낙관론에서 비관론으로 수시로 변화하는 까닭이다. 따라서 투자가가 낙관에 더욱더 흐르게 되면, 그 투자가의 태도변화가 주가상승을 부채질하게 되며, 투자가들이 위축되면 주가는 하락하게 되는 것이다.

  이러한 요인으로 인해 끊임없이 강세와 약세시장을 오르내린다는 것을 이해할 필요가 있다.

▶ 연초대비 주식시세

연 최고가	중 최저가	종목명	연초가	현재가	등락
54,000	34,000	남양유업	35,800	50,500	▲14,700
102,000	67,900	롯데삼강	76,500	86,900	▲10,400
207,100	129,000	대한화섬	179,900	145,000	▽34,900
45,000	16,800	동성화학	21,200	41,800	▲20,600
9,350	4,400	동성철강	9,300	8,150	▽ 1,150
52,900	25,500	제일화재	42,500	25,800	▽16,700
17,500	10,500	신성무역	16,000	16,600	▲ 600

＊ 도표는 비교적 등락폭이 큰 종목을 추려뽑은 1994년 6월 7일의 주식시세이다.

  도표상에 나타난 주가의 최고가와 최저가를 비교해 보면, 주가가 불과 5개월 남짓한 사이에 끊임없이 강세와 약세시장을 오르내렸다는 것을 알 수 있다. 이처럼 주가는 끊임없이 움직이고 있으므로 약세시장에서 매입을 해야만 적정한 투자수익을 얻을 수 있다.

도표상으로만 따진다면 연중 최저가 수준에 근접해 있는 제일화재의 주식을 매입할 찬스가 되는 것이다.

주식매입 리스트

투자가는 항상 주의깊게 주가의 움직임을 추적하지 않으면 안 된다. 그러면서 소유하고자 하는 종목에 대한 리스트를 먼저 작성하여 기본적 분석을 해 두는 것이 좋다.

그 리스트에는 다음 사항이 분석되어야 한다.

① 해당주식의 지금까지의 최고가와 최저가
② 해당주식의 PER
③ 신용매수잔고
④ 최근의 거래량
⑤ 예상매출액과 순이익

시장지표를 파악하라

'시세는 시세에게 물어라'라는 투자격언이 있다. 이 격언이 의미하는 바가 바로 시장지표이다.

시세에 관한 한 시세가 가는 길이 진리이다. 아무리 탁월한 이론과 설득력 있는 논리로 설명되는 시세관이라고 하더라도 그것이 현실적인 주가흐름과 동떨어진 것이라면 한 푼의 값어치도 없는 이론이다.

도도히 흐르는 강물의 흐름을 막을 수는 없다. 이와 마찬가지로 주식시장에서도 시세의 흐름을 막을 수는 없다. 시세이론 앞에서는 결과적으로는 다른 모든 사항은 무관한 것이 되며, 오로지 시세이론인 시장지표만이 투자가의 행동지침을 마련해 줄 것이다.

매주 다음 항목을 체크한다면 시장흐름을 파악할 수 있으며, 유리한 투자결정에 도움이 될 것이다.

① 다우이론 평균의 5주간의 이동평균주가와 주식매입 리스트의 동일주가.

② 상기항목의 15주간, 40주간의 이동평균.

포트폴리오를 구사하라

미래의 주가는 어느 누구도 정확히 알 수 없다. 그렇기 때문에 주식투자에는 항상 위험이 내포되어 있다. 최악의 경우에 처했을 때를 가정하고 가급적 투자의 위험을 분산하기 위한 투자기법이 분산투자이다.

분산투자는 다음과 같은 사항을 고려해야 한다.

① 분산투자는 서로 성격이 다른 종목을 선택해야만 한다.

② 투자관리 측면에서 3개 종목 정도가 적당하다. 단 좀더 위험분산을 하고 싶은 투자가는 4~5개 종목으로 늘리고, 위험을 감수해서라도 높은 수익을 올리고 싶은 투자가는 1~2개 종목으로 줄일 수도 있을 것이다.

제4장

분산투자의 이론과 실제

달걀은 한 바구니에 전부 담지 말라

주식투자는 위험이 크게 따르는 투자수단이기 때문에 투자위험을 어떻게 하면 최소화하느냐가 관건이 되어 있다. 동전을 던져서 앞면이 나오면 일확천금을 얻고, 뒷면이 나오면 파산해 버리는 투기적 방식으로 주식투자를 할 수는 없는 것이다.

"달걀은 한 바구니에 전부 담지 말라."

집중투자를 했을 경우 적중했을 때는 이익이 무엇보다 크지만, 그만큼 위험부담 또한 크다. 욕심내어 달걀을 한 바구니에 담았다가 떨어뜨렸을 경우, 전부를 잃는 불상사를 사전에 방지하라는 투자격언이다.

주식은 상승하리라고 생각하기 때문에 사는 것이지 떨어지리라고 생각하면서 사는 바보는 없다. 그러나 예상이 빗나가 하락하는 경우가 많다. 이러한 위험에 대비하기 위해서는 당연히 분산투자를 해야 한다. 이것이 주식투자의 기본법칙이다.

몇 종목에 걸쳐 매입하게 되면 일부는 예상이 빗나가 하락한다 해도 다른 종목이 상승하면 차감하여 플러스가 된다. 예상이 빗나간 종목은 매도방침을 취하고, 보다 유망한 종목이 나타나면 그쪽으로 투자종목을 바꿔 나가면 된다. 다른 종목에서 이익이 나면 그 이익금의 일부로 손해금을 메꿔 나가는 형식으로 투자를 해 나가는 것이다.

종목을 여러 업종으로 분산해야 한다

위험분산이라는 면에서 종목그룹을 나눠 투자하는 것이 바람직하다. 투자가 중에는 동일업종 내의 각 회사에 나누어서 투자하고 분산투자했다고 생각하는 사람이 있으나, 이것은 진정한 분산투자라고 할 수 없다. 동일업종 내 주식은 유사한 주가 움직임을 보이기 때문에 위험감소 효과가 극히 작게 된다.

언젠가 주식투자로 손해만 보았다고 호소하는 사람이 있어서, 종목진단을 위해 그 사람의 보유주 리스트를 살펴본 일이 있다. 그 결과 종목수는 많으나 비슷한 종류의 비인기주만을 갖고 있었다.

투자관리 측면에서 3개 종목 정도가 적당하다

분산투자가 좋다고 하여 지나치게 많은 종류의 주식에 나누어서 투자하는 것은 투자관리라는 측면에서 문제가 된다.

주가란 끊임없이 변동하는 것이며 때로는 단기간에 매우 큰 변동폭을 보이기도 한다. 이 때문에 투자성과를 높이기 위해서는 주의깊게 주가움직임을 추적하지 않으면 안 된다. 이러한 수고는 보유주식의 종류가 많으면 많을수록 커지게 된다.

보유종목이 10개 또는 그 이상이 되면 한 개인으로는 효과적인 관리가 사실상 어려워지는 것이다. 또한 분산투자를 철저히 하면 그것이 바로 인덱스펀드에 가까워지게 된다. 예를 들어, 만일 10개 이상의 종목에 분산투자를 하면 그 중의 한 종목이 100% 상승하더라도 다섯 종목이 20% 하락한 것만으로 그 성과는 사라지고 만다.

주식투자의 목적은 높은 수익성에 있다. 그런데 안정성만을 위하여 지나친 분산투자를 한다면 수익성이 그만큼 감소될 수도 있으므로 유념해야 한다.

가장 이상적인 투자종목수는 3개 종목 정도가 가장 적합하다. 좀더 위험분산을 하고 싶은 투자가는 4~5개 종목으로 늘리고, 위험을 감수해서라도 높은 수익을 올리고 싶은 투자가는 1~2개 종목으로 줄일 수도 있을 것이다.

그리고 분산투자의 경우도 그때 그때의 인기를 탈 수 있는 시류성을 고려하여 투자를 해야 보다 나은 효과를 얻을 수 있다.

제5장

유망주 발굴요령

　인간은 항상 미래에 대한 어떤 기대를 갖고 살아간다. 현실이 아무리 괴롭고 힘들어도 화려한 미래에 대한 꿈이 있다면 거뜬히 현실의 고통을 이겨낼 수 있다. 주식도 마찬가지이다. 투자가들이 주식을 사는 이유는 미래에 대한 어떤 기대가 있기 때문이다.

　따라서 주가는 현재의 가치를 반영하고 있는 것이 아니라 미래의 가치를 현재에 반영하고 있다고 해도 과히 틀린 말은 아니다. 그러므로 주가를 예측하거나 종목을 선택하는 데 있어서 현재의 사실보다는 미래의 사실을 더욱 중요시해야 하는 것이다.

　유망주의 선별법에는 여러 가지 방법이 있다. 그 중에서도 누구나 할 수 있고 더욱이 확률이 높은 방법이 있다. 그것은 각종 정기간행물의 주식기사 속에서 찾아내는 방법이다.

▶ **증권회사 발행 간행물의 장점과 단점**

장 점	단 점
• 해당 증권회사의 명예를 걸고 상세히 조사되어 있으므로 신뢰도가 높다. • 주목되는 주식을 사려는 투자가가 많기 때문에 주가가 상승할 확률이 높다. • 거래가 활발하기 때문에 매매의 성립이 쉽다.	• 크게 히트할 만한 발굴주가 적다. • 주식선정에 신중을 기한 나머지 관심주 결정까지 시간이 걸려 발표될 때는 절호의 매수기회를 놓치고 만다. • 많은 투자가가 정보를 공유하기 때문에 상대적으로 정보가치가 떨어진다.

정기간행물 속에는 경제와 증권시장에 일가견이 있는 전문가들의 의견이 항상 게재되고 있다. 지면을 통해 발표되는 전문가들의 의견은 투자가라면 누구나 참고로 삼을 만하다.

그러나 이들 중에는 선출되는 과정에 문제가 있는 경우도 있다. 또한 주식이 선출되고 나서 투자가에게 공개되기까지의 시간이 지나치게 많이 걸려서 투자의 타이밍이 맞지 않을 수도 있다.

주식의 관심주 기사는 크게 두 가지로 나눌 수 있다. 하나는 증권회사의 조사부나 증권회사가 출자 설립한 조사기관이 편집 또는 발행하는 간행물에 의해 소개되는 주식기사이다. 여기서 다루어지고 있는 주식은 대체로 안정된 성과를 기대할 수 있지만 단점도 있다.

장점과 단점을 구분하면 다음과 같을 것이다.

다른 하나는 경제신문과 잡지 등에서 다루고 있는 유망주이다. 경제신문에는 관심주 동향이 상세히 게재되고 있고 갖가지 기업정보가 실려 있다. 따라서 잘만 이용하면 적잖은 발굴주식을 찾을 수 있다.

우량주 매입찬스를 잡아라

일반적으로 우량주라고 하면 우선 첫인상에 믿음이 가서 좋다. 재무구조가 좋고 대외신용도가 높은 기업이 발행하는 주식이기 때문에 안정성이 있어 보인다. 그러므로 투자가들의 입장에서 우량주에 대한 신뢰감이 있는 것은 당연한 일이다. 그러나 우량주는 주가의 변동이 둔한 특징을 가지고 있다.

그것은 대형회사들은 성장면에서 어느 정도의 한계에 도달했다고 보는 투자가들의 공통된 투자심리 때문이다. 따라서 주가 변화율에서 보면 투자묘미가 적은 그룹이며, 큰 폭의 주가하락 위험성은 적기 때문에 자산주로서 적합하다.

기관 투자가들은 정책적으로 우량주를 선택하고 있다. 그것은 그들의 특성상 원금의 안정성에 우선성을 부여하기 때문이지, 반드시 그곳에서 높은 수익을 기대하기 때문만은 아니다.

우량주의 매입찬스는 주식장세가 바닥에 침체되어 있을 때이다. 시장이 장기간 침체되어 있을 때의 우량주는 '주가가 높은 수준에 있다'라는 이유 하나만으로 하락한다. 즉 옥석 구분없이 모든 주식이 투자가로부터 버림받고 있기 때문이다.

품귀주를 주목하라

주가시장에는 품귀(品貴)라는 것이 최대의 이유로 값이 뛰는 주가 있다. 품귀주는 그 주식에 대한 수요(매수주문)가 계속적으로 많은 데 비해 언제나 공급(매도주문)이 적고 더욱이 공급이 늘어날 가능성도 적은 주식을 말한다. 그러나 그 주식이 어떤 면에서는 투자가치 또는 투자매력을 가졌다는 것이 반드시 전제되어야 한다.

이때 어떤 이유로 인해 품귀주에 대한 수요가 일시적으로 쇠퇴하고, 공급이 비교적 많아지는 시기는 주목할 만한 투자기회가 된다. 이런 경우 품귀주를 사 두면 장차 큰 주가상승을 기대할 수 있는 가능성이 있기 때문이다. 다만 이럴 때는 그 주식에 치명적인 결함이 생기고 있음을 예상하게 되므로 그런 사실이 있는가, 없는가, 결함이 생겼다 하더라도 극복할 수 있는 가능성이 있는가 등에 대한 충분한 조사를 해 둘 필요가 있다.

대체로 다음과 같은 주를 품귀주라 할 수 있을 것이다.

① 자본금이 적은 주.

② 경영자 일족이 대주주인, 이를테면 가족회사의 색채가 짙은 주.

③ 외국자본이 대주주로 되어 있는 주.

④ 지방에 본사가 있는 주.

⑤ 금융기관이 대주주로 되어 있는 주.

⑥ 장외시장거래주.

이 중에서 주주 일인당에게 주수가 많은 주, 거래량이 적은 주식 등은 품귀주로서 주목해야 할 후보이다.

순환주를 저가에서 매입하라

고가와 저가의 수준이 대강 정해져 있고, 2년에 3~4회 정도 그 사이를 왕래하는 주식을 왕래주라고 한다. 특히 시황의 변화에 의해 움직이는 시황산업주가 아니라 인기가 순환적으로 오름으로써 왕래주가 되는 주식을 순환주라고 부른다. 이런 주식은 저가의 노루목을 지키고 있다가 잡으면 큰 시세차익을 남길 수 있다.

시황산업주는 왕래주라기보다는 시황형편에 따라 주가가 움직이는 주식을 말한다. 따라서 시황이 나쁠 때에 싸게 매수하여 시황이 호전되어 주가가 높아지면 매도하는 전법이 필요하다. 느긋한 마음으로 투자하면 꽤 돈벌이가 되는 주식이다.

같은 시황산업주라도 다른 사업에도 진출하고 있는 회사의 주식 쪽이 더 장래성이 있다. 예를 들어 같은 섬유주라도 화학섬유는 화학분야에 진출이 가능하기 때문에 주가의 상승가능성도 높다.

외진 곳의 꽃동산, 저가주를 유심히 관찰하라

주식시장에서의 최고의 수익률은 남의 시선을 끌지 못하는 종목에서 탄생한다. 여기에서 주목해야 할 주식이 저가주이다.

주가가 싼 원인은 요컨대 실적이 부진하거나 사업의 장래성에 불안이 있기 때문이다. 그러나 저가주 중에는 이미 악재료를 충분히 반영하여 저가권에 도달하고 있기 때문에 더 이상 가격이 하락할 위험성이 거의 없는 것들도 있다.

이런 주식은 소액의 자금으로 투자할 수 있음은 물론 주가가 상승으로 돌아설 가능성이 높은데, 그때에는 상당한 상승률을 기대할 수가 있는 것이다.

미인주를 잡아라

주식투자는 혼자하는 게임이 아니라 모든 투자가가 더불어 하는 게임이다. 따라서 개인의 생각보다는 항상 다수 투자가들

포기는 빨라도 결코 주저하지 말라
시세에는 흐름이 있다.
그 흐름이 변했다고 생각되면 빨리 포기하라.

이 어떻게 생각하는가가 중요하다. 다수 투자가들의 생각이 주가를 움직이기 때문이다.

근대 경제학의 기초이론을 확립한 케인스는 주식을 미인 콘테스트에 비유했다. 미인 콘테스트에서 제1의 미인으로 선발되는 여자는, 심사위원 절대다수의 눈에 미인으로 보이는 여자라는 것이다.

이때 심사위원들의 생각은 복잡해진다. 주관적인 미의 판단과 객관적인 미의 판단이 다를 수 있는데, 이 경우 대부분이 후자에 치중하게 된다고 한다. 다시 말해서 남의 눈에 미인으로 보일 사람에게 투표하는 것이다.

주식투자도 이와 크게 다를 바 없다. 나는 좋다고 판단하여도 다른 사람이 호응하지 않으면 주가는 오르지 않는 것이다. 이렇기 때문에 내 개인적인 편견이나 애정을 떠나 대다수 투자가들이 생각하는 방향으로 따라가야 큰 실패가 없다. 결국 시장흐름을 따라가라는 이야기이며, 인기 시류주를 외면하지 말라는 뜻을 내포하고 있는 것이다.

그러나 진정한 미인주란 시황의 변화에 크게 영향을 받지 않는다. 항상 투자가들이 좋아하는 미인주가 있게 마련인데, 그 요건은 꿈이 있고 수익성이 좋으며 재무구조가 건전한 주식일 것이다.

이러한 주식은 주가가 낮게 평가되어 있을 때, 시황에 관계없이 매입해 두면 큰 시세차익을 남길 수 있다.

미래의 우량주를 발굴하라

주가는 단기적으로는 시장분위기나 수급관계에 의해서 많은 영향을 받지만, 장기적으로는 결국 그 주식이 가지는 내재적 가치수준으로 모아지게 된다.

그러므로 장기적인 안목에서 미래의 성장업종을 찾아내어 투자하면 큰 투자효과를 얻을 수 있다. 물론 미래의 우량주를 현재에 발굴한다는 것은 그렇게 쉬운 일이 아니다. 그렇지만 각종 정보를 토대로 하여 잘 연구하면 어느 정도 예측은 가능하다.

우선 장래에 각광받을 우량주가 되려면, 그 업종자체가 국제적인 경쟁력을 갖춘 성장업종이지 않으면 안 된다. 현재의 사양산업이나 성숙기에 접어든 산업에 속하는 기업은, 극적인 업종전환을 하지 않는 한 미래의 우량주가 될 수 없다.

둘째, 기업은 우수한 경영자가 경영을 맡아야 발전할 수 있다. 주식선택의 기준은 여러 가지가 있지만, 그 기준의 하나는 경영자가 뛰어난 실력자라야 한다는 점이다.

회사가 성장하고 발전하기 위해서는 '사업은 사람'이라는 말이 나올 정도로 뛰어난 경영자가 필요하다. 사업 그 자체는 성장성을 가졌다 하더라도 경영자가 유능하지 않으면 유리한 조건을 살릴 수 없으므로 회사는 발전하지 못한다. 같은 업종의 주식이라도 주가의 격차가 심한 것은 그 원인이 주로 경영력의 차이 때문이라고 하겠다.

셋째, 기업은 기술투자가 지속되지 않으면 경쟁에서 이길 수 없다. 장기간에 걸쳐 기술투자를 과감하게 하는 기업은 결국은 크게 발전하게 된다. 특히 연구개발에 힘써 획기적인 신기술이나 신제품이 개발되어 히트하면 주가는 크게 상승하게 된다.

장외시장주를 찾아라

씨름이나 프로야구에서 신인이나 2군선수에 주목했다가 이윽고 그들이 스타선수로 활약하는 것을 본다는 것은 매우 기쁜 일이다. 주식투자에서도 같은 즐거움을 누릴 수 있다. 그것은 장외시장주에의 투자이다. 그렇다고 주목을 해 온 신인이나 신인선수들이 모두 스타선수가 되는 것이 아니라, 탈락해 가는 많은 사람들이 있듯이 눈독을 들인 장외시장주가 모두 활약하는 것은 아니기 때문에 위험도 적지 않다.

주식투자에서는 실력이나 인기가 상위에 있는 주식에 투자하는 것이 정석이며, 위험성도 적고 안정된 수익을 기대할 수 있는 투자방침이라고 하겠다.

장외시장주는 증권거래소에 상장되어 있지 않은 주식 중에서, 상장주의 매매에 준한 취급방법에 의해 증권회사가 매매하는 것을 증권업협회가 승인한 주식을 말한다.

증권업협회가 승인하고 있는 주식에는 장외시장 등록주식과 장외시장 등록취급주식의 두 종류가 있다. 등록취급주식이란, 어떤 이유로 거래소로부터 상장폐지의 처분을 받은 주식 중 매매할 수 있는 길을 남겨 둘 필요가 있다고 인정된 주식이다.

또한 장외시장주의 매매거래가 행해지는 장소를 장외시장이라고 하는데, 상장주처럼 분명한 거래소가 있는 것은 아니며 매매거래는 증권회사에서 행해진다.

제4부

전문 투자가를 위한
현대의 투자전략

주가의 상투시점은 그 누구도 모른다.
그렇기 때문에 주식투자가 지속되고 있는 것이다.
따라서 상투와 바닥시점을 알아내려고 애쓸 필요는 없다.
그저 그 근처에서 매수, 매도할 수 있는 것으로 만족하고,
그 시점을 찾아내는 방법이야말로
가장 건전하고 확실한 투자방법이다.

—본문 중에서 발췌—

제4부
····

전문 투자가를 위한 현대의 투자전략

제1장

국제화와 증권투자

우리 경제의 국제화 추세에 따라 주식시장도 1992년부터 외국 투자가들에게 개방되었다. 이들 자본이 몰려오면서 시장환경이 급격히 변화하고 있다. 국제경쟁력이 있는 기업의 주가는 상승하는 반면, 경쟁력이 뒤진 기업의 주가는 하락을 거듭하고 있다.

또한 우루과이라운드(UR)협정 타결로 기업환경이 무한 경쟁시대로 진입하여 국제경쟁력을 갖춘 기업만이 생존할 수 있게 되었다. 그러므로 국제경쟁력 있는 기업은 성장성이 무궁무진하지만 경쟁력이 없으면 하루아침에 도태될 수밖에 없다.

국제간에 자본이동이 자유로워진 상태에서 자본은 높은 수익을 올릴 수 있는 쪽으로 옮겨가게 마련이다. 이는 물이 높은 곳에서 낮은 곳으로 흐르는 것과 같은 이치라고 할 수 있다.

따라서 A 국에서 예상되는 투자수익률이 30 % 이고, B 국에서 예상되는 투자수익률이 15 % 라면 자본은 당연히 B 국에서 A 국으로 이동하게 된다. 투자수익률에 따라 거액의 자본이 밀물처럼 밀려왔다가 썰물처럼 빠져 나가는 경우가 생기게 되는 것이다.

B 국에 있던 자본이 빠져 A 국으로 이동하게 되면 A 국의 주가는 상승하게 되고, B 국의 주가는 하락하게 되는 것은 자명한 일이다.

1994년에 들어와 외국 펀드 매니저들은 세계에서 가장 유망한 증권투자 대상국으로 우리나라를 꼽았다. 그 이유는 우리나라의 주가가 상대적으로 저평가되어 있다고 보기 때문이다.

현재 종목당 10%, 개인당 3%로 되어 있는 외국인 투자한도 확대에 대해서는, 국내의 통화문제로 1994년 하반기 이후나 1995년도에 검토하겠다는 것이 정부의 공식입장이다. 그러나 투자한도액 소진에 따른 외국인들의 거센 개방요구로 1994년 하반기에 이루어질 가능성이 크다.

▶ 해외 투자가 등록현황

국 가 별		기 관 별	
미국	983	투자회사	1,070
영국	478	기 금	240
대만	353	은 행	114
일본	237	증권회사	96
홍콩	48	보험회사	56
기타	646	기 타	77
		개 인	1,092
합계 : 2,745			

만약 그 동안 꾸준한 거론되고 있는 5%의 추가한도 확대가 실시된다면, 최대 6조원 정도가 추가로 유입되어 종합주가지수

는 1,200포인트까지 상승이 가능하다.

외국인 투자가들의 투자패턴은 일반적으로 장기투자를 지향하고 있는데, 저 PER 주 자산주 성장주를 선호하고 있다. 이에 따라 우리나라의 투자패턴도 큰 변화를 보였다. 종전에 무시되던 PER이라는 투자지표가 유력한 투자지표로 떠올랐다.

자본시장이 개방되기 2개월 전인 1991년 10월부터 1992년 5월까지 저 PER 혁명이 일어났다. 이때 저 PER 이던 주식이 급등하여 태광산업의 주가가 20만원에 도달하였다. 저 PER 혁명에 이어 1993년에는 주가차별화 현상을 보이기 시작했다.

저 PBR, 저 PSR, 블루칩, 연결재무제표 우량기업군 등의 주가폭등을 가져왔다. 이에 따라 태광산업이 사상 처음으로 50만원대의 주식으로 등장하게 되었고, 10만원대의 주가도 10여 종목으로 늘었다. 이러한 주가차별화 현상은 앞으로 계속 늘어날 전망이다.

▶ 저 PER·저 PBR·저 PCR·저 PSR 주식

저 PER 주식	삼립식품·코오롱·대방모방·동원산업·대덕산업·삼영전자·나산실업·미원식품·삼성라디에터·한정화학
저 PBR 주식	태광산업·대한화섬·성창기업·대성탄좌·전방·신영·삼아 알루미늄·오리엔트시계·고려제강·남영나일론
저 PCR 주식	태광산업·대한화섬·우성식품·한국이동통신·백양·동방아그로·한농·롯데칠성·남영나일론·롯데제과
저 PSR 주식	삼성물산·현대종합상사·태광산업·쌍용·롯데제과·현대차서비스·백양·롯데칠성·남양유업·남영나일론

제2장

장기주가 전망

　시대는 항상 변하고 시대가 바뀌면 주가도 달라진다. 주식시세는 일정한 기간을 두고 활황과 침체가 교차되면서 일정한 방향으로 진행되는 것이 보통이다. 이와 같은 주식시장의 활황과 침체는 보통 3~4년 주기로 바뀌고 있는데, 이것은 경기의 순환주기와 밀접한 관계가 있다.

●1960년대 성장주 — 면방, 목재
●1970년대 성장주 — 건설, 전자, 자동차, 종합상사, 중화학
●1980년대 성장주 — 증권, 은행

　1990년대에 들어서 사회·경제적 환경변화의 빠른 진행 속에 과거 성장업종으로 생각되었던 증권, 은행, 무역, 건설 등의 업종이 쇠퇴하면서 통신, 항공, 신소재, 유통, 생명공학, 반도체 등의 업종이 새롭게 떠오르고 있는 상황이다.

　환경변화에 따른 성장산업의 시대적 변화는 국제화 개방화의

불 속으로 뛰어들 듯 크게 마음먹고 팔라
주식투자는 인간의 욕심에 지배되면
도저히 성공할 수 없다.

진전, 기술혁신의 진행속도 등에 따라 가속화될 것이다.

1970년대 성장업종인 건설은 업종지수가 67배 상승하였고, 1980년대 성장업종인 증권은 시가총액이 70배 증가했다. 따라서 1990년대 성장업종도 투자가에게 상당한 투자수익률을 제공할 것이 분명하다.

제3장

개방화 시대의 성장기업·성장주

　우루과이라운드(UR) 협정 타결은 기업환경이 무한 경쟁시대로 진입했음을 의미한다. 세계무역기구(WTO) 체제, 즉 130여 개국이 참여하는 다자간 교역체제 하에서는 정부가 정책적으로 국내산업과 기업을 보호해 주고 육성해 줄 수 없게 된다. 따라서 개별기업과 상품의 경쟁력 유무에 따라 적자생존의 법칙만이 통하게 된다.

　벌써 외국에서부터 불어온 개방화 시대의 거센 바람은 경쟁력이 뒤떨어진 우리 기업을 여지없이 도산시켜 버렸다. 조미오징어와 냉동참치를 주력제품으로 생산하다가 중국으로부터 오징어가 대량으로 수입되면서 서진식품이 도산했고, 상대적으로 경쟁력이 뒤진 기온물산, 영태전자, 중원전자, 백산전자, 한국강관, 경동산업 등이 서진식품의 전철을 밟았다. 이와 같은 사례는 WTO 체제가 본격화되면서 더욱 늘어날 것이다.

▶ 매출액 대비 R&D 투자 상위 30개사

(단위 : 100만 원, %)

No	기 업 명	R&D 투자	매출액 대비	No	기 업 명	R&D 투자	매출액 대비
1	삼 성 항 공	55,536	11.45	16	제일엔지니어링	982	4.01
2	대 우 통 신	26,214	6.87	17	보 락	534	3.80
3	삼 성 전 자	406,492	6.66	18	새 한 전 자	461	3.79
4	대우전자부품	6,137	6.11	19	고 려 화 학	11,321	3.71
5	삼 미 특 강	26,535	5.53	20	제 일 약 품	1,824	3.63
6	녹 십 자	6,882	5.38	21	한 국 컴 퓨 터	2,621	3.52
7	태양금속공업	2,495	4.91	22	한 국 티 타 늄	1,188	3.51
8	쌍 용 자 동 차	16,598	4.87	23	삼 보 컴 퓨 터	8,366	3.36
9	제 일 정 밀	2,150	4.74	24	일 진	2,170	3.31
10	대 우 전 자	79,228	4.58	25	승 리 기 계	581	3.07
11	대 웅 제 약	4,069	4.50	26	아 시 아 자 동 차	29,884	3.07
12	대 영 전 자	4,120	4.41	27	해 태 전 자	4,219	3.07
13	대 우 중 공 업	38,934	4.30	28	금 성 기 전	6,787	3.01
14	삼 성 전 기	25,495	4.22	29	쌍 용 중 공 업	6,376	2.98
15	광 림 전 자	225	4.16	30	금 성 사	111,113	2.93

　개방화 시대의 기업은 여러 가지 경쟁요소에 직면하게 된다. 국제경쟁력 원리는 가격경쟁력, 차별화, 전문화로 대별되는데, 특히 업종전문화 또는 집중화가 국제경쟁력을 갖추는 지름길이 되고 있다.

　근래에 와서 우리나라 무역수지 적자폭이 확대된 이유 중의 하나로 제품의 경쟁력 상실을 꼽을 수 있다. 가격경쟁력은 1960년대 이후 우리나라 경제 고도성장의 원동력이었다. 그런데 국내의 임금상승으로 중국 및 동남아 등 후발개도국 들에게 잠식당했다. 그런 데다가 비가격 경쟁력인 제품의 품질과 기능은 선진국에 비해 떨어졌기에 무역수지 적자를 기록하게 된 것이다.

　앞으로도 가격경쟁력에 있어서는 우리 기업이 후개발도국에

성공하려면 고독하라
승자의 공통점은 고독하다는 점이다.
인간은 고독 속에서 성장한다. 고독에 익숙한 사람이
남모르게 연구·노력한다.

서 뒤질 것이 뻔하다. 그러므로 기술혁신을 통한 경쟁력이 강화되어야 하며, 이를 위해서는 R&D 투자의 확대가 필수적이다.

거듭 강조하는 사항이지만, 자유 경쟁시대의 기업은 오로지 가격과 품질로써 힘겨운 경쟁을 시작하게 된다. 이에 적극 대응하여 디자인·성능·색상 등에서 제품을 차별화하거나 기술개발 투자를 통해 고부가 가치 신제품을 생산하는 기업체가 국제화·개방화 시대에서 성장을 지속할 수 있게 된다.

제4장

상공자원부 지정 세계 일류화 상품

▶ 상공자원부 지정 세계 일류화상품 지정업체

기업명	지정품목	비 고	기업명	지정품목	비 고
국 제 상 사	운 동 화	프로스펙스	세 방 전 지	연 축 전 지	로 켓
금 호	타 이 어	―	럭키금성상사	신 사 복	―
대 륭 정 밀	위성방송수신기	RADIX	영 창 악 기	피 아 노	―
대 우	여 행 용 가 방	―	우 성	주 방 용 기	세 프 라 인
동 성 화 학	골 프 용 품	펜텀	인 켈	CDP	셔 우 드
삼 성 물 산	신 사 복	카디날	진 도	모 피 의 류	JINDO
삼 성 전 관	CDT	셈트론	진 웅	텐 트	퀘 스 트
삼 성 전 자	반 도 체	D램	청 산	핸 드 백	―
삼 풍	신 사 복	케임브리지	코 오 롱 상 사	운 동 화	액 티 브
		멤버스	한 국 타 이 어	타 이 어	―
삼 익 악 기	피 아 노	―			
새 한 미 디 어	비 디 오 테 이 프	SAEHAN			

적자생존의 무차별 경쟁시대에서는 제품에 대한 기업의 네임
밸류가 무척 중요하다. 국내는 물론이고 전세계 소비자들에게

이익은 끝까지 추구하고 손실은 빨리 끊어라
손실은 몇 번 봐도 그 액수는 적게 하고, 반면에 이익은 한
번 봐도 그 액수를 크게 하라. 다섯 번 매매해서 세번 손해 봐도 이익이
더 커져야 한다. 이것이 성공한 투자가들의
비결이다.

제품 및 기업의 이미지를 확고히 심어 놓고, 기업은 성장에 더
욱 유리한 발판을 마련해 놓았다고 해도 과언은 아니다.
　'세계 일류화 상품 지정제도'는 상공자원부가 지정하고
KOTRA가 지원하여 1987년부터 시행되고 있다. 이는 우리나
라 수출상품의 대외적인 성과를 높일 수 있는 대표적인 품목
및 기업을 선정하여 품질, 해외홍보 및 마케팅, 기타 행정지원
을 통해 이들을 세계 일류수준으로 육성하는 사업을 말한다.

ISO 9000시리즈 인증제도

▶ ISO 9000시리즈 인증획득업체

기업명	지정품목	비 고	기업명	지정품목	비 고
고 려 제 강	와이어로프	ISO 9002	삼 성 전 자	전자레인지, TV.	ISO 9001
금 성 사	TV.DY/FBT.CDT.	ISO 9001		오디오, PC 마그네	ISO 9002
	VCR.캠코더, PC.			트론	ISO 9002
	사무기기 등	ISO 9002	삼 성 항 공	항공기 엔진	ISO 9002
금 성 통 신	PCB	ISO 9002	럭 키	ABS.EP. 합성수지	ISO 9001
금 성 전 선	선박용케이블,	ISO 9001		플라스틱	ISO 9002
	전력통신선	ISO 9002	세 방 전 지	연축전지	ISO 9002
대 성 전 선	전기케이블	ISO 9002	아 남 산 업	반도체조립	ISO 9002
대 우	토목건축분야	ISO 9002	쌍 용 중 공 업	디젤엔진 및 부품	ISO 9002
부 산 파 이 프	탄소강관	ISO 9001	한 국 쉘	윤활유	ISO 9002
대 덕 전 자	PCB	ISO 9002	오 리 온 전 기	브라운관	ISO 9002
삼 미 특 수 강	봉, 판, 관	ISO 9002	한 국 프 랜 지	프랜지	ISO 9002
삼 성 전 관	모니터, 브라운관	ISO 9001	삼 성 전 기	MLB	

　　1993년 1월 1일 유럽경제권통합(EC 통합)후 ISO 9000시리
즈를 EC 규격으로 채택하여 적용하고 있다. 쉽게 말하여

매입과 매출은 두 번에 걸쳐서 하라
팔 때나 살 때나 자금은 분산시켜라.

ISO 9000시리즈는 소비자의 만족을 최우선으로 여긴다는 생각
에서 만들어진 시리즈이다. 따라서 국내기업에게 ISO 인증의
획득여부가 EC 수출의 비관세 장벽으로 등장하게 되어, ISO
인증획득은 매우 중요한 의미를 가지게 되었다.

　우리나라에서도 1993년 10월부터 이 시리즈를 국가 규격으로
채택하여 시행하고 있는데, 한국표준협회 부설 한국품질인증센
터(KSA ─ QA)를 국내 최초의 인증기관으로 승인하였다.

제6장

한국능률협회, 상장 546사 종합우량도 진단

　　한국능률협회가 국내 상장기업 546사의 1993년 영업실적을
토대로 수익성, 안정성, 활동성 및 성장성을 종합평가하여 종
합우량도를 진단했다. 종합순위 100대 기업은 다음과 같다.

▶ 종합순위 100대 기업

순위	회 사 명	업 종	수익성	안정성	규모및 활동성	성장성	총점
1	한 국 이 동 통 신	운 수 창 고 통 신	28. 51	17. 29	15. 01	23. 16	83. 97
2	대 한 화 섬	섬 유 의 복	27. 68	21. 71	16. 51	15. 82	81. 72
3	고 려 화 학	화 학 석 유	28. 38	20. 26	13. 58	18. 51	80. 73
4	삼 성 전 관	조 립 금 속 기 계	27. 41	16. 07	18. 44	17. 30	79. 22
5	한 농	화 학 석 유	27. 65	20. 56	11. 50	18. 88	78. 59
6	선 창 산 업	나 무 제 품	25. 04	22. 23	12. 56	18. 22	78. 05
7	경 동 보 일 러	조 립 금 속 기 계	25. 74	20. 04	9. 49	22. 43	77. 70
8	송 원 산 업	화 학 석 유	28. 22	21. 13	9. 06	19. 02	77. 43
9	남 영 나 일 론	섬 유 의 복	28. 35	21. 66	12. 36	14. 65	77. 02
10	선 진	음 식 료 품	25. 88	18. 85	10. 89	20. 29	75. 91
11	청 호 컴 퓨 터	조 립 금 속 기 계	21. 19	22. 28	9. 60	22. 71	75. 78
12	신 원	섬 유 의 복	24. 50	15. 97	14. 52	20. 50	75. 49
13	극 동 유 화	화 학 석 유	27. 75	21. 46	6. 20	18. 98	74. 39
14	한 일 시 멘 트 공 업	비 금 속 광 물	21. 23	20. 02	12. 99	19. 99	74. 23
15	태 일 정 밀	조 립 금 속 기 계	20. 88	18. 70	11. 77	22. 68	74. 03
16	신 흥	조 립 금 속 기 계	26. 35	20. 25	6. 68	20. 27	73. 55
17	한 일 철 강	1 차 금 속	25. 95	22. 76	10. 25	14. 57	73. 53
18	백 양	섬 유 의 복	26. 76	20. 11	16. 32	10. 25	73. 44
19	덕 성 화 학 공 업	화 학 석 유	27. 92	18. 81	8. 90	17. 62	73. 25
20	동 신 주 택	종 합 건 설	24. 23	19. 11	13. 80	15. 72	72. 86

＊ 금융 및 보험업 제외
＊ 단위는 점수로 수익성 30점, 안정성·성장성은 각각 25점, 규모 및 활동성은 20점 만점.

주식이 잘 될 때 자만하지 말라

순위	회 사 명	업 종	수익성	안정성	규모및 활동성	성장성	총점
21	대 덕 산 업	조 립 금 속 기 계	23.01	22.89	10.56	16.26	72.72
22	새 한 정 기	조 립 금 속 기 계	25.32	21.95	7.81	17.42	72.50
23	삼성라디에터공업	조 립 금 속 기 계	26.34	19.75	8.74	17.58	72.41
24	동 화 약 품 공 업	화 학 석 유	27.25	17.33	10.23	17.50	72.31
25	성 미 전 자	조 립 금 속 기 계	27.42	17.77	8.99	17.99	72.17
26	금 성	비 금 속 광 물	28.35	16.87	12.99	13.77	71.98
27	경 농	화 학 석 유	27.04	16.63	9.39	18.91	71.97
28	조일알루미늄공업	1 차 금 속	27.89	22.36	8.43	13.29	71.97
29	삼 나 스 포 츠	도 소 매 숙 박	28.25	18.89	6.38	18.37	71.89
30	대 우 금 속	1 차 금 속	23.49	20.94	5.60	21.70	71.73
31	인 켈	조 립 금 속 기 계	17.93	20.59	13.27	19.75	71.54
32	나 산 실 업	섬 유 의 복	26.81	14.09	9.35	21.21	71.46
33	성 원 건 설	종 합 건 설	26.87	12.14	13.33	19.11	71.45
34	코 오 롱 상 사	도 소 매 숙 박	21.44	13.58	17.83	18.53	71.38
35	한국주철관공업	1 차 금 속	26.04	23.20	11.17	10.95	71.36
36	신 풍 제 지	종 이 제 품	28.02	22.22	9.19	11.82	71.25
37	현 대 약 품 공 업	화 학 석 유	26.49	20.57	6.70	17.28	71.04
38	동 방 아 그 로	화 학 석 유	27.23	22.31	5.68	15.48	70.70
39	뉴 맥 스	조 립 금 속 기 계	24.33	18.75	9.46	18.13	70.67
40	녹 십 자	화 학 석 유	26.99	18.16	9.91	15.47	70.53
41	신 화 실 업	1 차 금 속	25.20	17.48	7.72	19.88	70.28
42	대 일 화 학 공 업	기 타 제 조 업	27.84	23.24	8.49	10.42	69.99
43	대 현	섬 유 의 복	27.80	15.75	8.90	17.47	69.93
44	성 보 화 학	화 학 석 유	25.69	21.96	5.47	16.80	69.92
45	국 도 화 학 공 업	화 학 석 유	21.83	20.57	8.05	19.32	69.77
46	삼 성 전 자	조 립 금 속 기 계	25.78	8.27	18.42	17.29	69.76
47	한국케이디케이	조 립 금 속 기 계	23.83	18.51	7.92	19.43	69.69
48	연 합 철 강 공 업	1 차 금 속	22.22	17.94	16.17	13.02	69.35
49	삼 양 통 상	섬 유 의 복	27.50	17.20	15.45	8.90	69.05
50	동 아 타 이 어 공 업	화 학 석 유	26.05	22.88	10.09	9.98	69.00
51	한 국 전 력 공 사	전 기 가 스	24.22	13.35	15.05	16.35	68.97
52	성 도 어 패 럴	섬 유 의 복	26.52	15.79	9.29	17.35	68.95
53	고 려 제 강	1 차 금 속	19.85	23.11	13.59	12.35	68.90
54	대 창 공 업	1 차 금 속	19.07	20.68	9.41	19.71	68.87
55	한국수출포장공업	종 이 제 품	24.45	19.96	8.04	16.36	68.81
56	부 광 약 품 공 업	화 학 석 유	26.85	17.43	5.71	18.81	68.80
57	계 몽 사	종 이 제 품	27.51	22.96	3.57	14.60	68.64
58	세 방 전 지	조 립 금 속 기 계	27.72	10.58	12.04	17.94	68.28
59	태 평 양	화 학 석 유	25.85	11.26	15.92	15.23	68.26
60	삼 화 전 자 공 업	조 립 금 속 기 계	26.69	11.91	11.81	17.77	68.18

움직임이 없는 주식에는 손을 대지 말라

순위	회 사 명	업 종	수익성	안정성	규모및 활동성	성장성	총점
61	흥 창 물 산	조립금속기계	23.96	18.62	9.70	15.87	68.15
62	화 승 화 학	화 학 석 유	25.82	10.29	11.86	20.17	68.14
63	대 우 통 신	조립금속기계	19.36	17.91	13.68	17.17	68.12
64	삼 립 산 업	조립금속기계	23.85	13.57	11.12	19.52	68.06
65	일 양 약 품	화 학 석 유	24.33	18.65	10.13	14.84	67.95
66	중 외 제 약	화 학 석 유	26.89	14.92	9.78	15.92	67.51
67	한 국 물 산	섬 유 의 복	21.91	18.76	6.64	20.12	67.43
68	금 성 사	조립금속기계	22.44	10.44	18.05	16.29	67.22
69	일 성 신 약	화 학 석 유	27.64	21.29	3.50	14.73	67.16
70	대 성 공 업	조립금속기계	21.53	9.28	16.42	19.76	66.99
71	신 화	섬 유 의 복	20.38	18.79	7.76	20.00	66.93
72	조 광 피 혁	섬 유 의 복	25.28	15.16	13.11	13.30	66.85
73	남 양 유 업	음 식 료 품	22.83	11.44	16.01	16.17	66.45
74	일 동 제 약	화 학 석 유	26.53	18.23	7.31	14.14	66.21
75	계 양 전 기	조립금속기계	20.09	20.39	6.41	19.20	66.09
76	대 륭 정 밀	조립금속기계	19.95	20.81	12.21	13.11	66.08
77	데 이 콤	운수창고통신	22.80	6.15	14.98	22.11	66.04
78	내 외 반 도 체	조립금속기계	18.74	17.96	6.25	23.05	66.00
79	신 일 건 업	종 합 건 설	21.58	21.15	9.09	14.09	65.91
80	화 성 산 업	도소매숙박	21.98	6.57	17.38	19.71	65.64
81	삼 성 전 기	조립금속기계	18.57	10.87	17.36	18.77	65.57
82	동 양 강 철	1 차 금 속	27.69	11.11	10.15	16.55	65.50
83	경 원 세 기	조립금속기계	25.18	18.70	11.41	10.20	65.49
84	현 대 금 속	조립금속기계	18.43	18.00	6.73	22.30	65.46
85	대 우 전 자 부 품	조립금속기계	16.76	17.26	12.03	19.39	65.44
86	한 국 화 장 품	화 학 석 유	26.07	22.60	9.11	7.65	65.43
87	상 림	섬 유 의 복	19.95	16.27	10.19	18.92	65.33
88	대 덕 전 자	조립금속기계	18.52	22.08	11.79	12.46	64.85
89	포 항 종 합 제 철	1 차 금 속	22.98	16.35	15.35	10.17	64.85
90	아 시 아 시 멘 트 공 업	비 금 속 광 물	21.79	14.26	12.27	16.52	64.84
91	건 설 화 학 공 업	화 학 석 유	25.03	15.88	11.04	12.75	64.70
92	오 리 엔 트 시 계 공 업	조립금속기계	25.18	23.35	8.58	7.33	64.44
93	동 성 제 약	화 학 석 유	27.43	14.28	4.82	17.90	64.43
94	동 아 건 설 사 업	종 합 건 설	18.16	12.33	12.58	21.34	64.41
95	두 산 건 설	종 합 건 설	24.72	10.86	12.71	15.93	64.22
96	쌍 용 제 지	종 이 제 품	25.53	13.80	12.10	12.78	64.21
97	신 촌 사 료	음 식 료 품	26.67	17.82	6.41	13.26	64.16
98	한 국 타 이 어 제 조	화 학 석 유	25.08	5.76	15.72	17.58	64.14
99	삼 양 사	섬 유 의 복	22.09	13.60	16.27	12.07	64.03
100	미 창 석 유 공 업	화 학 석 유	23.71	12.50	8.86	18.91	63.98

· 자료 : 내외경제신문(1994. 6. 27.)

▶100대 우량기업 업종별 분포

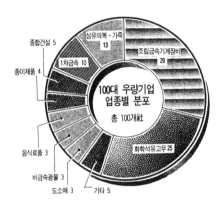

종합건설 5
섬유의복·가죽 13
조립금속기계장비 29
1차금속 10
종이제품 4
100대 우량기업
업종별 분포
총 100개社
음식료품 3
화학석유고무 25
비금속광물 3
도소매 3   기타 5

▶업종별 최고득점기업

업 종	최고 기업	
	93년	92년
어 업	사 조 산 업(476)	사 조 산 업(441)
광 업	삼 천 리 (274)	대 성 탄 좌 개 발(199)
음 식 료 품	선 진 (10)	우 성 사 료(19)
섬 유·의 복·가 죽	대 한 화 섬 (2)	태 광 산 업(1)
나 무 제 품	선 창 산 업 (6)	이 건 산 업(194)
종 이 제 품	신 풍 제 지 (36)	신 풍 제 지(12)
화 학·석 유·석 탄 고 무·플 라 스 틱	고 려 화 학 (3)	고 려 화 학 (6)
비 금 속 광 물	한 일 시 멘 트 공 업(14)	금 강 (10)
제 1 차 금 속	한 일 철 강 (17)	한 국 주 철 관 공 업(26)
조 립 금 속·기 계 장 비	삼 성 전 관 (4)	삼 성 전 관 (17)
기 타 제 조 업	대 일 화 학 (42)	대 일 화 학(85)
종 합 건 설 업	동 신 주 택 (20)	동 신 주 택(5)
도 소 매·숙 박	삼 나 스 포 츠 (29)	삼 나 스 포 츠 (14)
운 수·창 고·통 신	한 국 이 동 통 신 (1)	한 국 이 동 통 신(3)

*괄호 안은 종합순위임.

격언으로 풀어 보는
투자정석

주식은 놀라운 투자효과를 볼 수 있다는
매력이 있는 반면에 위험도 따르는 투자수단이다.
그러나 여기서 한 가지 유념해 둘 것이 있다.
즉 주식투자는 경우에 따라서는 손해를 볼 수도 있지만,
그 위험성은 노력과 연구에 의해
극소화시킬 수 있다는 것이다.

─본문 중에서 발췌─

제5부
••••
격언으로 풀어 보는 투자정석

세계 최초의 증권거래소는 1602년 네덜란드의 수도 암스테르담에 설립되었다. 그로부터 오늘에 이르는 거의 400년의 증시 역사 속에는 감히 짐작할 수도 없을 만큼의 투자가들이 존재했을 것이다.

그 중에는 크게 성공하여 엄청난 축재를 하고 투자의 기쁨을 만끽한 사람도 있었을 것이고, 실패하여 전재산을 잃고 피눈물을 흘리다 죽어간 사람도 헤아릴 수 없이 많을 것이다.

수백년에 걸친 시세형성, 그 속에서 이익을 남기려고 시세와 치열하게 싸웠던 숱한 투자가들……, 그들의 경험과 판단이 그대로 농축되어 전해지는 것이 바로 투자격언이다.

투자격언을 살펴보면 시세의 변동원리에서부터 시작하여 투자기법, 종목선택의 요령, 투자가의 마음가짐에 이르기까지 주식투자에 필요한 모든 분야에 걸쳐서 골고루 언급되어 있다.

선견지명으로 투자하지 말라
시세의 짐작으로 투자하면 실패하는 경우가 많다.

따라서 이 격언들은 어떤 위대한 전문가가 쓴 투자 안내서보다
도 더욱 유용한 투자지침이 될 것이다.

1
주가는 언젠가는 고향으로 돌아온다

　주가는 항상 일정한 리듬을 가지고 오르내리고 있다. 최단적
으로 3~4일 오르면 또 며칠은 주가가 내린다. 좀더 큰 흐름으
로 봐도 3~4개월 주가가 오르면 또 몇달을 주가가 하락하거나
조정기간을 거친다. 장기적인 주가진행도 3~4년 크게 오르면
몇년간은 또 반락하거나 조정국면을 거치는 것이 정상이다.

　이렇듯 주가는 끊임없이 움직이는 살아 있는 생명체와 같다.
개별기업의 실적이나 전망과는 상관없이 증권시장 내외의 여러
요인에 의해 변화한다.

　주식의 가치가 주가에 적게 반영된 종목의 경우, 약세국면에
서는 다른 종목에 비해 내림폭이 적은 반면 장세가 호황국면으
로 돌아서면 상대적으로 오름폭이 크게 된다.

　결국 단기적으로는 전반적인 장세변화에 따라 주가가 움직이
지만, 장기적으로는 실적이나 전망이 주가에 반영된다고 할 수
있을 것이다.

　이 격언은 가치가 있는 우량한 주식을 선택할 때, 당장은 주
가변동으로 인한 수익이 적다 하더라도 장기적으로는 주식시세
가 올라 높은 수익을 얻을 수 있다는 말이다.

시세는 인기 7할, 재료 3할

주가는 재료 그 자체보다는 사람들이 어떻게 생각해 주느냐
에 따라 오르고 내린다.

주가가 급등하면 그 주식이 투자가들에게 좋아 보이고 재료
또한 실제 이상으로 과대평가된다. 재료가 좋아 보이니 매수세
가 늘어나고 매수세가 늘어나니 주가가 더욱 상승한다.

아무리 좋은 재료를 가진 주식이라 하더라도 인기가 붙지 않
으면 주가는 크게 오르지 못한다. 이와는 반대로 기업내용이
좋지 않은 주식이라도 인기만 붙으면 크게 상승할 수 있게 된
다.

그러므로 투자가는 항상 인기주를 눈여겨보아야 한다. 장기
투자를 하는 사람이라면 몰라도 단기투자를 하려면 시장인기주
를 떠나서 큰 투자성과를 올리기란 어렵다.

그러나 너무 늦게 인기주에 편승하는 것은 위험하므로 조심
해야 한다.

3
애태우지 마라, 거래에는 내일도 있다

좋은 정보를 가지고서도 시기를 놓쳐 후회하는 투자가가 있다. 주가란 장기적으로 경기변동에 따라 움직이게 마련이지만 단기적으로는 여러 가지 요인에 따라 쉴 새 없이 변화한다.

주식을 매매하려고 증권회사에 나가면 이처럼 부단히 변화하는 단기 시세변동에 현혹되어 당장 의사결정을 하지 않으면 큰 손해를 볼 것 같은 착각을 하게 마련이다.

때론 너무 서두르다 예상이 어긋나 손해를 보는 경우도 생겨 세상을 한탄하는 투자가도 생기게 된다.

거래는 내일도 있으므로 돈벌이를 할 기회나 손해를 만회할 기회는 얼마든지 있다. 집착하지 말고 긴 안목에서 여유있게 생각함으로써 과열상태에서 냉정을 되찾도록 하라는 충고의 말을 하고 싶은 것이다.

4
작게 돌아 3개월, 크게 돌아 3년

일반적으로 주식은 3개월 정도 계속 오르면 시세가 한풀 꺾인다. 그리고 길게 잡아 3년 계속 오르면 다른 사이클로 변한다.

다만 시세라는 것이 전부 이대로 규칙적으로 움직이고 있는 것은 아니므로, 이 격언에 너무 얽매여서는 안 된다.

역시 실전에서는 케이스 바이 케이스로 유연하게 대처해야 할 것이다.

5
쉬는 것도 투자

언제나 사고 파는 데만 매달려 있으면 점점 시야가 좁아져 큰 손해를 초래하는 경우가 많다.

주식투자의 성패는 매매시점의 포착이 무엇보다 크게 좌우하므로 그 시기선택에 항시 골몰하게 된다. 그러다 보면 특정주나 일시적인 주가에 정신이 쏠려 주식시장 전반을 돌아보지 못하고 손해를 자초하게 된다. 그러므로 증시전망이나 주가의 움직임이 불안정할 때는 쉬면서 먼 발치에서 거래를 지켜 볼 필요가 있다.

또한 누구에게나 슬럼프가 있게 마련이다. 신중을 기하고 확신을 세워 투자했음에도 불구하고 사고 팔 때마다 손해를 보는 경우가 있다. 그럴 때는 일단 쉬는 것이다. 쉬는 기간을 이용해 새롭게 공부하고 힘을 재충전한다면 한 단계 도약의 발판이 될 것이다.

6
천정 3일, 바닥 100일

　주가란 고가로 있는 기간은 짧고, 바닥을 기고 있을 때가 훨씬 긴 속성이 있다.

　새로 주식을 사려는 사람들은 주가가 내릴 때는 숨을 죽이고 있다가 주가가 오르면 서서히 활동을 시작하기 쉽다. 그러나 주가가 오른다고 해서 끝없이 오를 수가 없는 것이며, 어느 정도 올라 곧 천정시세가 되면 순식간에 내림세로 바뀌게 마련이다. 떨어진 주가가 다시 되올라 종전의 천정시세까지 회복되려면 상당한 시일이 소요되는 경우가 많다.

　주가란 어느 정도 오른 경우 더 오를 확률보다 내릴 확률이 더 크다는 것을 염두에 두어야 한다. 따라서 천정 3일, 밑바닥 100일이란 격언은 천정시세는 오래 계속되지 않으며, 천정시세를 한 번 기록한 이후에는 상당기간 내림세가 이어진다는 것으로 해석할 수 있다.

7
산이 높으면 계곡도 깊다

주가는 항상 크고 작은 파동을 그리며 변화한다.

흔히 주가의 파동이 적을 때는 장세분위기도 가라앉아, 무기력한 모습을 보이다가 호재가 나와 주식값이 큰 폭으로 움직이면 장세가 대호황으로 전개된다.

그러나 주가가 오른다고 마냥 치솟을 수는 없다. 어느 정도 차익이 나면 팔자는 물량이 많이 나오게 되고, 따라서 주가는 순식간에 큰 폭으로 떨어지는 경우가 많다.

산이 높으면 골도 깊다는 격언은, 결국 어떤 호재로 인해 주가가 큰 폭으로 오르더라도 어느 한계가 지나면 상대적으로 다시 큰 폭으로 떨어지게 마련이라는 말이다. 주식투자에 있어서는 이러한 주가의 특성을 항상 염두에 두어야 한다.

8
시세는 시세에게 물어라

　주식시세는 반드시 산술공식대로 움직이는 것이 아니다. 주가를 결정하는 요인들이 너무나 많고 복잡하기 때문에 누구도 미래의 주가를 섣불리 예측할 수는 없는 것이다.

　아무리 뛰어난 분석력과 정보체계를 갖춘 전문가라 하더라도 인간의 머리로는 도저히 상상도 못 했던 요인들에 의해 주가가 결정될 때는 속수무책일 수밖에 없다.

　어떠한 경우에도 주식시장에서 주가가 결정되고 있을 때에는, 주가를 결정하는 각종 요인들이 가장 현실적이고 정확하게 반영되고 있는 것이다. 그러므로 시세에 관한 한 시세가 가는 길이 진리이다.

　'시세는 시세에게 물어라'라는 말은 거래량과 주가의 흐름을 잘 관찰하여 매매시기를 결정하라는 말이다.

9

젊은 시세는 눈을 감고 사라

주식은 현재 오르고 있는 주식이 가장 오를 가능성이 많은 주식이다. 갑자기 오르기 시작한 시세는 웬지 불확실한 느낌이 있고 계속 오를지 어떨지 확신하기 어려운 면이 있다. 이런 이유 때문에 소극적인 투자가들은 오르는 주식에 편승하지 못한다.

그러나 주가는 수많은 경제 사회적 요인에 투자가의 심리까지 복합적으로 작용해서 결정되기 때문에 오르는 주식이 더 오를 가능성이 많은 것이다.

기업내용이 좋지 않은 주식이 올라간다고 해서 외면해 버리는 사람은 좋은 투자성과를 올리기 어렵다. 그러므로 시세차익을 노리는 투자가는 우선 오르기 시작한 주식이 안정권인가 고가권인가, 시세가 젊은가 노령에 달해 있는가를 유심히 확인하여야 한다. 주식이 안정권에 있으면서 시세가 젊다고 판단될 때는 과감하게 투자하는 것이 중요하다.

사실 어설프게 비교검토를 하는 것보다는 인기가 집중하면 거래량이 급증한 종목을 따라가는 것이 자금효율이 좋다. 즉 인기가 집중될 때는 대세에 순응하여 '솔직하게' 젊은 시세에 편승하는 것이 단기전법으로서는 가장 효율적이다.

10
매입은 색시처럼 매도는 제비같이

주식투자에서는 쌀 때 사서 비싸게 파는 것이 정석이다. 그러나 투자가들이 그처럼 평범한 진리를 이행하기란 말처럼 간단하지 않다.

바닥시세일 때 성장주를 잘 잡는 사람이라도 제때 매도하지 못해 고전하는 경우도 많다. 이렇게 매입과 매도시기는 상당히 까다로운 문제이다.

주식투자에서 실패하지 않으려면 지나친 욕심을 부리다가 시기를 놓치는 일이 없어야 한다. 주가가 하강국면에 들어서면 바닥시세에 이르기만을 기다리지 말고 조금씩 그때부터 매입해 나가야 한다. 신중히 검토하는 자세를 잃지 말아야 함은 두말할 필요가 없다.

반대로 주가가 상승세로 돌아서면 최고가에 이르기를 욕심내어 주저하지 말고 어느 시점에서 과감히 매도해 버려야 한다.

즉 매입은 수줍은 색시처럼 신중하게 하고, 매도는 제비처럼 신속하고 과단성 있게 실천해야 한다.

11
촛불은 꺼지기 직전에 가장 밝다

　주가가 상승하고 있더라도 끝없이 상승하는 것은 아니다. 주가상승이 어느 한계에 이르면 다시 하락세로 들어간다. 또한 주가하락이 극에 다다르면 주가는 다시 상승하기 시작한다.

　주식시장이 상승세를 누리고 대호황일 때 투자가들은 계속 오를 것 같은 느낌에 사로잡혀 자칫 매도시기를 놓치고 해이해지기 쉽다.

　거래량이 폭주하고 시세가 많이 올라 대호황을 보일 때 대부분의 투자가들은 장세가 쉽게 무너질 것으로는 예상치 않으며, 또한 호황에 편승해서 크고 작은 호재들이 더욱 부각되기 마련이어서 장세는 더욱 열기를 뿜게 된다. 따라서 주식시세란 오름세가 있으면 반드시 내림세가 있다는 기본적인 사실마저 망각하게 된다.

　투자가들은, 촛불이 꺼지기 직전에 가장 밝은 빛을 발하듯, 주가도 대호황일 때가 바로 하락직전의 장세라는 것을 항상 경계해야 한다.

12
밀짚모자는 겨울에 사라

   주식의 매매기술에는 인기세력을 좇아서 매매하는 것과 인기세력을 거역하는 두 가지 방법이 있다. 이 두 가지 방법에는 나름대로 장 단점이 있지만, 전자보다는 후자가 보다 견실하고 안전한 방법이다.

   즉 바닥에서 사서 주가가 오르기를 기다리는 것이다. 이 경우는 상당한 인내심과 욕심을 비우는 자세가 필요하다. 왜냐하면 다른 주가들의 가파른 상승을 지켜 봐야 하고, 상대적인 박탈감을 맛봐야 하기 때문이다.

   그렇다고 아무 주식이나 사놓고 기다린다는 것은 위험천만한 일이다. 주가가 바닥시세를 형성하고 있고 또한 실적이 뒷받침되어야 함은 물론이다.

   밀짚모자가 필요없는 겨울에 싼 값으로 사 두면, 여름에는 제값을 충분히 받을 수 있다는 이치이다.

13
이미는 아직이고, 아직은 이미이다.

주가가 끝없이 하락세를 지속하고 있을 때, 조급한 마음을 가진 투자가들은 이제는 바닥이겠지 하고 내려가는 시세에 손을 대는 사람이 많다. 그러나 주가는 잠시 반등하다 쑥쑥 내려가는 경우가 많다. 이와는 반대로 주가가 계속 올라갈 때에도 이제는 천정이겠지 하고 주식을 팔아도 주가는 계속 올라간다.

주식투자를 오래 해 본 사람은 누구나 경험하는 일이지만, 너무 방심하고 있다가 팔 기회를 놓치거나 살 기회를 잃어버리는 경우가 많다. 요컨대 아직 살 때가 아니라고 생각했을 때는 이미 살 때가 된 것이며, 이미 살 때가 되었다고 생각할 때는 아직 사지 말라는 말이다.

물론 이것은 천정이 아닌 바닥의 경우도 마찬가지이다.

이 투자격언은 인간심리의 약점 중에서 너무 조급하거나 너무 방심하는 것을 경계하는 말인데, 투자가가 가장 빠지기 쉬운 심리적인 맹점을 찌르는 격언이라 아니할 수 없다.

14
사람들이 가는 뒤편에 길이 있나니,
꽃피는 동산

대개의 투자가들이 종목선정을 할 때 인기업종의 인기종목에 쏠리기 쉽다. 인기주는 거래도 활발하고 주가의 기복이 심하여 쉽게 차익을 얻을 수 있을 것 같은 생각이 들기 때문이다.

그러나 이러한 인기주를 매입하기 위해서는, 주가가 이미 상당히 오른 후라 상당한 자금이 필요하며 기대한 만큼의 투자효과를 보는 것도 그리 쉽지 않다. 일반의 관심이 적은 비인기종목 중에서도 재무구조가 건실하고 성장성이 높은 종목이 숨어 있을 수 있다. 이런 숨어 있는 주식을 올바로 선택했을 때는 인기주에 집착했을 때보다 훨씬 큰 수익을 얻을 수 있다.

15
새 술은 새 부대에 담아라

　주식투자를 하는 데 있어서는 크고 작은 실수와 실패의 경험
이 따르게 마련이다. 살펴보면 한 번 실패한 경험이 있는 투자
가는 심리가 위축되어 계속적인 실패를 초래하는 예가 많다.
　한 번 실패하면 투자심리가 위축되어 시세흐름에 둔해지고
더 조급해지기 때문이다. 주식투자에서는 시세의 흐름을 정확
히 판단하는 일이 중요하다.
　과거 자기의 시세판단이 잘못되어 손해를 보았다면 그에 집
착하지 말고 새로운 기분으로 다시 시작하는 자세가 옳다.
　새 술은 새 부대에 담으라는 말이 있다. 과거에 연연하여 시
야를 흐리지 말고 새롭게 발전하는 자세를 가져야 성공할 확률
이 높다.

16
덤비는 물고기는 낚시에 걸린다

　주식투자는 정보전쟁이라고 할 만큼 정보판단력이 무엇보다 중요하다. 주식시장에는 항상 루머와 정보가 홍수처럼 난무한다. 그 가운데서 정확한 정보를 선별하는 능력이 필요하다.

　그러나 개중에는 남의 이야기를 무조건 신봉하여 루머에 휩쓸리는 행동을 취하는 경우가 많다. 손해를 보지 않는 현명한 투자를 하려면 항상 신중하게 판단하고 행동하라는 격언이다.

　서두르는 거지는 얻는 것도 적다고 한다.

17
천정을 팔지 말고 바닥을 사지 말아라

주식투자의 제1기본은 바닥에서 사서 천정에서 파는 것이다. 가장 싼 값에 사서 최고로 비싼 값에 파는 것이야말로 투자의 묘미 중에서도 백미라고 할 수 있다.

그러나 천정과 바닥을 구분하는 것은 매우 어렵다. 엄밀히 말해서 천정과 바닥의 특징이 있기 때문에 구분하는 것은 그리 어렵다고만은 할 수 없다. 그렇지만 인간의 욕심을 자제하기가 어렵다.

경험이 부족한 대부분의 투자가들은 천정을 팔려고 한다. 그리고 그들은 주가가 어느 정도 상승했을 때 팔고 나서 주가가 더 오를까 걱정이 되어 팔지 못하는 경우가 많다.

"적어도 앞으로 며칠 정도는 주가가 계속 상한가를 치면서 상승할 것이다. 그러므로 3일만 더 있다가 팔면 거기가 바로 천정일 것이다."

투자가는 주가가 더 오르기를 기대하며 며칠을 보내는데, 과연 주가가 예상대로 올랐다고 하자. 이 경우 그 투자가는 처음의 계획대로 주식을 팔 수 있을까?

대부분의 투자가는 여기에서 주식을 팔지 못한다. 목표를 좀 더 높이고 기간을 연장하게 되는 것이다. 그러다가 어느날 갑

정보에 너무 밝으면 가난하다
우연히 들은 정보나 짜임새를 보며 매매하더라도
이득은 얼마 안 된다.

자기 주가가 떨어지기 시작하면 팔 기회를 잡지 못하고 나중에 훨씬 낮은 가격에서 팔게 된다.

"그때 팔았어야 했는데……."

주식시장에서 후회는 아무리 빨라도 늦다. 이미 팔거나 사야 할 시점을 놓쳤기 때문에 주가는 걷잡을 수 없이 하락해 버리거나 상승해 버리는 것이다.

그러므로 주식을 팔 때에는 절대로 천정을 팔려고 해서는 안 된다. 다만 천정 부근에서 판다고 생각하는 것이 현명하다. 즉 며칠은 더 상승할 것이 틀림없다고 생각될 때 팔아야 한다는 말이다.

주식을 살 때도 바닥을 사려고만 해서는 안 된다. 바닥권 부근에서 사야 하며, 특히 이 경우는 바닥을 막 탈출하는 주식을 사는 것이 좋다.

18
독수리는 참새를 잡아먹는다

주식투자는 정보전쟁이다. 누가 더 빨리 올바른 정보를 입수해서 주식에 손을 대느냐에 따라 승패가 크게 좌우된다.

증권시장에는 크고 작은 정보들이 나돌고 있는데, 이들 중에는 사실과 일치하는 것이 있지만 루머에 지나지 않는 것도 있다. 루머와 정보를 선별하여 이에 빨리 대처하는 데에 성공의 열쇠가 있다.

정보에 약한 일반 투자가들을 참새에 비유한다면 정보에 빠른 투자가는 독수리라 할 수 있다. 참새는 항상 독수리를 경계해야 한다는 말이다.

19
달걀은 한 바구니에 전부 담지 말라

주식투자에 있어서 종목선택은 상당히 신경이 쓰이는 부분이
다. 업종이나 종목에 따라 주가변동이 큰 주식이 있는가 하면
주가변동폭이 작은 안전한 종목도 있다.

이때 투자가들은 지향하는 목적에 따라 수익성과 안정성을
놓고 저울질을 할 것이다.

투자준비금이 소액인 경우는 분산투자의 여지가 없겠지만,
어느 정도 자금이 풍부한 투자가라면 집중투자보다는 분산투자
가 바람직하다.

집중투자는 적중했을 때는 이익이 어느 것보다 크지만 그만
큼 위험부담 또한 크다. 욕심내어 달걀을 한 바구니에 담았다
가 떨어뜨렸을 경우, 전부를 잃는 불상사를 사전에 방지하라는
격언이다.

20
숲을 보고 나무를 잃지 말라

　주가는 개별종목의 주식가치 평가보다는 전반적인 시장분위기에 따라 움직이기 쉽다. 매매시기의 선택은 이러한 전반적인 장세분위기를 살피며 결정해야 하는 것이다.

　그러나 어느 특정업종이 상승세를 보인다고 해서 그 업종 전부가 같은 폭으로 상승하는 것은 아니며, 반대로 하락하는 종목도 생기게 된다. 즉 숲을 보듯 전반적인 시장분위기를 주시하되 모든 종목이 동일한 움직임을 보이는 것이 아니므로, 나무를 잃지 않듯 개별종목을 살피는 일을 게을리하면 안 된다는 이야기이다.

21
돌이 뜨고, 가랑잎이 가라앉는다

　내용이 좋은 우량주가 부진하고, 내용이 좋지 않은 주식이 크게 움직이면 이런 말을 사용한다.

　주식시장의 인기가 지나치게 가열되면 초기의 시장을 주도했던 우량주들은 오히려 주가가 하락하고, 3류의 저가주가 급등하는 경우가 종종 있다. 원인은 이성을 잃은 수많은 대중 투자가들이 무차별 매집경쟁 상태에 들어가기 때문이다.

22
연줄을 남겨 놓듯 투자자금도 남겨 두라

애초에 주식투자는 실패하더라도 생활기반을 흔들어 놓지 않는 여유있는 자금 범위내에서 시작해야 한다. 이런 자금으로 주식투자를 하는 데 있어서도 예상이 빗나가 주가가 하락해 버려 손해를 보게 되는 경우가 생긴다. 주가의 예측이란 결국 예측에 불과하고 주가는 투자가의 바람대로 움직여 주지 않는다.

오를 것이라고 확신하고 매입했던 주가 하락해 버렸을 경우, 여유자금이 있다면 추가로 매입해서 매입단가를 낮출 수 있다.

즉 투자를 하는 데 있어서 투자자금 전액을 한꺼번에 투자하기보다는 주가의 하락을 대비해 어느 정도의 여유자금 일정액을 남겨 두는 것이 현명한 방법이다.

23
도미를 사러 가서 정어리를 사지 말라

　대부분의 투자가들은 주식을 사기에 앞서 나름대로 충분히 분석한다. 경제신문도 살펴보고 믿을 수 있는 친구의 말도 들어 본 후에 종합하여 투자결정을 하는 것이다.

　그런데 어떤 주식을 충분히 분석한 후에 매수하려고 결심했다가 시장의 루머를 듣고 마음이 흔들리는 경우도 많다.

　"A 회사 주식이 좋다더라!"

　"그래, A 회사가 유망해."

　이렇게 시장에서 떠도는 소문에 귀가 솔깃해진 투자가는, B 회사 주식을 사려고 했다가도 마음을 바꾸어 A 회사 주식을 사게 되는 것이다.

　물론 투자종목을 선택하는 데 있어서 다른 사람들의 이야기를 많이 들어 보는 것이 좋다. 자기 스스로 아무리 좋다고 생각하여도 남이 동조해 주지 않으면 주가가 오르지 않기 때문이다.

　그러나 남의 이야기를 듣는 데 있어서 너무 맹목적이고 충동적이어서는 위험하다. 어디까지나 남의 이야기는 참고로만 듣고 투자결정은 스스로 내려야 한다.

　시장에 떠돌아다니는 소문이나 거리의 투자자문은 대개 별로

손해 보고 쉬는 것은 상책이다
투기에는 꼭 손해가 따른다.
본전에 연연해하지 말고 다음을 기다려라.

신빙성이 없으며, 간혹 무서운 음모가 숨어 있는 경우도 있다. 특히 상대방이 지나치게 어떤 주식의 매입을 강권하거나 필요 이상으로 주식의 장점만을 말할 때는 경계하는 것이 좋다.

24
산 값은 잊어버려라

주식투자에 실패하는 원인은 매매가 서툴기 때문이다. 비싸게 사서 싸게 파는 것이 실패의 가장 큰 원인인데, 특히 파는 시점을 놓치는 것이 손해를 가중시키게 된다.

대부분의 투자가들은 자기가 산 값을 기준으로 하여 주가의 등락폭을 따지게 된다. 매수시점을 잘못 선택하면 주가는 그날부터 빠지게 된다. 예를 들어 당신이 1주 25,000원인 K 회사 주식 10,000주를 샀다고 가정해 보자. 이 주식의 하한가는 1,000원이므로 한번 하한가로 빠지면 하루에 100만원의 손해를 보게 된다는 계산이 나온다.

주식을 산 날부터 100만원을 손해 본 당신은 상승세로 돌아설 것을 기대하며 다음날을 기다릴 것이다. 당신의 기대와는 달리 다음날, 그 다음날도 역시 하한가로 빠져서 도합 300만원의 손해를 보았다. 이때 당신의 기분은 매우 복잡해진다. 주가가 상승세로 돌아서기를 기대하며 버틸 것인가, 손실이 더 커지기 전에 잘라 버릴 것인가.

주식투자에서 가장 크게 손해 보는 것은 바로 이러한 경우라고 할 수 있다. 손실을 얼른 잘라 버리지 못하고 손해를 키울 대로 키워서 큰 손해를 보고야 할 수 없이 뒤늦게 팔아 버리는

투자가는 실패한 투기가이다
NY 격언

것이다. 손실의 초기단계에 시장의 흐름을 무시하고, 자기의 매입원가에만 집착하여 제때에 주식을 팔지 못하였기 때문에 이러한 비극을 초래하는 것이다.

　장세가 하향파동일 때는 자기의 매입가를 잊고 신속하게 손실처리를 해야 한다. 시세는 시세의 흐름이 진리이므로 오로지 시세의 흐름만을 기준으로 매매를 결정하여야 한다.

25
대중은 항상 틀리고 있다

월 가(街)의 투자격언에 나오는 말이다.

주가가 오르내리는 것은 필연적인 현상이다. 시장에서 이루어지는 수요공급만이 아니더라도 주가를 움직이는 요인은 수십 종이나 된다. 따라서 자기가 보유한 주식에 대한 애착과 기대심리만 가지고 주가가 오르내리는 것은 아니다.

주가의 예측은 참으로 힘이 든다. 주가가 좀 오를 것 같아서 사고 나면 떨어진다. 반대로 주가가 더 떨어질 것 같아서 팔고 나면 기다렸다는 듯이 주가는 오르기 시작한다. 주식투자에 경험이 있는 사람이라면 누구나 이와 같은 경험을 했을 것이다.

대중 투자가는 왜 이렇게 시세를 역행하여 손해를 보고 있는가. 이유는 시장분위기에 뇌동하는 경향이 많기 때문이다.

주가가 장기간 상승하고 있으면 대중 투자가들에게는 주가가 계속 상승할 것 같은 생각이 든다. 특히 주식시세가 과열국면에 접어들면 더욱 그러한 생각이 굳어진다. 그러나 주가가 장기간에 걸쳐 큰 폭으로 올랐거나, 과열장세가 오면 주가가 반락하거나 하락세로 바뀔 가능성이 많은 것이다. 주가가 하락하고 있을 때도 마찬가지의 현상이 발생한다.

주가는 그 속성상 오를 만큼 올라야 내리고 내릴 만큼 내려

나 혼자만의 생각으로
매매를 정하는 것은 좋지 않다

야 오르는 것이다. 그런데 대부분의 대중 투자가들은 그 시점까지 기다리지 못하고 매수를 하거나 매도를 한다. 즉 천정권에서 뛰어들어 주가하락의 고통을 견디다 못 하여 바닥권에서 탈출하고 있는 것이다.

그런데 일부 전문 투자가들은 대중 투자가들과 반대로 행동한다. 일반 투자가들이 염증을 느끼고 싼 값에 팔 때 매수하고, 시장이 과열되었을 때 웃으면서 매도하는 것이다.

그러므로 주식으로 성공하기 위해서는 군중심리에 뇌동하는 것을 항상 경계해야 하는 것이다.

주식투자의 이론과 실제

2022년 4월 15일 인쇄
2022년 4월 20일 발행

지은이 | 지 길 홍
펴낸이 | 김 용 성
펴낸곳 | 지성문화사
등 록 | 제5-14호 (1976. 10. 21.)
주 소 | 서울시 동대문구 신설동 117-8 예일빌딩
전 화 | (02) 2236-0654
팩 스 | (02) 2236-0655